元宇宙教程

A COURSE IN METAVERSE

杨东　周鑫　袁勇　著

人民出版社

《元宇宙教程》

编 委 会

目 录

序　一

四维通证共建时空共同体

李幼平*

1998 年 6 月 18 日钱学森致信全国科技名词委员会，强调用灵境称呼虚拟现实是实事求是的，他说："临境不是真的亲临其境，只是感受而已，所以是虚的。这是矛盾。"矛盾的主要方面在虚部。诚如钱学森所言，感受是虚的。一些有创意的感受，一开始难免包含一定比例的不真不实，亟须一种辨认真假的科学手段来提醒。迄今为止，国内外基于区块链概念的元宇宙研究，都缺失辨认真假的科学手段。

FLP 不可能原理（FLP impossibility）提醒，区块链存在原理性不足。构建于异步 P2P 网络的区块链，不可能直接造就人类共识机制，无法成为普适意义上的"制造信任的机器"。2015 年《经济学人》的判断受到质疑，NFT 受到质疑，Web3.0 和第一波元宇宙研究也受到质疑。中国国家标准《统一内容标签》（UCL，GB/T35304-2017）工作于光速同步网络，凭借"先入为主"的电磁力学物理优势，不但直接规避 FLP 质疑，而且大大简化个人隐私和个人权益兼得的执法成本。辩认真假的计算能力，规避区块链虚实之间的唯一性关联受损，规避信任基石受损，直接免除拜占廷风险。我们建议的时空自洽同步环境，正是钱学森指称的 VR"灵境"。

元宇宙中存在化身。根据国家名词委最新的释义：化身是用户在元宇宙的身份映射和虚拟替身，具备形象自定义、动作驱动等功能。简单理解，化身

---

* 李幼平，中国工程院院士、核武器电子学专家，提出了元宇宙中的"四维标签"与"四维通证"理论。

（avatar）就是一次“虚化实”，或一次“实化虚”。当下的区块链，只是一次“实化虚”，完成了“去中心化”；尚缺一次“虚化实”的逆向“再中心化”，无法形成一种首尾相接、有生命力的执法生态，无法形成一种社会生产力。“单次化身、一次哈希”很难兼顾国家与个人，很难兼顾隐私与权益。IP 网络实现地址虚拟化，赋以计算机地址域名（DNS），这种单次虚拟化的 IP 网络，真实性与隐私性左右为难，往往顾此失彼。双重虚拟化（duble virturalization）只须增添原子钟借光速统一授时，获得两次哈希变换的机会，真实性与隐私性有可能同时得到保护。也有人称这种方法为孪生网络空间（Cybertwin）。

社会治理是政府、社会组织、企事业单位、社区以及个人等多种主体通过平等的合作、对话、协商、沟通等方式，依法对社会事务、社会组织和社会生活进行引导和规范，最终实现公共利益最大化的过程。执行 UCL 四维时空标准之后，中国已经逐步掌握全过程民主治理的物理学方法。其中，具有普遍说服力的第一项社会应用是：中国卫星、中国芯片为中国的网络空间，提供识破网络攻击的全过程物理治理。

人民大学杨东团队追求“公正法制的垂直治理”，东南大学李幼平团队承诺配合协助，协助的工具称“四维通证”（4D Token）。东南大学团队和人民大学团队深度合作，前者借助四维标签的天基平台，揭示人类认知中的不真不实，促使人民大学团队构建数据资产的元宇宙理想得以落地实施。杨东教授团队提出“共票”理论，兼顾隐私与权益，隔开私人与天下，有望通过两次哈希单向串行“一直向西从东回归”，将个人贡献化身天下共享，由零星劳动获得社会报酬，真正实现“天下为公、个人得益”。“共票”的创新点在于指出三维 token 之不足，把元宇宙纳入“公共权益最大化”的正确轨道。东南大学团队四维 token 也在追求“公共权益最大化”。四维通证是一种时空共同体，拥有非凡的全球性垂直治理能力，包含：1. 网络规模不限量（Scale-free）；2. 垂直操作系统，无第三方、无物理碰撞、无逻辑缠斗；3. 泛在普适，涉及万事万物，放在四海皆准（this is for every one）；4. 芯片成本极低，运行带宽成本极低，有望部份取代当前由路由器完成的某些功能而获得市场生态。

杨东教授团队作为国内最早研究和探索元宇宙的学术团队之一，在习近平新时代中国特色社会主义思想指导下，扎根中国大地开展国内国际游学，并通过紧密的政产学研合作机制，利用学科交叉融合的方法，除“共票”外，还提出了“数字文明”“数据地球”“双维监管”“共票”“以链治链”“法链”和“众筹金融”等原创性概念或理论，为元宇宙产业落地、安全运行、法律监管等提供理论范式和发展路径，致力于探究数字中国的元宇宙方案。杨东教授团队在此基础上完成的这本《元宇宙教程》，是国内首部以学生、社会人士和领导干部为对象，基于技术、经济、法律等多学科视角，全面系统阐述元宇宙的理论、本质、生态、组织、制度、产业、安全、监管等内容的体系化教程。该书为认识元宇宙、了解元宇宙提供了方向指引，为元宇宙体系的深入研究发展树立了典范，为元宇宙的相关监管和治理提供了理论方案。

李幼平

2023 年 2 月

序　二

元宇宙催生人类文明新形态

张　平*

元宇宙这个词语，可以追溯到 1992 年的科幻小说《雪崩》，其中描述了一个比地球还要巨大的元宇宙世界——互联网技术和虚拟现实技术创造出来的虚拟世界。如果将《西游记》理解为古人对超能力的幻想，那么，它就和现在元宇宙的理念非常切合——孙悟空就相当于“元”，它拥有四个方面的变化。第一是千里眼，电视和视频实现了这个幻想；第二是顺风耳，电话和手机也已实现；第三是一个筋斗能飞十万八千里，飞机也实现了这个幻想。目前还没有实现的，就是“七十二变”。除了真身以外，其他的变换可以理解为在另一个幻想世界的变化。从这个角度来理解，孙悟空的这个本领与元宇宙“同源”，它阐释了在虚拟世界里，上天入地、造化变形的概念。1992 年，科幻小说《雪崩》描述了互联网技术和虚拟现实技术创造出的巨大元宇宙世界。如果说《西游记》是幻想，到了《雪崩》便有了在技术上实现的可能。

元宇宙是人类进化的一个重要分水岭，其会催生现实世界与虚拟世界并存且融合的文明新形态。这种前所未有的情况或将改变人类的生存方式——人是有思维、思考能力的高级智能体，在未来的虚拟世界中，很可能会存在一个与人类一样的高级智能体。它与客观物理世界并存，且能够替人去做决策。这样的虚拟世界与客观世界的相互作用，将进一步影响政治、经济、网络文化安全等方面。

---

* 张平，中国工程院院士，无线移动通信专家，提出“灵境泛在互联”的元宇宙演进理论。

现在姑且可以认为元宇宙是网络虚拟化进程的最终形态，哲学家、科学家还会不断涌现，未来会产生更多高级的遐想，并将成为人类文明演化进程中的一个重要历史性节点。这可能会引发正反两个结果——坏的结果，彻底滑向虚拟化陷阱，成为人类依赖的数字空间；好的结果则是与现实社会耦合增强，对现实社会进行有益补充。我们需要做的，是要防止滑向坏的结果，避免步入虚拟化陷阱。需要注意以下几个方面：首先是防止知识停滞，因为元宇宙所有的知识是已知的，要避免沉浸其中，不再创造新的知识。其次是防止确定的世界，因为元宇宙数字化程序无自然随机性，要避免成为逻辑和计算的环节，不再出现任何意外的改变。最后是防止探索的缺乏，要避免元宇宙演化成安乐的漩涡，人们沉浸其中无法自拔。

元宇宙构建了虚拟和现实世界的桥梁，让虚拟世界变成了平行宇宙。元宇宙涉及政治、经济、社会、文化、法律、意识形态、网络主权等核心利益。它在国内外已经形成了产业生态，并成了一个增量市场，但我国的元宇宙目前还处于初级阶段，缺乏整体性规划。我国的元宇宙发展，需要在基础理论、核心技术、重大应用三部分上着力发展，需要制定构建详细的技术发展路线与技术底座体系。只有达到理论与实践的统一，才能形成真正的消费元宇宙和产业元宇宙。

目前国内针对元宇宙的研究整体上还处于探索阶段。杨东教授团队作为国内最早一批研究元宇宙相关内容的学术团队，与美国、英国、日本、澳大利亚等国家的政府机构和科研高校开展了持续深度的合作，立足于构建中国自主知识体系的基点，通过总结发展国际国内实践经验与经济运行规律，提出了“共票”、“数据地球”、“平台、数据、算法”三维范式结构等原创性的概念理论，为理解和认识元宇宙和数字经济相关问题提供了理论工具，本书借助这些工具，在为读者阐明“元宇宙是什么”“元宇宙中有着怎样的经济形态”“元宇宙中存在哪些风险”这些问题的同时，也提供了一套完整的研究范式，以便读者能够据此对“元宇宙如何推动创造人类文明新形态”这一宏大命题作出个性独特的思考。

在百年未有之大变局的时代背景下，元宇宙的兴起为人类社会的发展和人类文明的进步提供了新的契机，作为数字经济大国，中国在此阶段将会发挥日益重要的作用。相信本书可以帮助更多人参与元宇宙发展建构，在构建我国自主知识体系和创造人类文明新形态的进程中发挥更大的作用！

2023 年 2 月

序　三

元宇宙助推数字经济发展

张景安*

2021 年步入“元宇宙元年”，科技界、投资界、产业界以及地方政府都对元宇宙的发展表现出较高热情，美国、日本和韩国等国家的政府和企业也逐步意识到元宇宙发展带来的巨大潜力和战略价值，争相投入重要资源布局元宇宙赛道。

伴随着元宇宙的发展，同其他领域一样，科技自立自强和自主创新的迫切性问题也愈发凸显。几十年的改革开放，我们由一个贫穷落后的短缺经济体发展成初步繁荣的国家，这是有目共睹的。回顾我们走过的这 40 年道路，也能发现，当一个国家在科技上发展水平与发达国家存在非常大的差距的时候，引进就是一条捷径，作为阶段性发展的产物，依靠引进来发展自己是可以的。我们国家在改革开放初期曾经有过大合资大引进的做法，迅速缩短了发展差距，客观来看，没有当年的大合资大引进，就不可能有这么快的发展，但是我们也要看到，引进只能缩小差距，却没办法决胜未来。如果引进之后，不能迅速转为自主创新，就会掉入依赖性的陷阱，延续这样一种错误的路径，就会出问题。同样的，目前元宇宙依靠诸多技术和设备支持，最明智的做法是，我们一边既引进和学习外国的先进的东西，同时自己也在逐步发展自己的东西，自主创新，只有这样，后面的路才能走得通畅，而不是无路可走。

最近一段时间，元宇宙产业发展迅猛，短期内出现了一大批元宇宙领域的创新企业。创新就是这样的，往往多数失败，只有少数成功。大概是从 2014

* 张景安，原国家科技部秘书长，国际欧亚科学院院士，国际欧亚科学院中国中心副主席。

年开始，我们国家每天新创的公司至少有 1 万多家，每年就有四五百万家新创公司，其中可以讲多数都是失败的。这是个规律，全世界都是这样的。但是你如果被吓倒，如果不去尝试，你怎么知道会不会成功呢？只有在尝试的过程中，我们才能摸准方向，找到自己的位置。与此同时，我们社会应该有一个鼓励创新、容忍失败的文化氛围，让更多的人能去尝试创新，鼓励创新。创新的人多了，成功的比例也会高起来，这需要一个良好的创新生态建设和创新制度的安排，方方面面的主体都应该共同发力，尤其是我们的政府部门，可以在制度安排上为创新文化打基础和铺路。

元宇宙强调虚实结合，所以发展元宇宙就更要强调其中中国制造的作用。因为虚拟经济是有风险的，也会有泡沫，如果遇到问题，那整个银行和金融就会垮了。而如果我们中国制造（实体经济）仍然很好，它就是国家的基石，是定海神针，它可以起到支撑作用，它如果是好的，虚拟经济和银行领域哪怕有些风吹草动，那都不会有大问题，所以中国制造如果我们不放弃，我们中国就会有灿烂的未来。

对元宇宙宏观和微观的把握需要立足中国实际，以正确的思想为引领，理论联系实际，不断进行归纳总结、开拓创新。元宇宙作为一个正在快速发展的新兴概念，目前尚无统一定义，同时目前也鲜有介绍元宇宙的体系化教程，这有可能影响到我国在新兴领域的人才培养。杨东教授团队在区块链和数字经济领域深耕多年，紧跟元宇宙发展，将理论研究与教学实践加以总结，结合现有技术、经济和法律等多学科的研究成果，以学生和社会人士等为对象完成了这本《元宇宙教程》，深入浅出地介绍了元宇宙的内涵本质、制度安排和风险防范以及安全监管等问题，较为体系化地剖析了虚实结合的元宇宙，树立了研究典范。希望通过本书可以让更多人了解和认识元宇宙，不断吸引更多人才投身元宇宙建设，在元宇宙的舞台上持续自主创新，助推我国数字经济发展迈上新台阶！

2023 年 2 月

序　四

Web3.0 引领技术发展方向，元宇宙拓展应用场景

斯雪明[*]

在数字化时代，区块链技术正在发挥越来越大的作用。无论是数字世界底层基础设施建设还是数字社会的治理，都离不开区块链技术。而元宇宙是众多新技术的集成，主要包括区块链、人机交互、人工智能、数字孪生等核心技术。

元宇宙的概念明确需要一个发展过程。就个人理解来看，元宇宙是与物理存在的现实宇宙相对应。如果从这个范围来讲，元宇宙的概念可以非常广泛，我们的数字世界，虚拟世界，都可以看成是元宇宙，甚至有人把精神世界也归于元宇宙概念中。

元宇宙通常被视为一个共享和持久在线的三维虚拟现实空间，它综合运用传感、通信和多媒体等多种技术，强调虚拟世界和现实世界的融合。元宇宙和 Web3.0 均代表了互联网的发展趋势。Web3.0 是技术发展方向的未来，元宇宙是应用场景和生活方式的未来，而区块链则是 Web3.0 和元宇宙的核心底层技术。元宇宙与 Web3.0 的发展都离不开区块链技术。从区块链到 Web3.0 再到元宇宙，这是层层递进的发展逻辑，三者密不可分。区块链技术与元宇宙和 Web3.0 的深度融合，也代表了区块链技术和产业的未来发展方向。

Web3.0 和元宇宙为用户提供前所未有的交互性以及高度的沉浸感和参与

---

* 斯雪明，中国计算机学会区块链专委会主任。

感。在以 Web3.0 为基础的元宇宙中，用户通过共创、共建、共享、共治的方式，既是网络的参与者和建设者，也是网络的投资者、拥有者以及价值分享者。真正要实现上述网络形式是非常不容易的，需要各方付出艰辛的努力。同时 Web 3.0 是立体的智能全息互联网，不仅能够组合信息，而且还能像人类一样读懂信息，并以类似人类的方式进行自主学习和知识推理，从而为人类提供更加准确可靠的信息，使人与互联网的交互更加自动化、智能化和人性化。

目前元宇宙研究整体也尚处于理论建构和范式探索的阶段，仍存在较大的研究和实践的深入空间。《元宇宙教程》是国内首部以学生、社会人士和领导干部为对象，全面系统阐述元宇宙的理论、本质、生态、组织、制度、产业、安全、监管等内容的体系化教程。相信通过本书，能够从理论层面对元宇宙进行更好地阐释，从实践层面给予更全面地指导，为元宇宙的未来发展指引方向。在数字经济时代的发展浪潮下，各国竞争日益激烈，尤其是在各国政府对元宇宙的发展持大力扶持促进态度的背景下，中国作为数字经济领域具有巨大发展潜力的国家，应当坚持以变应变的观念，正确把握元宇宙的理论内涵，并不断进行探索实践，打造具备示范效应的中国式方案。相信本书对元宇宙的深度剖析可以更好地推动我国数字经济产业的高质量和可持续发展，加快构建中国自主知识体系，增强我国在数字经济领域国际上的话语权！

2023 年 2 月

自 序

党的二十大报告提出“构建新一代信息技术等一批新的增长引擎”等重要内容。习近平总书记在中共中央政治局第十八次集体学习时强调“区块链技术的集成应用在新的技术革新和产业变革中起着重要作用”。2021 年被称为“元宇宙元年”，在区块链技术的支持下，元宇宙在数字资产等领域发展迅速。早在 2020 年初，笔者就提出了“数据地球”的观点。从目前的发展态势来看，元宇宙就是“数据地球”，人的数字身份、数字行为、数字资产以及相关主体都可以存在于数字世界里，行为可溯源可记录，资产唯一可靠。元宇宙中底层的核心的技术是区块链技术。没有区块链就无法证明资产是唯一的，身份 ID 和交易行为是可靠的。元宇宙中最重要的是数据价值。移动互联网时代我们的数据被剥削，隐私被侵犯的问题，在元宇宙时代必须要解决，更重要的是实现数据的流动、共享、开放。

元宇宙的发展必然是在现有数字经济的产业基础之上一次更大规模的爆发，当下只是萌芽，无法精准预测未来元宇宙的发展景象。元宇宙基础的概念和理论均建立在数字经济基础之上，而数字经济又是移动互联网的升级版，所以元宇宙的全面数字化会继续创造巨大的流量入口和海量数据，进一步颠覆了手机移动互联网的模式和产业。正是基于其认识到了元宇宙时代首先可能颠覆的就是社交平台，而对于社交平台来说最重要的就是流量入口，所以 Facebook 率先进行自我革命，改名为 Meta。但不管元宇宙如何发展，制度安排是最核心、最关键的问题，建立在数字经济基础上的元宇宙需要新的制度供给。移动互联网时代出现很多问题是因为制度供给不足，因此我们要对元宇宙相关的制度提前布局：在新兴的产业信息领域中，对于元宇宙、数字经济、区块链领域大量新的产业、模式、机制，需要有新的制度供给，新的制度安排。

元宇宙的发展需要回答数字经济的时代之问。元宇宙空间中平台垄断问题依旧存在。移动互联网时代最大的问题就是垄断，其次就是对个人隐私信息的侵犯，对数据的剥削。尤其是疫情暴发以后，超级平台快速发展造成这种竞争极不平衡。在此背景下，基于制度供给不足造成了资本无序扩张。因此，对于互联网平台的监管要及时进行制度的供给和创造。而元宇宙也面临着数字资产的监管等问题。元宇宙时代到来之后，国与国之间的竞争会扩展到数字资产、数字货币、NFT 等更高维度的全方位的竞争。同样，元宇宙中的金融激励机制也亟须建立。元宇宙的核心是经济系统，经济系统的核心是激励机制，激励机制的核心在于金融制度。目前看来，制度构建的关键在于如何运用笔者提出的促进数据要素流通共享的“共票”机制来更好地发挥数据价值，实现数据和金融的双重激励。

元宇宙中出现的新问题需要中国式的解决方案。在元宇宙时代，分布式技术会导致政府控制减弱。对此，需要基于“法链”和“以链治链”提高监管能力，以区块链治理区块链，用区块链、智能合约、监管科技监管超级平台，强化政府的技术监管能力。

在元宇宙中要人为制造稀缺性，就像比特币限定总额，稀缺性是在元宇宙中重要的机制。“共票”理论跳出传统的所有权理论和制度，具备股票、货币、权益凭证的功能，更加开放包容地促进投资者参与治理。以人为核心的发展模式，在元宇宙世界中会得到更加完美的体现。元宇宙中资本主义的发展必须遏制，社会主义、共产主义的信仰必须树牢，元宇宙中人类社会的发展将更加坚信马克思理论和共产主义理想。“共票”是带有共产主义理念和思想的，体现在所有参与者贡献数据，贡献智慧，从而获得代币激励。新的激励机制在某种意义上就是一套新的金融体系。在元宇宙中应再造一个依靠数据的激励机制，实现更加公平的开放共享，让资本服务于数据。笔者提出“数字文明”的概念也是基于这样的思考。

在数字经济和元宇宙时代，平台、数据、算法比公司资本更加重要，因此需要基于“平台—数据—算法”三维结构理论和分析范式构建监管新路径。

元宇宙应该要对平台进行规制，不能让它超越政府，所以必须对新型的DAO等组织进行更加有效地监管和规制，也要更有效地发挥数据的价值。在元宇宙中，算法是一种新型的行为要件，我们的选择权被平台算法控制。在元宇宙时代算法会更加精准，算力更加强大，我们的行为受到各种算法的控制，被操纵的可能性会加大，需要进一步监管。

考虑到上述问题，《元宇宙教程》以元宇宙的基础理论、赋能技术、时间场景、经济形态等为切入点，对元宇宙中的数据、数字资产、组织等进行了较为详尽的梳理，同时在人类文明新形态的视角下为元宇宙的风险与治理提供了新的范式与路径。

从根本上来说，元宇宙的发展带来新的机遇，需要建构中国自主的知识体系，而不是照着西方依葫芦画瓢。可以说，元宇宙是加快我国构建制度体系和知识体系建构的绝好机会。

第 一 章

元宇宙的基础理论

2021 年 10 月，脸书（Facebook）更名为 Meta，雄心勃勃地要在元宇宙领域大展拳脚，引起了公众对“元宇宙”的关注。此前从未听说过“元宇宙”的人还以为这是脸书旗下的新产品。其实这个术语已经在科技圈流传多年，微软和罗布乐思（Roblox）等公司实际上早就已经为进入元宇宙布局了。1992 年，尼尔·斯蒂芬森（Neal Stephenson）在小说《雪崩》中创造了元宇宙一词。马修·鲍尔对虚构小说和真实电脑科技中的虚拟世界进行了总结，提供了有用的背景信息。鲍尔的《元宇宙改变一切》一书最可贵的贡献可能在于对元宇宙的定义：几百万用户能够同时访问协同互通的 3D 虚拟世界网络，并且用户在其中能够行使对虚拟物品的物权。该定义十分有意思，包含的内容很多，但留白的空间也很大。这并非只是简单地将虚拟现实重新包装：头戴式设备并非必需品，现如今人们大多是通过平面屏进入虚拟世界。书中也未提及区块链和非同质化代币，尽管鲍尔承认这两者都在原宇宙中有所体现。他坚称，正如因特网只有一个，但是却包含了很多不同的网络和服务，并且这些网络通过互联产生了更大的价值，同样，元宇宙也应只有一个，只不过是由很多个虚拟世界组成。以上是鲍尔对“元宇宙”定义的经典概括，已经成为描述元宇宙的经典理论模型。但是与宇宙的本质究竟是什么？元宇宙与数字经济发展的内在逻辑如何发生关联？如何以中国自主知识体系的视角研究元宇宙？这些理论问题仍旧亟待解决。本章将深入发掘“元宇宙”的理论意涵，并通过原创性理论解释和理解元宇宙。

第一节　元宇宙与数字经济发展的内在逻辑

习近平总书记指出，当今时代，数字技术、数字经济是世界科技革命和产业变革的先机，是新一轮国际竞争重点领域。[①] 同时，数字技术、数字经济制度可以帮助市场主体重构组织模式，畅通国内外经济循环。[②] 由此可见发展数字经济已经上升为国家层面的重要战略。元宇宙与数字经济密不可分，前者可以成为进一步推进后者发展的抓手和引擎。“大众创业、万众创新”，元宇宙、区块链等新兴领域的创新型中小企业将为扩大就业、优化收入分配结构作出贡献，从而扎实推进共同富裕。

元宇宙（Metaverse）的概念最早来源于 1992 年美国科幻作品《雪崩》，并广泛地出现于影视作品之中，Facebook 改名为 Meta 之后将元宇宙这个概念的热度炒到了顶峰。在学术层面定义元宇宙应当结合以人为核心，包含科技、组织、行为、治理“四位一体”的新型知识体系。[③] 以人为核心就意味着需要保障用户在网络空间之中的基本权利不受侵犯，确保线上线下的规则相统一。从科技维度来看，元宇宙以区块链技术为底层技术，并辅以人工智能、大数据、云计算等技术支撑不同的应用场景；从组织形态维度来看，元宇宙实现全面数字产业化、产业数字化，既是对工业经济、工业社会的再造和重述，又是人类经济和文明的新形态、新阶段；从主体行为维度来看，元宇宙正在成为数字经济新赛道之一，激发市场主体的主观能动性是应有之义，有利于在疫情防控常态化背景下激活国内统一大市场的潜力；从治理维度来看，元宇宙之中治理体系需要进行革新以充分发挥数据价值，结合以链治链、共票等数据治理理论推进数字文明建设。

工业文明的成就依靠公司组织模式和股票利润分配制度设计等，但也导致

---

① 习近平：《不断做强做优做大我国数字经济》，《求是》2022 年第 2 期。

② 《习近平在中共中央政治局第三十四次集体学习时强调：把握数字经济发展趋势和规律推动我国数字经济健康发展》，《人民日报》2021 年 10 月 20 日。

③ 杨东、徐信予：《构建中国自主知识体系论纲》，《中国人民大学学报》2022 年第 3 期。

资本家垄断了大部分企业利益，压榨了底层劳动者。公司制集中了资本、科技等生产要素，这种中心化的趋势大大增加了生产效率，形成了“生产大爆炸”。马克思认为，股份公司制使得资本使用权与资本所有权相分离，因而使得劳动与生产资料所有权相分离。① 股份公司的特点之一是所有权与经营权的分离，以股东本位原则为核心的公司组织结构无法反映广大底层劳动者的意志，从而扩大了贫富差距，激化了社会矛盾。同时，公司制度旨在降低交易成本，而数字经济时代的最大价值来源于交易本身，以“交易大爆炸”为核心的数字经济亟须能在更大时空范围内撮合交易的组织模式。数字时代用户数据反映出需求端的信号，成为影响消费行为的关键因素之一，许多老牌的科层制的公司因为自上而下的组织结构无法及时有效地掌控这一信号而丧失了竞争力。

但当我们讨论元宇宙及其发展时，首先应回答的是“元宇宙是什么”这个问题。综观当前学界、业界，在元宇宙的研究和实践中，整体的支撑理论是不足的。虽然有多家研究机构进行专门研究且发布多个研究报告②，专业性学术论文也如雨后春笋，从各个学科角度对元宇宙进行研究。首先就元宇宙的概念而言，由于还未有成熟落地的元宇宙场景，目前国内学界对于元宇宙的概念莫衷一是，并且多参考业界，而业界是基于自身元宇宙的场景和实践，以及自身商业布局或愿景得出的元宇宙的定义。如风险投资家马修·鲍尔认为“元宇宙必须跨越物理世界和虚拟世界，包含一整套完备的经济系统，提供前所未有的互操作性”。塔普斯科特集团首席执行官唐·塔普斯科特（Don Tapscott）则从区块链和数字经济的角度，指出“元宇宙被认为是一个整合区块链、扩展现实、5G 和云计算、人工智能、数字孪生等新兴技术以实现虚实相融的新试验场景，是全球互联网的下一阶段，元宇宙将利用区块链技术构建一个基于社区标准和协议的去中心化平台”③。“元宇宙第一股”Roblox 结合其产品的特性，将元宇宙定义为“具有八大要素的产品”。Facebook 也从自身商业模式

---

① 《马克思恩格斯全集》第 25 卷，人民出版社 2006 年版，第 494 页。

② 据不完全统计，目前国内学术机构中，有中国人民大学、清华大学、北京大学、复旦大学等成立或组建了元宇宙相关的研究中心或团队，并发布有学术性研究报告。

③ 参见《元宇宙的数字化经济体系如何构建?》，2022 年 1 月 6 日，见 https：//mp. weixin. qq. com/s/xLn7U0b4_ uVfMIXJ5xmTnA。

出发，将元宇宙视为真实世界的虚拟映射，“用户可以在虚拟世界完成物理世界中的绝大部分事情，包括社交和工作，游戏仅是元宇宙中的一小部分”。元宇宙场景各异，各方希冀通过元宇宙实现的愿景也各有不同。可见，当前通过概念解析来回答“元宇宙是什么”这个命题是徒劳且没有意义的。但是，认清事物，除解析概念外还能通过对现象和发展内容的提炼、抽象实现，这个不断提炼和抽象的过程就是对事物本质的认识过程。解析元宇宙的本质，也能助益回答“元宇宙是什么”这个命题。

元宇宙作为一个全新的社会形式和生产协作方式，其复杂性、多维性是过往不可比拟的。① 元宇宙不是单个平台或组织，其要素复杂、多元，涉及多个维度。为此，解析元宇宙的本质不能从单层维度，而应当基于其技术特点、对社会经济和现代文明带来的影响等多个层次，从技术、社会经济和价值维度，多切面、全方位地进行分析。在各生产要素中，数据作为构成元宇宙的基础要素，本书以此为切入点，作为分析元宇宙相关技术、社会经济和价值等多维度的最大公约数。具体而言，以数据要素资源竞争为视角，在中国特色社会主义理论指导下，结合当前实践，希冀找到与实体经济发展更多的契合点，以进一步明晰元宇宙的发展方向，并完善旨在风险管控的治理规则，促进符合中国实际的元宇宙理论和实践的发展。

第二节 从数据地球到元宇宙：元宇宙认知的三重视角

依托数字平台产生的大量数据需要更广阔的应用场景来实现更高的价值。以物联网、区块链、虚拟现实（VR）、增强现实（AR）等为代表的新技术集群与商业服务业、文化产业、工业等实体经济交相作用、不断融合，促进工业经济快速向数字经济蝶变转型，从“生产大爆炸”到“交易大爆炸”，实现了全球数据的大爆发。② 同时，随着带宽、算力等硬件设施大幅升级，与之相匹配的智慧

① 张钦昱：《元宇宙的规制之治》,《东方法学》2022 年第 2 期。

② 杨东：《后疫情时代数字经济理论和规制体系的重构——以竞争法为核心》,《人民论坛·学术前沿》2020 年第 17 期。

城市、智能供应链等应用场景的出现也是大势所趋。数字经济制度乃至元宇宙规则的竞争是国家之间软实力竞争的重要形式之一，哪一方的组织模式更能促进创新，让核心生产要素在市场竞争中充分发挥价值，哪一方就能在数字产业中占得先机。值得注意的是，各地方“十四五”产业规划中明确写入元宇宙的相关内容以争取获得在该赛道上的先发优势。例如，武汉、合肥等多地政府将元宇宙写入政府工作规划，北京通州、上海、浙江等地已着手建立“元宇宙”相关产业。元宇宙不只是技术和产业，还是对组织模式理论革新的新契机，推动治理能力和治理体系的现代化，更是助推数字经济高质量发展的重要“结点”。

一、构建超越时间、地域、民族的网络空间命运共同体

从国际竞争的角度来看，提前布局元宇宙是必要之举，既可以防止资本主义意识形态的渗透，又能够以互利合作姿态推进“一带一路”建设。后疫情时代全球主要大国之间有关“全球化共识”已经有了不可弥合的破裂，尤其在美国与其他国家发生的贸易摩擦中可以看出其重构全球产业链或价值链的意图。① 网络空间是人类共同的活动空间，各国应该加强沟通、扩大共识、深化合作，共同构建网络空间命运共同体。② 不能否认的是，在网络时代社交平台或是网络社区在意识形态传播方面承担了巨大的作用，可能成为和平演变的工具。例如，脸书在中东地区的广泛使用成为阿拉伯之春的导火索。去中心化自治组织（decentralized autonomous organization，DAO）虽然存在于网络空间，但是其作为未来组织模式之一具有人类社会的社区属性，务必要坚持“两个确立”，做到“两个维护”。深刻贯彻社会主义核心价值观的元宇宙也将彰显中国特色社会主义影响力和引领力，对中国文化软实力的提升具有重要意义。

数字经济背景下的技术创新将推动人类命运共同体的构建。人民群众之间的时间、空间限制将被淡化，全人类之间的交流沟通所面临的阻碍将愈发减少，形成愈发相融的共同利益和共同价值。与资本主义世界中贫富分化不同的

---

① 李晓：《双重冲击：大国博弈的未来与未来的世界经济》，机械工业出版社 2022 年版，第 48 页。

② 习近平：《在第二届世界互联网大会开幕式上的讲话》，《人民日报》2015 年 12 月 17 日。

是，共同富裕是社会主义的本质规定和奋斗目标。塑造内嵌分配正义的元宇宙可以防止马太效应，促进“橄榄型”的、以中产阶级为主要人群的社会结构的形成。同时，在智能社会中构建以公正为核心的价值体系，利用先进的智能科技可以减少贫富不均和社会分化。① 以和平共处、合作共赢的中国理念致力于促进全球经济共同发展，并从容应对西方的冷战思维、霸权主义等形式的零和博弈，秉持共商共建共享的全球治理观，积极发挥负责任的大国作用，主动参与全球治理体系改革和建设。②“构建人类命运共同体”观念与“完善全球治理体系”思想形成于丰富的外交实践活动，极具时代精神和人类情怀。③ 如此方能在大国博弈的背景下获得元宇宙产业竞争的主导权，为数据地球的治理贡献中国智慧和中国方案。最终人类生活在同一个地球村里，生活在历史和现实交汇的同一个时空里，越来越成为你中有我、我中有你的命运共同体④。

二、扼守下一代数字经济流量入口的“元平台”

元平台被认为是平台的平台，成为数字经济的基本构架，也为其他平台开展经营活动提供场域。⑤ 元宇宙之中的组织，例如以太坊（Ethereum），或将成为前述定义的元平台，成为超级的流量入口。DAO 平台经营者如何实现互联互通是理论和实践之中的难题，统合进入元宇宙的手段仍要回归该议题。元宇宙发展进程中会产生破坏式创新，其表现形式之一就是数据与流量入口的全新革命。从最初的军用互联网，到电脑端互联网，再到现在智能手机移动互联网，沉浸式体验不断提升，数字孪生社会逐渐形成。⑥ 目前手机是连接移动互

① 张文显：《构建智能社会的法律秩序》，《东方法学》2020 年第 5 期。

② 刘同舫：《构建人类命运共同体对历史唯物主义的原创性贡献》，《中国社会科学》2018 年第 7 期。

③ 张文显：《习近平法治思想的实践逻辑、理论逻辑和历史逻辑》，《中国社会科学》2021 年第 3 期。

④ 《习近平谈治国理政》第一卷，外文出版社 2018 年版，第 272 页。

⑤ 杨东、黄尹旭：《元平台：数字经济反垄断法新论》，《中国人民大学学报》2022 年第 2 期。

⑥ 龚才春主编：《中国元宇宙白皮书》，2022 年 1 月 26 日，见 https：//www. healthit. cn/wp-content/uploads/2022/01/2022%E4% B8% AD% E5% 9B% BD% E5% 85% 83% E5% AE% 87% E5%AE%99%E7%99%BD%E7%9A%AE%E4%B9%A6-%E9%BE%9A%E6%89%8D%E6%98%A5. pdf。

联网的重要工具，成为数据流量的巨大入口。智能手机占据了群众的海量注意力，挑战了传统纸质媒体的地位，是因为其为移动互联数字世界的唯一入口。然而，未来元宇宙的入口不仅包括智能手机，更有 VR 眼镜，甚至脑机接口等前沿科技手段，将产生多种触达数字世界的模式。要实现不同数字设备之间的互联互通需要新型的组织理论、分析范式和规则。

若对元宇宙平台经营者的规制不加以明确，恶性竞争或者限制竞争的商业行为将破坏数字市场的生态。在平台竞争的典型案例中，社交平台以即时通信软件为客户端基础，通过流量传到阻碍其他数字企业不同产品的数据开放和共享，影响数据作为生产要素的评价贡献，凸显了数字经济时代流量竞争的法律风险。平台整合了多个上下游市场，既成为多边市场本身，也成为多边市场的参与者，从而形成复杂的竞争结构。① 例如，使用移动互联网进行社交是一种最优先的基本通信需求，这使得免费即时通信应用成为最大的数据流量入口，在线时间越长则数据流量越大，产生的有价值的信息也就越多。由于即时通信行业拥有自然垄断的特性，当某些平台拥有最大的社交数据流量入口之后，掌握供需关系的信号，就会形成拥有强大网络效应和锁定效应的数字时代基础设施。“元平台”如果滥用其所形成的相对市场优势地位可能对数字市场营商环境造成严重的负面影响。

三、以数据价值为导向创新数字市场商业模式

数字时代商业模式的多样化倒推了组织模式的更替。数字文明包罗万象，元宇宙中身份、商业、娱乐等要素构成了这张巨大网络交织的关键结点。这个网络既相互分散又相互联系，形成了去中心化与中心化的权力悖论。某些主体既是网络中的节点，扁平化的权力结构呈现出去中心化的特点，又通过资本、数据、技术等生产要素累积优势使权力形成新的中心化趋势。② 元宇宙之中的平台内经营者既不受到主线任务的约束也不被强迫地进行某项交易，而是充分

① 黄尹旭、杨东：《超越传统市场力量：超级平台何以垄断?》,《社会科学》2021 年第 9 期。

② 叶娟丽、徐琴：《去中心化与集中化：人工智能时代的权力悖论》,《上海大学学报（社会科学版)》2019 年第 6 期。

发挥他们的主观能动性，并利用元宇宙提供的工具和平台实现商业价值。尤其是元宇宙游戏之中“Play to Earn”模式使得个人逐渐从公司、时空的限制中解放了出来，越来越趋向于一种自由人的联合，这种模式将最大限度地发挥个人的价值。例如，网红商业、直播带货等新型商业模式在数字时代应运而生，全方位的灵活就业降低了失业率，也催生了经济创新活力。然而基于股权为主的利益分配模式无法完全符合新型的商业模式价值分配要求，中心化节点与趋利的追求很难确保平台企业不攫取原本属于个人的利益。① 例如，某些短视频创作者在获得海量关注之后，因为利益分配的原因与所在公司产生利益分配等权益纠纷。其原因在于全新的商业模式不仅仅需要资本、科技等传统的生产要素，更需要数据，继而改变劳动与生产资料所有权的关系。若是对动态的数据价值认识不足，便会凸显其与以股权为基础的相对静态的利益分配机制的矛盾。

第三节　中国自主知识体系视角下的元宇宙

一、中国自主知识体系的建构引领人类文明新形态

中国自主知识体系源自于人类社会的发展和人类文明的进步。在工业时代，一方面以牛顿力学理论体系奠定的近代自然科学的体系全面形成，另一方面以马克思主义为代表的社会科学体系也逐渐成熟发展。学科的分化、多元使得学科体系开始形成并对上层建筑产生影响，形成了西方的三权分立，政党、政治、司法、奴隶等的民主政治制度。

当今，中国日益成为人类文明新形态的引领者。元宇宙并不是突然爆发的，得益于最近几年区块链技术的铺垫和发展，中国已经成为全球元宇宙发展的重要引领者。基于中国独特的新型举国体制、海量数据、丰富场景等优势所形成的数字经济、数字社会、数字中国及其制度体系等，是建构中国自主知识

① 赵国栋等：《元宇宙》，中译出版社 2021 年版，第 158—159 页。

体系的沃土，可以支撑我们快速进入元宇宙，占领元宇宙世界的主导权。中国自主知识体系的建构需要从历史、现实与比较视角探讨知识体系结构的实践基础和时代背景及其制度性与主体性、原创性、整体性之间的关系问题，并为塑造人类知识体系的理想图景，奠定本体论与知识的基础。

同时，中国自主知识体系的建构，是对西方近代知识体系和文化渗透的重构与斗争，是追求人与自然和谐统一、人的全面发展为核心的价值导向，是一面具有普适性指引人类文明新形态发展的文化旗帜。

在元宇宙中，个人身份将得到全方位的映射，传统文化及艺术品也同样能够得到全方位的展现与传播。元宇宙也是对 Web2.0 世界的重构，在元宇宙中，我们才有可能打破封闭垄断、侵犯个人隐私等问题。区块链技术则是支撑元宇宙数字世界实现的关键技术，能够帮助构建元宇宙世界中的生产方式、交易结构及价值体系。这也是中国人自己能够主导的原创性核心技术，是元宇宙发展中的“卡脖子”技术。要想突破资本主义国家的垄断，创造人类文明新形态，离不开对相关产业及生态的建设培养。

二、中国自主知识体系对元宇宙的再审视

以区块链技术为代表的新技术集群的大爆发，极大的改变了社会组织模式、生产方式，引起了生产关系变革和制度创新。同时又进一步释放技术创新、释放生产力的发展。特别是从 2020 年暴发的新冠肺炎疫情，加快推动了人类社会从工业革命到数字革命、工业文明到数字文明的全面转型。

（一）元宇宙的本质

我们从 Web3.0 开始进入元宇宙时代。Web3.0 中价值在数字世界中进行可信转移、可信交换。Web3.0 主要解决价值的确权、互换和交易，且这种价值必须是可信的、真实的、不被篡改的，不被干预的。目前元宇宙还没有准确的定义，所以中国在新型技术所产生的产业革命、社会变革当中，应当具备这种新的知识体系结构。首先是基础维度，即以区块链技术过去多年的发展为基础。没有区块链技术为支撑，AR、VR、人工智能都不足以构建一个社会体系，因为虚拟社会体系的构建也需要规则和法律。区块链技术具备了制造规则

法律的基本功能，所以区块链是生产关系的变革。区块链技术本身并非简单的技术，从它所形成的社会经济维度——包括2021年开始的非同质化通证（non-fungible token，NFT）、去中心化金融（dencentralized finance，Defi）等新的金融模式、新的数字资产、数字产品的模式来看，在元宇宙中，它以更低的成本，分布式的去中心化交易，颠覆性地改造工业时代依靠能源、消耗能源、破坏环境的经济发展模式。

元宇宙本质上是数据地球，改变过去工业革命、资本主义发展而来的破坏地球、破坏资源、污染环境、消耗能源的模式，达到虚实融合、自然友好型，强调人与自然和谐、人与人和谐的新模式。因此，元宇宙是平台的联通体、数据的基层体和算法。据此笔者提出了平台数据算法的三维结构以及由此所形成的新的经济系统。该经济体系将和过去工业时代的体系有很大差异。有数据才能够进行算法的设计、制度的设计。算法本质上就是对规则制度进行设计，海量的数据、数造就的算法和平台形成了三维结构，从而产生力量。

（二）共票理论是解决元宇宙中数据问题的有力武器

元宇宙中最重要的是数据价值。移动互联网最根本的产业都是围绕消费者和数据流量展开的，而元宇宙比目前的移动互联网更加快速精准地触达消费端，因此更加具有革命性。移动互联网时代数据被剥削，隐私被侵犯，在元宇宙时代这些问题必须要得到解决，并且更为重要的是实现数据的流动、共享与开放。

元宇宙的建设发展需要新的理论框架与新的技术支撑。其中，“共票理论”为数字资产的确权定价问题提供了新思路——通过创建一种广大人民群众能够共享利益的共票机制，构建一个普惠、开放、共享的社会发展模式，打破垄断问题。“共票”可以取代股票，个人贡献的数据多少和数据的价值大小对应着相应的利益回报。

农耕时代根据土地的经济价值进行利益分配，工业革命后资本投入以后股权成为收益分配的基本工具，而共票则是基于区块链技术对数据的价值进行合理的分配。在组织形态方面，众筹与分布式组织形态相结合，将来有望部分取代以公司制为代表的现代组织形式。伴随上述过程的实现，共票分配机制将来可能会取代股票的权益分配机制，因此在元宇宙世界里需要构建基于上述变革的新型监管模式。为解决元宇宙中的监管问题，双维监管等一系列监管模式的提出与实践有助于推动并构建新的数字文明体系。综上所述，共票概念的提出是基于公司制度、股票制度、数字货币、粮票权益证明等经验和对这些制度的再思考。数字革命要取代工业革命，众筹制取代公司制，共票制也必将会取代股票制。数字经济时代的数据利益必然要公平合理地分配给广大人民群众，国家和社会也需要同样得到公平、合理的数据利益分配。所以，凝聚共识、共享共治、共享的同时实现共同富裕，是这一轮伴随元宇宙而来的组织革命、制度革命与金融革命的必然结果，从根本上说最为重要的是要解决数据的赋能问题。

（三）数字革命与数字文明是构建元宇宙的社会基础

理解元宇宙，首先要理解数字经济。准确来说，元宇宙是移动互联网的升级版，元宇宙带动了全面数字化，创造海量数据。元宇宙进一步颠覆了手机端为代表的移动互联网的模式和产业，进而形成更加快速高效的流量入口。Facebook 之所以改名为 Meta，就是因为对于社交平台来说最重要的资源就是流量入口，Facebook 意识到了元宇宙时代首先可能颠覆的就是社交平台，所以 Facebook 率先进行了自我革命。

数字革命，是指元宇宙将以虚实相融的方式彻底重构人类社会的生活、生产各方面，产生新的生产、生活交易关系，创造新的经济系统和经济体系，产生的经济价值将远远超过今天。如今，元宇宙已在游戏社交、数字藏品、教育等方面展现出良好发展潜能。

对于数字文明，在此之前更多是由媒体提及并推广。笔者最早提出从农业文明、工业文明到数字文明的历史阶段划分，在此基础上，数字文明不仅是对工业经济的制度重构，也是对过去几十年互联网发展导致的诸如屏蔽封杀、垄断竞争、个人信息隐私侵犯等问题和弊端的再回应。这些问题暴露出互联网本身的封闭性、弊端性和落后性，因此从数字文明的角度来看，元宇宙也是对互联网的再改造。技术的改造催生出新的生产关系，继而产生新的经济形态，又进一步促进了新型组织形态和社会治理、国家治理的革命性发展。

（四）元宇宙经济系统的优化

首先，元宇宙中的很多经济形态都是某一专业领域与技术、金融等进行全方位组合创新之后产生的，所以元宇宙的发展还需要对其自身的经济系统进行优化。以元宇宙游戏产业为例，就像工业革命中的纺织产业一样，元宇宙游戏产业可以渗透和带动诸多上下游产业，促进技术与产业的创新与发展，因此元宇宙经济系统需要与上述发展情况相适应。其次。假设我们通过元宇宙实现了对传统文化艺术的创造性转化、创新性发展，那么如果继续走传统资本主义的发展逻辑和路径，就会导致这些传统文化艺术品还是不可避免地受到资本的剥削、掠夺和侵犯。所以我们要吸取教训，尽可能避免现有金融体系的弊端和不足，可以将传统文化艺术与 NFT 结合，形成具有良好潜力的解决方案。

在元宇宙的经济体系中，NFT 有着核心地位。“F”意味着可替代、可交换、可分割，是工业时代标准化生产、交易的结果。进入数字时代，我们的个性化资产、个性化身份及个性化的行为数据，用传统的标准化同质化通证（fungible token，FT）无法解决。而当我们使用 NFT 这种具有非同质化、不可分割、不可复制、去中心化属性的凭证时，整个交易过程都可以被记录到区块链上，这将为数字艺术品的确权、定价、流转提供一种可靠的机制。也正是因为如此，NFT 在游戏、金融票据、文化艺术品、公益慈善等诸多应用场景领域都日渐繁荣，并且出现了 NFT 相关的指数基金。

（五）元宇宙治理体系的变革

元宇宙的发展必然是在现有数字经济的产业基础之上进行的一次更大规模的爆发。未来元宇宙会如何发展，现在只能猜想，但无论其如何发展，最核心、最关键的问题依旧是制度安排问题。移动互联网时代出现很多问题就是因为制度供给不足造成的，因此我们要对元宇宙相关的制度进行提前布局。

伴随元宇宙中经济系统的演变，对元宇宙的治理监管须全面跟进，积极应对可能出现的由借贷、去中心化金融等派生出的次生问题。元宇宙中要解决数字资产的问题，比如与 NFT 相关的去中心化金融等是需要被重点关注的风险整治领域，包括伴随着 NFT 交易可能存在的非法集资、传销、洗钱等问题。因此，如何突破生态发展的瓶颈，如何在共票理论之下进行更科学合理的数字藏品、数字资产的监管设计也是本书关注的重点内容。

当下元宇宙发展迅速，具有较强的前沿性，极容易造成鱼龙混杂的复杂局面，甚至可能为不法分子利用从事非法活动。针对这一状况，近阶段网信办等有关部门也在进行积极全面整治。目前我们急需对元宇宙行业进行全面及时地规范监管，如“数字封建主义”、侵犯个人隐私和数据剥削等都是互联网产业在 Web2.0 时代就存在的问题，进入 Web3.0 时代之后，要想发展数字文化、数字产业、数字资产，就必须要打破这种垄断，避免资本无序扩张。一言以蔽之，在新兴的产业信息领域中，需要有新的制度供给和新的制度安排。

第 二 章

元宇宙的赋能技术

本章首先概述赋能元宇宙的技术要素，重点阐述区块链、人工智能、DAO和NFT等技术与商业模式；在此基础上，第二节探讨区块链和人工智能等支撑技术及其融合对元宇宙的重要意义，以及元宇宙时代的区块链与人工智能变革；第三节概述基于区块链的元宇宙数据安全与隐私保护技术。

第一节 元宇宙的技术要素

元宇宙是与真实世界平行存在的虚拟世界，因此真实世界中快速发展的大数据、物联网、5G/6G通信、VR/AR/MR、人工智能、区块链等新一代信息技术必然也是构成元宇宙的底层支撑技术；同时，数字加密货币、NFT、DAO等新型数字经济商业模式也是元宇宙健康、可持续发展的重要组成部分。限于篇幅，本节将概述区块链和人工智能等元宇宙支撑技术，以及DAO和NFT等商业模式。

一、区块链技术

区块链是以比特币为代表的数字加密货币体系的核心支撑技术，具有去中心化、公开透明、不可篡改等特性，可以解决中心化机构普遍存在的高成本、低效率和数据存储不安全等问题。近年来，区块链技术已引起国家和政府部门的高度重视。2019年10月，中共中央政治局第十八次集体学习聚焦于区块链技术发展现状和趋势，强调区块链是我国核心技术自主创新的重要突破口，从而将发展区块链技术和产业提升到国家战略地位。在产业界，国内外各大领军企业如 IBM、微软、百度、腾讯、阿里巴巴、京东等也相继布局区块链。由此可见，区块链已成为最前沿的新一代信息技术①。

狭义来讲，区块链的组织结构和运行原理可以视为一种以数据区块为单位的、按照时间顺序前后相连的单向线性链式数据结构，并通过共识算法、密码学算法和分布式容错等技术保证大规模分布式网络中各个节点共享数据的一致性和安全性。广义来讲，区块链则是一种集成了密码学算法、分布式网络、共识机制、博弈与机制设计等技术的复合分布式网络技术，利用链式区块结构存储数据，利用共识机制实现交易的更新和共享，利用密码学技术保证交易的安全性，利用自动化脚本代码（如智能合约）实现可编程性和自治性，利用经济学激励机制激发节点自主维护系统稳定，从而构成的一种全新的、自治的分布式基础架构与去中心化计算范式。②

区块链技术能够为元宇宙相关产业的发展奠定坚实的数据安全和信任基础，助力打造去中心化、安全可信和可灵捷编程的元宇宙新生态。更为重要的是，区块链代表着新兴智能技术对于传统社会组织和运作方式的一种颠覆性变革和挑战，是迈向具有“平等自由、共识共治、公开透明”鲜明特色的元宇宙新产业形态的一次极有意义的尝试。这些特色主要体现在区块链的三个本质性技术特征。③

首先，区块链采用去中心化的组织方式，系统中不存在中心化或层级结构的管理与控制，而是通过自下而上的、大规模网络节点之间的微观交互、竞争与合作博弈来实现宏观系统的自适应组织、演化和高层涌现。这种组织方式代表着系统结构和计算模式在其分合循环与演变过程中，由完全中心化模式向完全去中心化模式的演进，因而体现出“平等和自由”的技术特色。

其次，区块链技术采用基于共识算法的数据更新机制，新生成的数据必须获得全部或大多数共识节点验证通过后，才能写入由全体区块链节点共同维护

---

① 袁勇、王飞跃：《区块链技术发展现状与展望》，《自动化学报》2016 年第 4 期。

② 韩璇等：《区块链安全问题：研究现状与展望》，《自动化学报》2019 年第 1 期。

③ 袁勇等：《区块链技术：从数据智能到知识自动化》，《自动化学报》2017 年第 9 期。

的共享账本，因而极难篡改和伪造。这也是区块链技术形成去中心化信任的重要基础。区块链采用共识竞争的方式确定节点记账权限、按照概率或算力/权益比例来选择记账节点，一定程度上避免了中心节点对共享账本的控制，因而体现出“共识和共治”的技术特色。

最后，区块链系统采取建立在隐私保护基础上的公开数据读取方式，可兼顾数据隐私保护与公开透明共享。区块链系统数据受密码学技术保护，且带有不同程度匿名性，但数据在写入区块前需全体节点验证，写入后也可以零成本方式向全体节点公开查询，从而有助于消除信息优势、降低系统节点的信任成本，因而体现出“公开和透明”的技术特色。

区块链的去中心化、可追溯性、不可篡改性和可编程性等技术特点，为元宇宙技术和相关产业的发展奠定了坚实的数据和信任基础。区块链赋能的智能合约技术，则使得元宇宙中的智能体可以在不依赖第三方中心化机构的条件下，根据预定义的规则和流程，自主、自治、自动化地交互、协同、竞争或合作。同时，基于区块链技术的数字加密货币，则可以为元宇宙生态提供金融和货币属性，助力元宇宙成为逻辑自洽的经济体。因此，区块链技术是元宇宙发展的重要技术组件。

二、人工智能技术

随着近年来互联网的普及、传感网的渗透、大数据的涌现和群智社区的崛起，新一代人工智能技术快速发展，为元宇宙生态及其参与者提供了类人智能、仿脑智能、群体智能、混合智能和自主智能等多种智能新形态，使得元宇宙生态与其中的实体具备了直觉感知、自主学习和综合推理的能力。

2018 年，《中国人工智能 2.0 发展战略研究》报告指出，新一代人工智能技术（即人工智能 2.0）主要有以下五个发展趋势：（1）实现方式：转变为从大数据中进行知识发现和学习，使得机器学习从表象深入到综合推理；（2）研究重点：从聚焦研究个体智能发展到聚焦研究基于互联网络的群体智能，形成群智能力的服务创新体系；（3）媒体融合能力：从智能处理类型单一的数据到能够综合视觉、听觉、文字等多种媒体的语义，迈向跨媒体认知、学习和推理的新高度；（4）人机交互：从追求“智能机器”和高水平的人机与脑机交互技术，走向人机混合的增强智能；（5）自主智能：从机器人到自主智能系统。显然，由这五个发展趋势可见，人工智能 2.0 正在为以大数据驱动、跨媒体融合、人机混合交互、群体自主智能为基本特征的元宇宙生态提供强有力的技术支撑①。

从组织形态来看，元宇宙是典型的分布式人工智能形态，代表着未来智能系统的发展方向。分布式人工智能是人工智能的重要分支，起源于 20 世纪 70 年代末，其基本思想是利用分布式架构来克服单体智能系统的资源受限性、时空分布性、功能互补性等限制并获得分布式系统所具备的并行性、容错性和开放性。分布式人工智能最早期的研究对象是自然界普遍存在的分布式智能组织，如鸟群、蜂群、鱼群和蚁群等，重点研究在逻辑或物理上分散的智能系统如何并行、相互协作地求解问题。在元宇宙这样的分布式系统中，既没有全局控制，也没有全局的数据存储，系统中的各路径和节点需要并发地完成信息处理，又能并行地通过竞争和合作来求解问题，因此，利用分布式人工智能技术来建模元宇宙生态要比传统的集中式系统更具开放性和灵活性。此外，元宇宙是典型的开放复杂巨系统，其可以与互联网、区块链等技术架构相连接，实现系统规模的指数级扩大，不仅提高了系统的灵活性、降低了问题的求解代价，同时也为元宇宙的智能化管理提供了实现手段。②

平行智能作为新一代人工智能的重要组成部分，也为虚实结合的元宇宙生态提供了实现途径和技术支撑。近年来，互联网、物联网和元宇宙的迅猛发展及其与物理世界的深度耦合与强力反馈，已经根本性地改变了现代社会的生产、生活与管理决策模式，形成了现实物理世界—虚拟网络空间紧密耦合、虚实互动和协同演化的平行社会空间。元宇宙就是这种平行社会空间的典型呈现方式，通过将人、群体和社会因素有机地融入虚拟空间，实现了从传统的

① 中国人工智能 2.0 发展战略研究项目组主编：《中国人工智能 2.0 发展战略研究》，浙江大学出版社 2018 年版。

② 袁勇等：《基于区块链的智能组件：一种分布式人工智能研究新范式》，《数据与计算发展前沿》2021 年第 1 期。

“物理+网络”的CPS实际世界（cyber-physical systems，CPS）向“物理+网络+人工”的人机物一体化的社会—物理—信息三元耦合系统（cyber-physical-social systems，CPSS）。目前，以元宇宙为载体的CPSS平行社会已初现端倪，其核心和本质特征是虚实互动与平行演化。

中国科学院自动化研究所王飞跃提出的ACP［人工社会（artificial societies）、计算实验（computational experiments）和平行执行（parallel execution）］方法是迄今为止平行智能领域唯一成体系化的、完整的研究框架，也是研究虚实结合、平行互动的元宇宙的重要方法论。20世纪90年代，王飞跃就提出影子系统（shadow systems）的概念与方法体系，而数字孪生和元宇宙则是其在新时代平行智能社会环境下的逻辑延展和创新。基于ACP的平行智能方法可以自然地与区块链技术相结合，实现可信、可靠、可用和高效的元宇宙生态管理。首先，区块链的P2P组网、分布式共识协作和基于贡献的经济激励等机制本身就是元宇宙这种分布式社会系统的自然建模，元宇宙中的每个参与实体都将作为分布式区块链系统中的一个自主和自治的智能体（agent）。随着元宇宙生态体系的完善，区块链上各共识节点和日益复杂与自治的智能合约将通过参与各种形式的去中心化自治应用（DAPP），形成特定组织形式的去中心化自治企业（DAC）和去中心化自治组织（DAO），最终形成去中心化自治社会（DAS）。其次，智能合约的可编程特性使得元宇宙中可进行各种“WHAT-IF”类型的虚拟实验设计、场景推演和结果评估，获得并自动或半自动地执行最优决策。最后，区块链与物联网等相结合形成的智能资产使得通过元宇宙来联通现实物理世界和虚拟网络空间成为可能，并可通过真实和人工社会系统的虚实互动和平行调谐实现元宇宙生态管理和决策的协同优化①。

三、DAO

DAO是元宇宙生态的重要组织方式之一。随着元宇宙生态的发展以及自

① 袁勇、王飞跃：《平行区块链：概念、方法与内涵解析》，《自动化学报》2017年第10期。

身组织复杂性的不断增加，传统的组织方式和管理模式等已经很难适应元宇宙中复杂多变的环境以及海量参与者的动态交互方式。DAO 将去中心化、自主、自治与通证经济激励相结合，将元宇宙系统中的参与者实体和环境作为数字资产，使得货币资本、人力资本及其他要素资本在元宇宙中充分融合，从而更好地激发组织的效能并实现价值流转，为解决元宇宙中大规模智能群体的组织管理问题提供了很好的思路。

技术上讲，DAO 是将组织不断迭代的管理和运作规则（共识）以智能合约的形式逐步编码在区块链上，从而在没有第三方干预的情况下，通过智能化管理手段和通证经济激励，使得组织按照预先设定的规则实现自运转、自治理、自演化，进而实现组织的最大效能和价值流转的组织形态。DAO 的思想起源于自然界中极为普遍的自组织现象，每个个体的交互行为完全是局部相互作用的结果，不存在集中控制。自组织现象的充分开放、自主交互、去中心化控制、复杂多样和涌现等特点，不仅为 DAO 奠定了思想雏形，也可以为元宇宙生态的发展奠定技术基础和组织方式支持。

DAO 理念在元宇宙中的真正落地需要区块链技术的支撑。区块链集成了分布式数据存储、点对点传输、共识机制、加密算法等技术，具有去中心化、去信任、不可篡改、集体维护等特点，可安全、高效地实现元宇宙中的信息传输和价值转移。此外，智能合约使得元宇宙中的个体和组织能够借助区块链技术构建 DAPP，使得参与者可以在没有第三方干预的情况下，依照预先设定的业务规则自主、自治地执行，实现分布式、自动化、自治型的元宇宙生态治理。具体来说，DAO 有如下三个特征，特别适合元宇宙生态的组织方式。①

（1）分布式与去中心化（distributed and decentralized）：DAO 中不存在中心节点以及层级化的管理架构，它通过自下而上的网络节点之间的交互、竞争与协作来实现组织目标。因此，DAO 中节点与节点之间、节点与组织之间的业务往来不再由行政隶属关系所决定，而是遵循平等、自愿、互惠、互利的原则，由彼此的资源禀赋、互补优势和利益共赢所驱动。每个组织节点都将根据

---

① 丁文文：《去中心化自治组织：发展现状、分析框架与未来趋势》，《智能科学与技术学报》2019 年第 2 期。

自己的资源优势和才能资质，在通证的激励机制的作用下有效协作，从而产生强大的协同效应。

（2）自主性与自动化（autonomous and automated）：在一个理想状态的 DAO 中，管理是代码化、程序化且自动化的。“代码即法律”（code is law），组织不再是金字塔式而是分布式，权力不再是中心化而是去中心化，管理不再是科层制而是社区自治，组织运行不再需要公司而是由高度自治的社区所替代。此外，由于 DAO 运行在由利益相关者共同确定的运行标准和协作模式下，组织内部的共识和信任更易达成，可以最大限度地降低组织的信任成本、沟通成本和交易成本。

（3）组织化与有序性（organized and ordered）：依赖于智能合约，DAO 中的运转规则、参与者的职责权利及奖惩机制等均公开透明。此外，通过一系列高效的自治原则，相关参与者的权益得到精准分化与降维，即给那些付出劳动、作出贡献、承担责任的个体匹配相应的权利和收益，以促进产业分工以及权利、责任、利益均等，使得组织运转更加协调、有序。

四、NFT

基于区块链的非同质化通证（NFT）是一种记录在区块链上的数字资产所有权，具有唯一性、不可替代性、不可分割性等特征，目前已被广泛应用于收藏品、加密艺术品和游戏等领域，同时也在未来元宇宙生态中占据重要位置，可为元宇宙生态提供金融和货币方面的技术支撑。现阶段，业界尚无公认的 NFT 的定义。狭义来讲，NFT 一般指基于以太坊标准 ERC721 发行的通证；广义来讲，NFT 则是一种基于区块链的具有不可分割、不可替代、不可互换、独一无二、可验证、可流通、可交易等特性的数字资产所有权。

近年来，随着区块链和元宇宙技术的兴起与快速发展，链上世界和元宇宙空间中的数字资产引发了学术界和产业界的广泛关注。与现实物理世界中的同质化资产和非同质化资产相对应，数字资产也分为同质化数字资产和非同质化数字资产，其中最常见的同质化数字资产包括比特币、以太币等“虚拟货币”，而非同质化数字资产则包括游戏项目、数字艺术品等非同质化通证。

NFT 使得联通现实物理世界和虚拟网络世界成为可能，已成为元宇宙和智能经济中的核心要素。NFT 通过智能合约来实现其所有权的转移，并通过区块链来记录所有权转移的整个过程。由于区块链具有公开透明、可追溯、防伪造和难以篡改等特性，任何节点都可以查看一个 NFT 的所有交易记录，这就保证了 NFT 交易过程的透明性、难以篡改性和防复制性。

通常来讲，NFT 在元宇宙中的应用包括：（1）数字资产交易：NFT 的稀缺性与数字资产的天然属性不谋而合。传统的数字资产交易中，信息的不透明性和供需的不平衡性导致数字资产的交易监管问题日益突出。NFT 具有可追溯性，可以很好地应用于数字资产交易，将数字资产所有权及其流转过程都记录在区块链上，难以篡改，且所有人都可以查看，这就使得数字资产交易的整个过程都是公开透明的，而且当出现问题时，可以很容易地通过加密签名和时间戳追溯出现问题的环节。（2）确权和版权保护：元宇宙的动态开放和共享特性给数字资产的确权与版权保护带来了巨大的挑战，而新兴的 NFT 技术有望为数字资产的确权和版权保护提供有效的解决方案。目前，NFT 技术已被艺术家和音乐出版商广泛采用，利用区块链技术的去中心化、时间戳、加密算法、难以篡改、可追溯等特征，将创作的作品 NFT 化之后存储于区块链，并生成与该作品对应的唯一的数字所有权证书，从而达到版权保护的目的。（3）身份认证与授权：元宇宙生态的安全可信与可持续发展，势必离不开元宇宙生态参与者及其数字资产的身份认证与授权使用。NFT 实际上代表了数字资产所有权和参与者身份真实性，可用于存储、管理每个人的独特属性和身份信息，利用这些独一无二的数字化信息可以实现元宇宙中的身份认证与授权。①

第二节　区块链与人工智能在元宇宙中的应用

元宇宙创建与现实世界平行运行的虚拟世界，形成了一个将现实世界和虚拟世界融合的超大空间，可以理解为创建在虚拟世界上的平行宇宙。这个平行

① 秦蕊等：《NFT：基于区块链的非同质化通证及其应用》，《智能科学与技术学报》2021 年第 2 期。

宇宙的支撑技术众多，包括高性能计算、实时通信、分布式存储和 VR/AR/MR 等基础技术，区块链、人工智能、大数据等新一代信息技术，以及近年来涌现出的数字孪生、分布式身份、Web 3.0、隐私计算、NFT、DAO 等新兴技术和商业模式。尽管元宇宙支撑技术众多，但学术界和产业界一般认为区块链和人工智能两项技术是元宇宙的主要核心技术，二者的快速发展和深化融合为元宇宙奠定了不可替代的数据、模型、算法和信任基础。因此，本节将首先概述区块链与人工智能技术对于元宇宙发展的重要意义，然后阐述元宇宙时代区块链与人工智能的发展趋势。

一、“区块链+人工智能”赋能元宇宙

近年来，随着元宇宙生态的持续发展，区块链和人工智能技术也呈现出相互赋能、和谐共生、共融增强的发展趋势，可望解决二者各自领域面临的关键挑战，并在元宇宙生态中催生新技术、新模式和新业态。

人工智能已经有 60 余年的研究历史，期间关注度曾三起三落，并在 21 世纪以来随着深度学习和 AlphaGo 的突破发展再次成为业界关注的热点，在国际和国内均掀起了一股科技竞争浪潮。国际上，美国、欧盟、日本等均已提出各自的发展战略。一般说来，人工智能技术具有强大的数据解析能力、算法学习能力，以及将数据转化为知识进而规约为智能的能力，AlphaGo、AlphaGo Zero 乃至 AlphaStar 在人机博弈对抗中的出色表现，更使得深度学习、生成式对抗网络等新兴智能算法成为主流，在学术界和产业界涌现出一股研究和应用热潮，并在数据解析、知识推理等方面取得了长足的进步。这些新进展在极大拓展人工智能技术应用场景的同时，也为赋能元宇宙中的智能体及其交互模型和算法奠定了坚实的理论与方法基础，并提供了可行的技术途径和算法。

人工智能是元宇宙的核心技术，其基础是大数据分析。然而，如果人工智能只是建立在海量、碎片化、质量良莠不齐的大数据之上，就如同沙基上盖楼，一定是盖不高的。区块链技术可以为人工智能和元宇宙奠定坚实的“钢筋混凝土”地基，把大数据变成可信（trustable）、可靠（reliable）、可用（usable）和高效（effective，efficient）的“真（true）数据”，将散落在元宇

宙各个角落的大数据和智能体联结起来，使其安全、可信、自主地协同工作和运行，将点状的人工智能、大数据技术系统联结成社会化的元宇宙大智能系统。

人工智能与区块链技术是相辅相成、互为依托的，二者共同的基础是大数据。近年来，随着互联网、物联网乃至元宇宙的快速发展，物理空间和虚拟网络空间中实时生成的数据量快速增长，为元宇宙的发展奠定了坚实的数据基础，而区块链技术则进一步夯实了信任基础。因此，学术界和产业界均希望并致力于将人工智能和区块链技术相结合，以期推动二者的集成创新以及在元宇宙中的融合应用。

就现状而言，区块链和人工智能技术尚处于相互赋能、和谐共生阶段，而下一阶段必然是二者深度融合，进而催生新技术、新模式和新业态的阶段。目前，大多数人工智能技术均是在有限时间内、通过高性能计算和大数据处理产生针对特定场景的智能，因而可以视为相对“中心化”的智能技术，其代表性技术有 AlphaGo、超级计算、深度学习等。如何将这种中心化的智能技术引入去中心化的区块链产业生态，使得二者共融、增强，已经成为现阶段元宇宙技术和产业发展的必然要求和时代发展的必然趋势。智能区块链就是区块链与人工智能有机结合而形成的新研究范式。所谓智能区块链，就是将新兴的人工智能和机器学习算法与模式融入去中心化区块链系统的治理过程中，构建高效能、高可控、高安全、进而具有类人思维能力和智能的新型区块链系统，形成“区块链智能”。

区块链与人工智能的结合，有助于解决二者各自面临的技术挑战，即区块链缺乏自主决策智能性的问题以及人工智能缺乏数据与知识的安全可信共享机制的问题。因此，“区块链+人工智能”的深化融合，就可以为元宇宙面临的效能优化、可控治理、安全与隐私保护等难点问题提供解决方案，同时为元宇宙生态提供去中心化、分布式、不可篡改和可追溯底层数据与算法支撑。

具体来说，“区块链+人工智能”可以为元宇宙提供数据共享、共识治理和去中心化生态等方面的支撑。首先，元宇宙的运行必将依赖和生成海量实时数据，此时数据的质量和规模将是元宇宙运行的关键。然而，在很多情况下数据都是独立地隶属于元宇宙中的不同实体，尤其是社会公众开始重视数据的重要性后，数据壁垒成为元宇宙发展的新阻碍。区块链技术为数据获取和共享提供了更好的途径：去中心化共享机制能够获取元宇宙全域内更为健全、丰富的数据集，为元宇宙生态的数据建模与智能运转带来了新的机遇。其次，区块链的共识机制可以为元宇宙创造一整套完善的治理规则体系，用于规范和制约元宇宙的技术运行和生态发展，使得元宇宙的实施更具规则性。天生具有协调合作精神的区块链，可以使得元宇宙在区块链之中进行大数据“孵化”和人工智能“学习”：不同元宇宙参与者可以依照自身需求在区块链的智能合约中运行其人工智能算法，可以让元宇宙智能生态的创建动机更为清晰可控。元宇宙可以通过构建区块链上运行的智能合约来利用不同人工智能算法采集和生成的数据，并更根据合约内容触发智能体的行为，提高元宇宙参与者的交互效率和信任水平。最后，借鉴区块链的去中心化分布式结构，可以利用人工智能算法在元宇宙中构建基于智能体的虚拟人（或称软件机器人）群体，形成繁荣的元宇宙生态，避免元宇宙的中心化控制缺陷和单点故障问题，提高元宇宙生态的稳健性和鲁棒性。

综上所述，“区块链+人工智能”可为元宇宙的发展提供强大的数据处理与解析能力、自主学习与知识推理能力，以及知识共享、隐私保护、安全协作机制，实现元宇宙生态的安全可信、高效运行和可控治理。由此可见，“区块链+人工智能”将是未来元宇宙时代的大势所趋。

二、元宇宙时代的区块链与人工智能

元宇宙时代，区块链与人工智能的深化融合将极大地解决现阶段区块链技术面临的诸多问题。首先，人工智能的数据处理与解析能力，可以有效解决区块链技术所存在的扩展性差、存储效率低、安全隐患等问题。其次，人工智能的算法学习和知识推理能力可以有效提高区块链的自主学习与自治自理的能力。最后，人工智能算法可以有效提高区块链的共识调度和智能合约的优化能力。因此，人工智能技术可望在区块链生态系统的实体形态、组织形态、运作模式、激励机制和治理规则五个方面赋能区块链，进而为基于区块链技术形成的元宇宙生态带来智能化变革。

（一）实体形态的智能化

矿工是区块链生态中最重要的实体。现阶段的区块链矿工可以称为“机械化矿工”，因为其运行的挖矿程序或者钱包等都是静态和预定义的程序规则，缺乏适应性；而未来元宇宙时代，作为底层技术支撑的区块链生态系统必然是面向更加动态开放、虚实结合、人机共融的沉浸式体验环境，因而特别需要人工智能技术，尤其是人工智能中经典的智能体技术。智能体可以从环境中感知数据，并且采取最优行动来最大化其达成特定目标的成功率，具备自主性、自治性、反应性、适应性和社会性，这些优良性质必将集成到区块链生态的矿工实体和挖矿算法中来，将目前的“机械化矿工”演变成未来元宇宙时代的“智能化矿工”。

诚然，当前元宇宙技术初露端倪，区块链矿工的智能化改造路远且长，但随着近年来研究人员的持续关注与努力，许多基于人工智能和智能体技术的共识与挖矿算法被设计和开发出来，试图利用机器学习和优化算法对共识挖矿的过程进行宏观优化调度，以适应未来元宇宙环境中的大规模群体共识治理。例如，目前最主要的两类共识算法，即工作量证明 PoW 和权益证明 PoS 都存在低效率、高耗能等问题，因此研究人员提出利用卷积神经网络算法设计智能共识框架，可有效提高共识过程的效能。除宏观系统层面的优化调度之外，人工智能技术还需要进一步下沉到用户端，对元宇宙生态中的大规模矿工个体的微观决策进行优化，这将是未来的研究热点。

（二）组织形态的自治化

正如著名学者凯文·凯利在其著作《失控》中的预言，未来世界将是去中心化和自底向上的组织和控制。元宇宙时代，虚实结合的分布式社会系统中的智能体将形成去中心化自治的 DAO 组织，以自主和自治的方式相互竞争或合作，针对群体决策作出贡献和投票，同时在大规模智能体之间安全和可信地共享知识与决策。

DAO 的治理是一种智能化自治模式，根据组织的性质和目标，将系列公开公正且获得共识的制度通过智能合约代码化，以数字化为起点、人工智能技术为保障，链上链下协同为治理手段，以及无边界的群体价值创造，实现元宇宙中群体组织的自治理和自演化。

（三）运作模式的协同化

大规模分布式共识是区块链系统的主要运作模式。共识问题具有悠久的研究历史，最早的文献至少可以追溯到1959年，其在60余年的发展历程中跨越了拜占庭容错和复杂开放环境下的大规模实用两个鸿沟，目前已经是百花齐放，各类新兴共识算法如雨后春笋般涌现出来。这些共识算法共五类，即选举类、证明类、随机类、联盟类及混合类共识，这些共识算法作为各种公有链、联盟链和私有链的底层运作模式，驱动着整个区块链系统甚至是未来元宇宙生态的发展。

然而，从本质上来说，区块链系统的共识算法虽品类繁多，但均是机器和机器之间的确定性算法共识。相比之下，元宇宙则是高度人机共融、“人在环路中”的混合增强智能系统，因此元宇宙时代的区块链技术必须将人和社会因素纳入考量范畴中来，不应局限于机器和机器之间的客观算法共识，而应该侧重于人和机器之间的客观决策共识以及人和人之间的主观决策共识。这种人机协同一体化的决策共识兼具高度不确定性、多样性和复杂性，因而更具研究挑战。

（四）激励机制的规范化

现阶段，区块链系统的激励机制主要依赖加密货币。我国近年来加密货币一级市场主要以首次代币发行（initial coin offering，ICO）为主，且市场整体上仍然处于极为原始、极度缺乏监管的状态。实际上，国际学术界普遍认为ICO是严肃和科学的研究领域，其已经若干重要的研究结果，迫切需要以理论结果来指导市场实践，引导ICO行业健康、规范化的发展。因此，目前的ICO市场需要人工智能、数学，特别是博弈和机制设计等交叉学科的前沿技术与理论，以求将ICO机制设计得更加安全、可监管和激励相容，促进未来元宇宙生态的健康可持续发展。事实上，NFT和DeFi等商业模式就是这个方向上的有益尝试。

元宇宙治理中，治理激励机制设计与参与者策略行为优化是一个硬币的两面，常常需要统筹兼顾，即通过研究参与者策略行为的均衡状态来优化治理规则和机制设计，而通过机制设计的激励相容性分析来反推参与者的理性策略和行为。人工智能技术在元宇宙治理机制设计与策略优化相互制约的博弈对抗环境中大有用武之地，AlphaGo 和 AlphaZero 的成功就是最好的例证。因此，研究人员已经开始使用人工智能算法来优化去中心化区块链系统的激励机制，以求利用智能算法降低机制设计的理论复杂度，实现可计算、可实验和可比较的计算机制设计模式。理性、均衡和规范化的激励机制将是保障元宇宙生态系统健康、稳定发展的重要基础。

（五）治理规则的动态化

现阶段，区块链系统的治理规则很大程度上依赖于智能合约，而业界对智能合约的普遍认识往往是智能合约“既不智能，也不是合约”。区块链的智能合约虽然是去中心化自动执行的，但却并不具备智能的特性，因为智能合约里面大多是静态的、预定义的程序规则，这样的规则导致智能合约是死合约，缺乏适应性，很难适用于高度动态开放和人机沉浸式交互的元宇宙生态治理。然而，智能合约是“区块链+人工智能”的关键突破点，通过人工智能技术的集成，将使得智能合约在人为设定的基础上具备根据环境自主学习与动态进化的能力，减少智能合约的缺陷和漏洞，有助于提高区块链和未来元宇宙系统的可控治理能力；未来的元宇宙系统中，智能合约应该是“活的合约”和“智能程序”，其作为自主和自治的智能体，首先与其委托人签订委托代理协议，继而带着委托人的目标和约束漫游到元宇宙中，通过相应的市场和平台匹配到其他合适的智能合约，最终由两个智能合约之间签订真正的合约。这也使得智能合约从“smart contract”演变为“smart contractor”。

第三节　元宇宙安全与隐私保护

安全和隐私保护是元宇宙健康发展的重要前提。随着近年来区块链、密码学和隐私计算等技术的快速发展，元宇宙中的数据安全与隐私保护也有了坚实的技术支撑。本节将概述元宇宙中的数据安全和隐私保护。

一、元宇宙中的数据安全

数据安全与质量是元宇宙研究的重要问题。如果元宇宙运行所需的底层数据、模型或算法出现问题或被篡改，那么高层解析生成的模型、知识甚至决策都会有潜在的安全风险。因此，元宇宙研究必须确保基础数据集不被破坏，其一致性和可追溯性至关重要。为解决元宇宙系统中潜在的数据损坏或破坏问题，可以在多个层面使用区块链技术。

首先，区块链共识算法可确保任何数据在记录上链之前，都由所有验证者集体批准，并且借助验证者的强大算力来保障其安全，这使得区块链账本的数据安全通常比起集中式存储来说更容易抵御篡改行为和单点故障风险。虽然近年来可编辑区块链技术快速发展，但区块链技术同样可以将针对上链数据的授权（或非授权）修改视为分布式账本中的区块链交易，在将数据修改实际添加到分布式账本之前，首先由全体验证者集体批准修改，并始终记录数据更新的历史信息，因此可以隔离和消除可疑修改，确保数据的安全与可信。这就为可信元宇宙中的数据安全和计算安全奠定了信任基础。

其次，元宇宙中的智能算法和模型通常会使用历史数据来计算参数，然后将估计的参数保存起来，以后将用于预测。由于模型参数本质上只是一组计算值，不会自动连接到原始数据集，因此如果未来某个时间发现原始数据已损坏，则通常很难知道哪些估计参数也已损坏，以及损坏的数据对模型输出的影响是什么。如果将元宇宙运转状态数据视为区块链交易，就可以使用分布式账本存储有价值的可追溯性信息。例如，在元宇宙运转的每个时间点，将创建交易记录、在区块链账本中存储其上下文信息，例如元宇宙中的参与者实体属性与行为、环境实体、参与者交互状态，以及系统演化规则，等等。一旦数据被损坏或篡改，则通过查询区块链账本即可追溯到该数据曾用于哪些环节，产生何种影响等，从而改进元宇宙运行过程中的数据可追溯性和模型一致性。

最后，区块链与人工智能技术相结合，将极大提高元宇宙生态的安全性。一般说来，人工智能侧重于认知过程的自动化，而区块链则侧重于信任过程的自动化，因而在特定情况下可以将二者相结合，利用去中心化的区块链网络支持安全、可信的高级智能认知功能。现阶段，主流的机器学习和深度学习方法严重依赖中心化的模型训练方式，即一组服务器运行特定的模型来训练和验证特定的数据集，通常情况下这些数据集均是大型互联网公司的专有数据集。这种高度中心化的特性可能会导致数据篡改的风险，从而使得智能决策结果高度易错并带来高安全风险。此时，区块链技术就可以用来构建可信的智能决策与协作平台，增强智能数据管理、存储和传输可靠性，激励计算信息共享和交易，提升机器决策可信度，促进实现元宇宙中的人机协作能力和混合增强智能等。

二、元宇宙中的隐私保护

元宇宙是典型的去中心化、分布式复杂巨系统。随着元宇宙中参与者实体的不断增加，越来越多的数据并不像以往一样生成和存储在超大规模的元宇宙数据中心中，而是分散地生成并存储在物理空间中大量的边缘机构或节点上。重新收集和清洗这些分布式数据的性能较低而成本较高。同时，全球越来越多的法规（例如 GDPR）强制保障数据隐私，敏感数据管理已成为元宇宙数据共享和隐私保护的主要关注点，诸如医疗数据、生物数据和金融数据等隐私敏感数据通常不允许公开传输和共享。因此，越来越多专注于数据安全和隐私保护的计算架构被提出，其中最为典型的是以联邦学习为代表的隐私计算。

联邦学习是谷歌公司于 2016 年提出的一种用于解决数据孤岛问题、保护数据隐私的新型机器学习框架，在此框架中用户通过在中心服务器或云上交换和融合本地模型参数共同建立虚拟联邦模型，以在无需交换本地隐私数据的前提下达到不输聚合训练数据下的模型精度。联邦学习的实现关键是隐私参数的传输和融合，区块链可为这些分布式隐私计算框架提供有效的数据与知识共享机制，避免中心化云或服务器上存在的单点故障和数据丢失隐患并激励分布式协作。例如，联邦学习中，中心化的模型提供方无需下载和合并数据集以训练唯一模型，而是在数据源头训练多个模型，然后合并模型以创建最终模型，即“数据不动模型动”。在这种模式中，区块链可以提供一个可信平台来支持分布式数据源上的联合学习。多个区块链节点可以访问自己的分散数据并训练模型。然后，将多个参与者的训练结果组合起来，以创建一个全局模型。这种分布式训练过程可确保只有数据所有者才能直接访问私有或敏感信息。

除联邦学习外，同态加密、差分隐私、零知识证明等新型密码学技术也可以助力元宇宙中的隐私保护。目前，许多研究人员已经在探索利用同态加密等隐私计算技术，在不暴露基础数据的情况下实现数据共享和协同学习，从而确保元宇宙基础数据的私密性和机密性。

第 三 章

元宇宙实践场景

我国正迈进开启全面建设社会主义现代化国家的新发展阶段、贯彻“创新、协调、绿色、开放、共享”的新发展理念、构建“以国内大循环为主体、国内国际双循环相互促进”的新发展格局的新征程。当前我国正步入“智能+”时代与后疫情时代交叉影响的新时代，面临着多边主义与单边霸凌主义长期复杂斗争的新态势。因此，正确应对元宇宙带来的机遇与挑战，发挥元宇宙在不同场景中的实践价值，对于新时期综合国力的竞争的成败至关重要。

第一节　元宇宙游戏

元宇宙是一种以科技手段搭造链接并且与现实中的世界相互联系与映射的虚拟世界，它不仅是一种游戏，更是一种具备了全新社会体系的多元数字生活空间。① 元宇宙为了达成其本质目的——将现实世界进行数字化与虚拟化，往往会大量重塑实体世界内容、经济系统、内容生产、用户体验等内容。然而元宇宙的发展并不遵循线性原则，而是循序渐进的。元宇宙的发展是以共享协议、设施、标准等为底层逻辑，融合了多元平台与工具进而形成的。元宇宙的存在以三项基础为前提，即提供沉浸式体验的拓展现实基础、构建现实世界映射的数字孪生技术基础、塑造经济体系的区块链技术基础。通过以上三项基础，元宇宙就可以实现现实世界与虚拟世界在身份系统、经济系统、社交系统

① 《什么是元宇宙？为何要关注它？——解码元宇宙》，2021 年 11 月 20 日，见 http：//m. news. cn/gd/2021-11/20/c_ 1128081990. htm。

上的深度融合，并且支持每个用户对世界和内容生产进行编辑。在这个意义上，元宇宙更主要指的是一个类似现实世界的“生态系统”；而之所以称它为游戏，主要是因为现在元宇宙的理念必须依靠游戏这一目前最强的表现载体，因此各大厂商才多以“元宇宙游戏”作为主要项目。

从特定的角度出发，元宇宙可以被认为是一场数字世界与现实世界之间的接口革命，抽象的程序界面将会被沉浸式体验替代，而沉浸式体验又将现实世界与数字世界紧密连接。如果出现如脑机芯片之类的技术迭代更新，辅之以全息模拟世界的构建，用户将会体会到更加真实的感知体验。

Roblox 的 CEO 大卫·巴斯祖基（Dave Baszucki）曾说：“元宇宙至少包括以下要素：身份、朋友、沉浸感、低延迟、多元化、随地、经济系统和文明。”技术的进步正在不断提升这种未来的可能性。

一、元宇宙游戏的现状

2021 年 12 月初，Meta 正式推出了自己元宇宙游戏的雏形，即自己旗下的 VR 社交平台 Horizon Worlds，加拿大与美国凡年满 18 周岁的人士均被允许尝试。此前用户如果想要登录 Horizon Worlds 必须经过事先邀请，而即日起，用户将不再需要被事先邀请就允许进入 Horizon Worlds 的测试版，体验 Meta 精心设计的元宇宙，Horizon Worlds 既是 Meta 的社交和工作平台，也是外部用户在元宇宙中创建内容与互动的平台（见图 3-1）。

目前 Meta 公布了包括 Horizon Home、Horizon Worlds、Horizon Workrooms 等在内的多项元宇宙产品，已经实现了社交功能的完善与工作场景优化。其中 Horizon Worlds 的定位在于游戏社交平台，已于 2020 年推出 Beta 版本，用户可以在其中创建包括游戏、派对在内的内容，并邀请朋友共享。

在游戏设备上，Meta 所设计的 Horizon Worlds 主要依靠的是自家的 Oculus 虚拟现实（VR）头戴设备（见图 3-2），其中的用户可以创建一个没有双腿的化身形象（见图 3-3），在虚拟世界中四处游荡，在那里，他们可以与其他用户的化身进行互动，甚至可以一起玩游戏。此外，2021 年 11 月 Meta 表示其正在开发一款触觉手套（见图 3-4）。佩戴这款手套，可以让人们在虚拟世界中

图 3-1　Horizon Worlds 宣传图片

体验触觉等一系列真实感觉。不过，据了解，该手套目前仍处于研究的早期阶段，距离商业化落地还有一定距离。

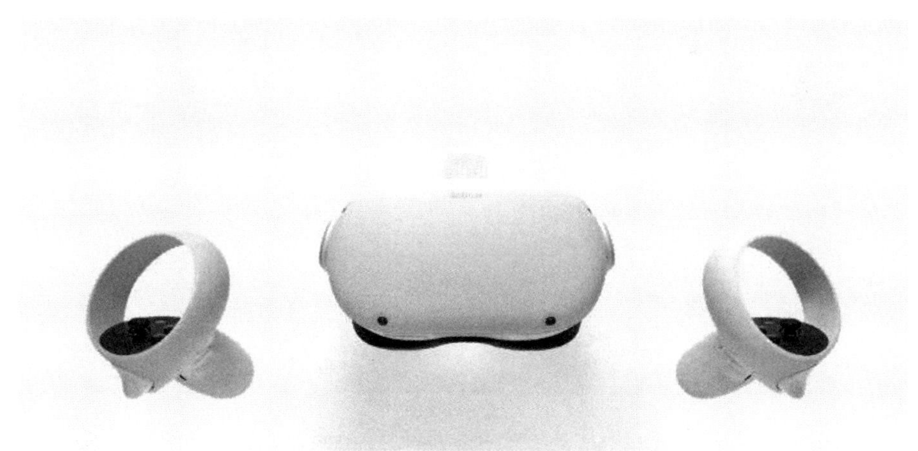

图 3-2　Oculus 设备

在游戏部分中，Horizon Worlds 目前已经内置了多种游戏地图供用户参与，如官方新推出的“Arena Clash”是一个最多支持 3v3 的激光枪战地图，参与其中的玩家可以通过击杀敌对玩家来得分，除了自带的枪械之外，地图中还存在诸多不同的枪械可以让玩家捡取。此外，Pixel Plummet 是一款“以蒸汽波为

图 3-3　Meta Horizon Worlds 游戏人物形象

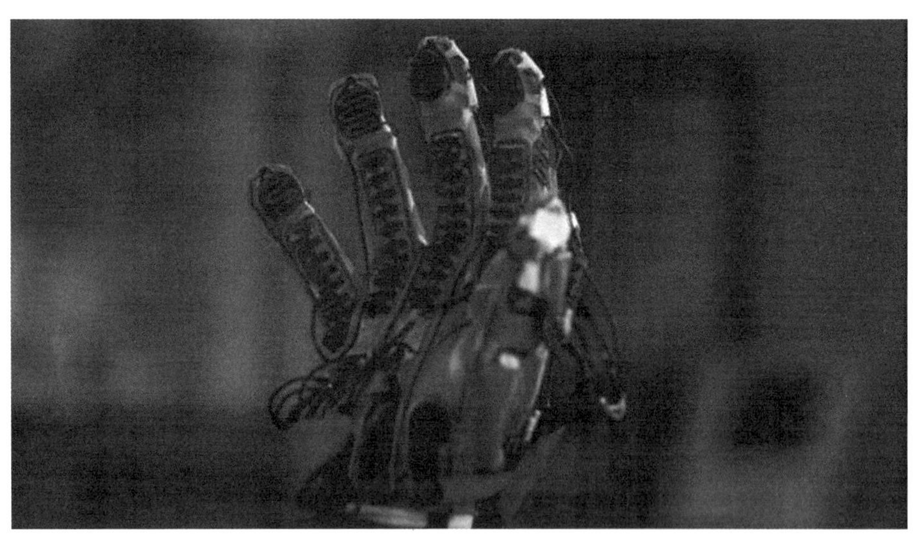

图 3-4　Meta 研发的触觉手套

主题的复古街机风格多人平台‘大逃杀’游戏”。在 Wand & Broom 里，用户可以骑着魔法扫帚飞越城镇，带着魔杖和朋友一起探索世界。用户还可以和朋友在 Mark’s Riverboat 中，一起乘坐三层游船在河上享受轻松的旅程。

除游戏外，Horizon Worlds 同样鼓励 UGC 内容的出现，UGC 全称为 User Generated Content，也就是用户生成内容，即用户原创内容。通过内置的“Horizon Creation Tool”就可以进行原创内容的生产。轻量级化的工具系统和简单的设计逻辑使任何不了解代码或者是美术设计的用户都可以快速掌握。Meta表示，用户可以使用简单易懂的世界构建工具和一系列的教程来将各种奇妙的构思带到Horizon Worlds。

据了解，在Horizon Worlds里，用户可以进行代码编写，从而为对象的工作方式设置规则。例如，当按下扳机时开枪射击，球在接触表面时会反弹。这种调用脚本块的代码的方式类似于Photoshop中的图层，允许用户将规则连接在一起，以创建复杂的交互。值得一提的是，这些操作都是在VR中完成，不需要借助计算机等其他外部工具。Meta最终计划发布一个免费的脚本块库和一个对象的资产库。值得一提的是，为了支持用户进行内容创作，以构建更加丰富多元的元宇宙生态，2021年10月，Meta专门设立了一项创作者基金，总价值1000万美元。

二、元宇宙游戏的原型——游戏与虚拟现实

（一）游戏内容原型——MMORPG

目前市面上绝大多数元宇宙游戏的内容都是参考了21世纪初在各国兴起的MMORPG（massively multiplayer online role-playing game），国内比较主流的译法是“大型多人在线角色扮演游戏”，MMORPG是游戏界早期最为火爆的类型之一，其在世界各地都有该品类的作品大量出现，仅在2005年MMORPG的全球收入就超过了10亿美元①。MMORPG是一种多身份角色扮演游戏和大型多人在线游戏的集合，此类游戏以能够一起互动的巨大玩家数量、长久保持的巨大游戏世界（通常由游戏的发行商托管）、游戏内独具一格的文化和系统架构、群组成员角色的高度定制性和在玩家离线时仍继续存在的现实共时性为特征。

MMORPG有许多影响一代人思想和生活的作品，包括一直运营至今并保有巨大用户群和用户黏性的魔兽世界（*World of Warcraft*），其游戏内容就是玩

① Parks Associates，“Online Gaming Revenues to Triple by 2009”，2005.

家创建角色、头像并以第三人称或第一人称视角探索开放的魔幻风游戏世界、探索风景、与各种怪物战斗，以及与非玩家角色（non-player character，NPC）互动或与其他玩家一起完成任务，进入地下城或参与玩家对玩家（PvP）战斗。作为网络游戏的巅峰之作之一，与魔兽世界类似的 MMORPG 中的游戏内容被极大地运用在元宇宙游戏中，目前诞生的元宇宙雏形大量可见 MMORPG 游戏内容的影子，下面仅介绍两个较为重要的方面：

一方面，MMORPG 游戏几乎必须有玩家之间的交流。完成世界内的各种任务经常需要一定程度的团队合作，玩家在团队中扮演角色，例如保护其他玩家免受伤害（称为坦克）、“治疗”对其他玩家造成的伤害或伤害敌人，因此许多 MMORPG 运营商都会提供对游戏内公会或氏族的支持。这一游戏内容也是目前元宇宙所充分提倡的内容之一——社交，元宇宙游戏也会通过各种手段促进和鼓励玩家们进行沟通交流，从而完成某些困难的任务，让玩家享受联合朋友击倒困难的成就感以及脱离现实但又处于现实的错觉。

另一方面，MMORPG 的核心是角色扮演。大多数的 MMORPG 游戏提供了多元化的职业供玩家选择。在这些职业中，不同的玩家会选择各有特色的角色来扮演他们，并且会根据游戏设定自发地按照一些规则为世界内其他人提供功能和内容。例如，如果玩家在他的 MMORPG 世界中选择了牧师的角色，那么他在游戏中的行为就会像一个真正的牧师一样行动、学习、交易或与他人互动。这一游戏内容也是目前元宇宙另一提倡的内容——第二人生，元宇宙游戏会提供给用户极大的外观、职业、信仰、爱好等的调整空间，其目的就在于，让用户全心全意地投入虚拟世界中而尽可能屏蔽现实生活的影响。

（二）游戏形式原型——VR

VR（virtual reality）是一种与现实世界相似或完全不同的模拟体验，因而国内翻译又称之为虚拟现实。VR 的应用包括娱乐（尤其是电子游戏）、教育（如医疗或军事训练）和商业（如虚拟会议）。

在设备方面，目前的标准虚拟现实系统通过使用多投影环境或虚拟现实耳机来生成图片、声音和其他的感觉，从而模拟用户在虚拟环境中的现实存在，通过使用虚拟现实设备，用户可以环视元宇宙世界，在其中探索，并与其中的虚拟项目或者虚拟特征进行互动。诸如此类的效果一般由 VR 头戴耳机产生，这种耳机在眼睛的前面搭有屏幕，由头戴式显示器组成，但也可以通过具有多个大屏幕的专门设计的房间产生；专业用途的 VR 可以通过触感技术实现其他类型的力反馈与其他类型的感觉，从而超越仅仅包括听觉和视频反馈的一般家用 VR。由于 VR 设备所具有的强互动性和真实性，它基本成为各大公司元宇宙的必备元素，像 Meta 的 Oculus、Sony 的 PlayStation VR 等，都已经为准备诞生的元宇宙游戏做好了准备。

而在内容方面，在 2017 年已经诞生了与目前元宇宙雏形相似的应用，其中最具影响力的就是 VRChat①。VRChat 允许用户通过用户创建的 3D 化身和世界与通过虚拟化身的他人互动，其内容是单纯的社交与沟通，但可以通过用户的自我设计形成独特的场景、角色形象甚至特别的玩法。VRChat 主要设计用于 VR 设备，能够支持“音频唇形同步、眼睛跟踪和眨眼，以及完整的运动范围”；但也可在没有虚拟现实的情况下，在为鼠标和键盘或游戏板设计的“桌面”模式下使用。这一内容和当前元宇宙游戏几乎一模一样，相对单调的角色互动组成了游戏的主体，目的是连接各个参与的用户从而形成强大的社交网络。

（三）游戏模式原型——GameFi

GameFi 一词的起源可以追溯到 2019 年 11 月，当时区块链游戏发布平台 MixMarvel 的创始人在中国乌镇世界区块链大会上发表演讲，讨论加密货币的基础技术如何能够彻底改变视频游戏行业，而这就是当时的产物。GameFi 指的是电子游戏的金融化。与流行的加密术语 DeFi 或分散金融类似，GameFi 是“游戏”和“金融”的融合。GameFi 是一个相当宽泛的术语，正如我们上文中解释的那样，以 GameFi 为标题的游戏之间可能具有完全不同的财务要素。例如，一些区块链游戏奖励玩家完成游戏内任务，而另一些区块链游戏则可以从玩家拥有的各种资产中创造收入。这一新兴行业的重要特色就是需要玩家利用技能和策略的组合来创造收入，将一个独立、自主的金融系统引入游戏中。

元宇宙是对于 GameFi 的进一步发展。从某种程度上来说，GameFi 作为一

---

①　由格雷厄姆·盖勒（Graham Gaylor）和杰西·朱德利（Jesse Joudrey）创建的在线虚拟世界平台，并由 VRChat Inc. 运营。

个成功的、游戏与金融系统结合的案例，对于从游戏为出发点的元宇宙来说是必须参考的对象，但可惜的是，目前元宇宙的成型案例过少，且多由行业巨头引领，引入金融系统的盈利需求也因充足的经费而放缓，但我们相信 GameFi 的模式最终一定会被元宇宙吸收利用，形成一套符合元宇宙的金融系统。

三、作为元宇宙游戏前身的区块链游戏的架构及特点——以 Axis 为例①

（一）区块链游戏架构

要了解 Axis 的游戏架构，首先需要介绍几个概念：

（1）AXS：Axie Infinity Shards，一种 ERC-20 治理代币，用于质押、参与治理投票及折现。

（2）SLP：Smooth Love Potion，由玩游戏所产生的资源，可用于繁殖 Axies 或出售折现。

（3）Axies：一种 NFT，也可称为游戏里的小精灵，可通过在游戏中繁殖或在市场中购得。

（4）ETH：以太币，不属于 Axis 系统，但是可以作为整个 Axis 系统的通货使用。

了解这些概念后，以玩家的角度看整个游戏的玩法包括四部分：

（1）第一步玩家需要钱来启动整个游戏：即需要从 Axis Infinity 市场购买 3 个 Axis 才能开始游戏（价格随着供需而变化，Axis 2021 年行价大约 320 美元/只）。

（2）第二步则是参与游戏，目前游戏的主要内容是放置类战斗以及玩家间对决，玩家可以通过这两种游戏方式获得 SLP，并完成社区发放的相应任务以获得 AXS。

（3）第三步则是繁殖或销售 Axies，为了维持 Axies 的数量，玩家可以通过消耗 SLP 来繁殖养育新的 Axies，所得的 Axies 可以加入游戏阵容或者将其

① Axie Infinity Whitepaper，见 https：//whitepaper. axieinfinity. com/。

出售换取 ETH 和 AXS。

（4）第四步则是通过 SLP 与 AXS 进行投资，目前较大的去中心化交易平台中均支持 SLP 与 AXS 的交易，玩家可以通过将手上的两种代币进行投资从而赚取利益。

详细的过程见图 3-5。

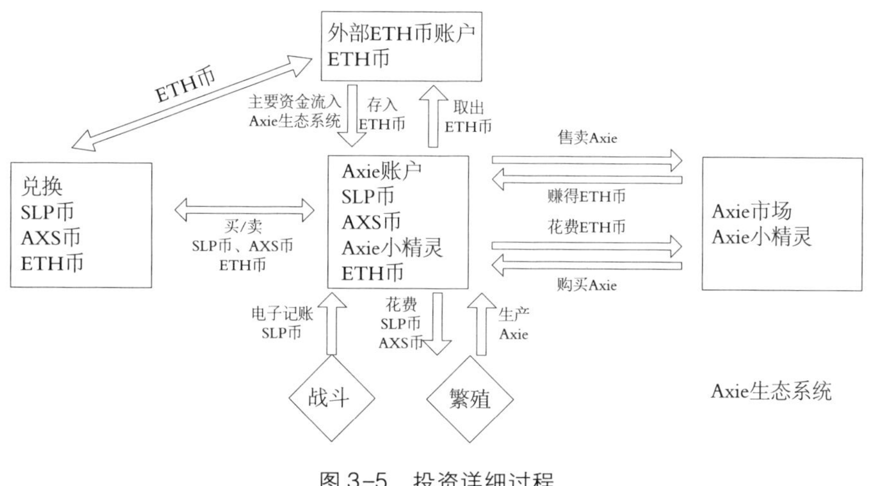

图 3-5　投资详细过程

资料来源：Axie Pulse，"How the Axie Economy Works（Players，Token Holders，Sky Mavis）"，见 https：//joincolossus. com/research/axie_ infinity. pdf。

而从厂商 Sky Mavis 的角度来看，它的作用主要是调整经济中的需求/供给动态，防止整个市场出现严重问题。为了维持这一调整者的身份，他们会在玩家的市场交易中提取 4. 25%作为维护费，但 Sky Mavis 承诺在未来将会完全退出 Axis 系统，交由 AXS 的持有者进行 DAO 式管理，使其达成完全去中心化的目标，所以目前 Sky Mavis 只是起到监督者和管理者的作用，不会过分参与系统的运作。二者共同构成了整个游戏架构。

（二）区块链游戏特点

与其他链游所提倡的游戏目的相似，Axie Inifinity 的游戏特色也主要体现在玩家盈利系统和稀缺性物品系统两方面①，二者是目前众多区块链游戏里不

① Axie Infinity Whitepaper，见 https：//whitepaper. axieinfinity. com/。

可或缺的一环，任何一款链游都至少有一者的存在。

繁殖系统，即玩家的盈利系统。① 玩家可以通过交易繁殖的 Axie 来赚取 ETH 或 AXS 以实现盈利。对于其他链游也是类似，或许在机制和表现上都有所不同，但其本质就是为了让玩家实现盈利的一个系统设计。

土地系统，即稀缺性物品系统。② 独特的土地系统是 Axie Infinity 实现其元宇宙构想的基础，也是许多其他链游的未来发展选择。

且除此之外，像 Axie Infinity 般的区块链游戏由于都采取了相似的区块链底层技术和经营理念，仅在表现形式上具有不同的选择，因而一般都具有类似的优点和缺点③。

其优点包括：有较强的游戏性，Axie Infinity 是一款回合制卡牌游戏，围绕收集、繁殖、战斗和饲养名为 Axies 的幻想生物为中心，与 Crypto Kitties 相比，有较强的游戏性。高速的运行速度，Axie Infinity 目前基于其专属的以太坊侧链 Ronin 运行，使得游戏中的相关交易可以做到快速无缝交易，大幅提高了游戏运行速度。独特的激励机制，与传统游戏不同，Axie Inifity 的目标是成为一款真正去中心化的游戏，所有持有 AXS 代币的玩家都可以参与游戏社区的治理和决策，并且可以通过 Community Treasury 来分配社区共有财产。

其缺点则包括：代币价格浮动风险，无论是 SLP 还是 AXS，其市场需求都由新玩家来驱动，如果 Axies 过度繁殖或者新玩家增长速度放缓，将出现 Axies 供过于求的现象，进而导致 Axie 价格下降，影响市场对 SLP 和 AXS 的需求，给投资者/玩家造成损失。缺少对玩家的长期吸引力，一方面，作为一款

---

① 在繁殖系统中，玩家主要的任务是繁衍新品种 Axie。Axie 的新品种根据两个 Axie 的基因而定，两两交配即可繁衍产生独特基因的新品种，繁殖的花费由 AXS 和 SLP 两部分组成。消耗的 SLP 数量和 Axie 的繁殖次数有关，繁殖次数越多，需要的 SLP 也越多。

② Axie Infinity 游戏中有多种不同的资产，土地作为其中一种稀缺资源，也是一类资产。和现实中的土地一样，Axie Infinity 中的土地也会因地理位置（比如离中心的远近）而有不同的定价，共计 90601 块。玩家在自己的土地中可以优先采集 AXS 代币和其他资源及装备道具，也可以用来经营赚取收益，比如托管店铺/市场、出租、放置召唤 Chimera 怪兽的信标，甚至允许第三方在上面开发自己的游戏（Land Gameplay）。

③ Axie Infinity：Business Breakdowns Research by Anastasia Solonitsyna，见 https：//joincolossus. com/research/axie_ infinity. pdf。

类精灵养成游戏，Axie 不具有与《口袋妖怪》那样的完整文化宇宙，难以长期吸引玩家；另一方面，作为 NFT 游戏，玩家为了投资或者“薅羊毛”的目的参与，很难具有持续性。去中心化尚未实现，Axie Infinity 计划在 2023 年实现其去中心化的目标，但在完全去中心化之前，投资者仍然不能够行使其治理权。

（三）区块链游戏与 NFT

1. NFT 与游戏的初遇

因其唯一性、不可替代（篡改）性和可追踪性，NFT 与玩具的首次碰撞，就发生在讲究个性、稀有的潮玩圈。早在 2018 年年底，海外就出现了据说是第一套带有 NFT“印记”的实体玩具。它是由一家名为 Crypto Kaiju 的区块链初创公司推出的一套小怪兽潮玩，限量 130 个。每个玩具的脚底，都嵌入了防篡改的近场通信（NFC）芯片，存储着研发团队给每个玩具赋予的独家 NFT，其中含有产品出产日期、外观特征、独特特点的元数据，让这款产品在虚拟世界有了独一无二的身份和可追踪出处的可能。NFT 与玩具业的碰撞，在 2022 年以来迸发出强烈的火花。而早年以“实体玩具+NFT 印记”的模式被当下日渐普及的虚拟娱乐所颠覆，向“NFT 虚拟玩具+实体玩具”兑换的模式转变。①

玩家通过平台购买了 NFT 虚拟产品之后，可以以平台为媒介对展品进行收藏、展示、交易与追踪。此外，玩家的电子账户内会同时生成 NFT 电子币，拥有了足够的电子币就可以在规定时间内兑换持有 NFT 加密绑定的现实玩具从而给玩家带来线上线下联动的赏玩体验。交易一旦缔结，NFT 电子币就会自动流进交易的相对方账户中去。据繁寇（Funko）公司负责人介绍，由于 NFT 产品都是孤品，不存在再贩返场的可能，因此具有极高的收藏价值。

与玩具类似，近期 NFT 通过区块链与游戏结合，意在创造 GameFi 元宇宙。② NFT 在 GameFi 游戏中的结合，见图 3-6。

2. NFT 在 GameFi 充当“入场券”

在游戏里 NFT 与 Axie NFT（以下简称 Axie）是对应的，而开始游戏最少

---

① 张芷盈：《海外玩企如何玩转数字加密》,《中外玩具制造》2021 年第 10 期。

② 郭春宁：《元宇宙的艺术生成：追溯 NFT 艺术的源头》,《中国美术》2021 年第 4 期。

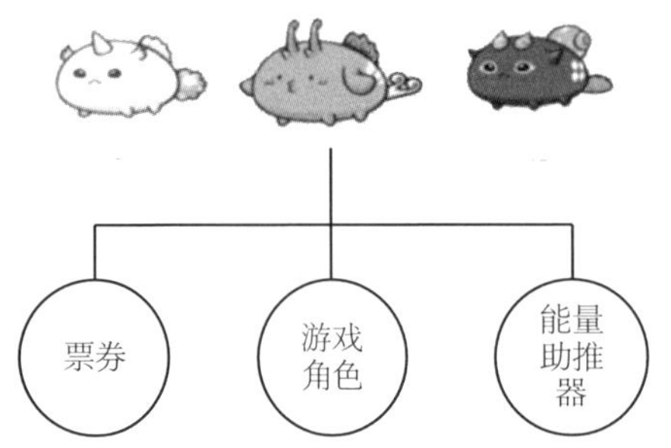

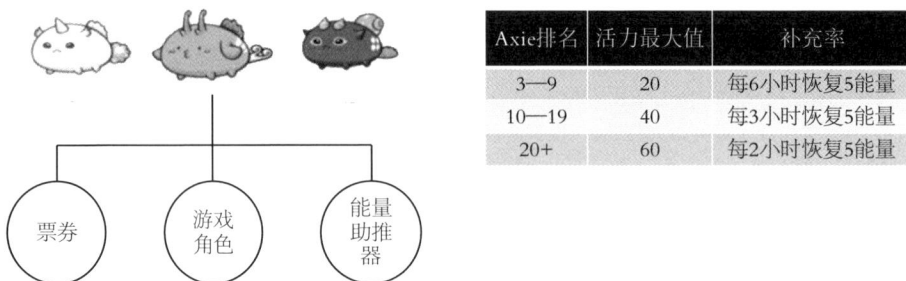

Axie排名	活力最大值	补充率
3—9	20	每6小时恢复5能量
10—19	40	每3小时恢复5能量
20+	60	每2小时恢复5能量

*根据阿德技术（右）Axie NFT的三个主要含义和能量转换率

图 3-6　NFT 和 GameFi 在游戏中的结合

资料来源：P2E NFT Game Analysis Playdapp Reporten，见 https：//playdapp. io/document/P2E_ NFT_ Game_ Analysis_ Playdapp_ Report_ en. pdf。

需要 3 个 Axie，Axie 需要 NFT 兑换，而 NFT 已经不再规模性销售（最初在 2018 年 4 月发了 3888 个原始 Axie，已经售罄），现在只能通过游戏中的哺育或者和玩具交换来获取 Axie NFT。一个 Axie 现在交易额最少为 250 美元。所以加入这个游戏的门槛接近 750 美元用来买 3 个 Axie，这种入门障碍的设计意图预防无限制的开户以从游戏中获利。①

3. NFT 在 GameFi 充当“生物基因”

在 GameFi 里，Axie 被分成 9 个等级，其中有 3 个特殊等级。每个等级都由眼睛、嘴巴、耳朵、角、背和尾巴组成，而每一个部分都包含三个基因，分别是“主导”（D）、“消退”（R1）、“活跃”（R2），在用 Axie 相互战斗的时候，这些等级特性组合在一起决定了输赢，所以玩家需要通过养育 Axie 或者 PVP、PVE 的方式来购买等级②。这正好衔接 NFT 的非同质化特点，每一个 NFT 都和其他 NFT 不同，不可互相替换，NFT 似乎被注入了某种生物基因的属性，是具备独特性的代币。这就如同一头牛和一头羊虽然在数量上等值，但

① Playdapp，“Lay to Earn Report NFT Game Analysis”，见 https：//playdapp. io/document/P2E_ NFT_ Game_ Analysis_ Playdapp_ Report_ en. pdf。

② 刘同舫：《构建人类命运共同体对历史唯物主义的原创性贡献》，《中国社会科学》2018 年第 7 期。

却有着根本不同，不可对等替换，需要通过估值、议价等活动调节后才能交易。当一个 Axie 披上 NFT 的“面纱”后，这个 Axie 便有了自己独有的编码，这样不仅确保了 Axie 的唯一性和真实性，而且无论被复制、传播多少次，Axie 都能追溯到原始拥有者。这样的特点使得 NFT 的流通性非常差，但也恰恰因为这种属性，NFT 天然地成为知识产权标识和保护的重要工具和手段。如果能够将原创作品 NFT 化，那么这个作品就具有了可公开查验的唯一身份认证，由此便可确证作品的原创性与真实性。①

4. NFT 在 GameFi 充当“能量补给”

玩家参与 PVE 和 PVP 需要能量，总能量以及充电速度取决于玩家拥有多少 Axie，数量越多能量越高，最多能量对应着 20 个 Axie②。

5. NFT 与 GameFi 结合总结

NFT 交易的本质并非是转让其他权利，而是针对 NFT 本身的交易。游戏道具 NFT 在性质上属于债权凭证，这样的法律效果的形成系双方当事人的合意，而合意通过游戏服务提供商与用户之间签署的用户协议等共识机制得以达成。

NFT 以及 NFT 游戏市场的崛起依靠的是区块链技术。区块链是一种分布式的记账系统，其分布的逻辑使得每次交易活动都会被多台计算机记录，摆脱了对某个特定中心的依赖。交易被记录在共享账本中后，任何参与者都不可更改交易，这在技术上充分保证了账本的真实性。传统的交易活动（买与卖）往往通过金融机构（如银行或公司）来完成，需要一系列复杂的现代金融和法律网络保障账目的真实性。但这种传统系统成本较高，有时仍无法完全避免做假账的风险③。区块链从技术上构建了一种去中心化的、不可篡改的记账方式，从而使得交易活动的真实性不再建立在昂贵且脆弱的现代金融与法律网络上。通过区块链技术加持将游戏 NFT 化，其“真品性”就不易被篡改，游戏

---

① 蔡雨彤：《揭开 NFT 的神秘“面纱”》，《华东科技》2021 年第 10 期。

② 刘同舫：《构建人类命运共同体对历史唯物主义的原创性贡献》，《中国社会科学》2018 年第 7 期。

③ 王小伟：《盛世淘金热中的冷思考：NFT 艺术的建构与挑战》，《中国美术》2021 年第 4 期。

作品的知识产权在这一框架下便能得到更好的保障。

在二级市场上，Axis NFT 的交易也呈现爆炸式增长。这种“坐庄”的手法也给二级市场的交易带来许多空间，众所周知二级市场获利更大，这时候 NFT 作为非同质化货币，加密认证后让创设 Axie 的用户和游戏方都能在二次交易中继续获利，交易数据则可以通过抽成条款以交易平台为依据进行追踪。用户和 NFT 之间的独特交互可以在智能合约中进行编码，以在用户注意力方面运行各种各样的新实验。①

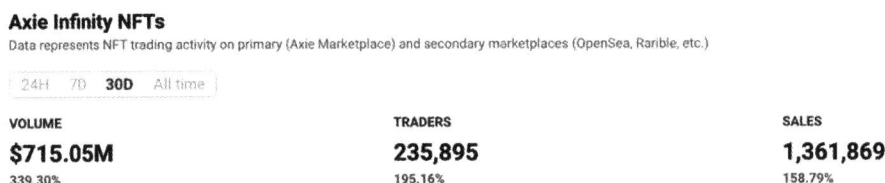

Axie Infinity NFTs

Data represents NFT trading activity on primary (Axie Marketplace) and secondary marketplaces (OpenSea, Rarible, etc.)

24H 7D **30D** All time

VOLUME	TRADERS	SALES
$715.05M	**235,895**	**1,361,869**
339.30%	195.16%	158.79%

图 3-7 Axie NFTs 交易量

资料来源：https：//insights. glassnode. com/nfts-and-gaming-lead-the-eth-rally/。

2021 年 DeFi 加速创新，随着 SocialFi 和 GameFi 日渐成为核心驱动力，2022 年我们有可能看到继续快速发展的兴趣与创新。Metavers、NFT、P2E games 的发展完善日益丰富了社区，它们并不仅限于关注金钱收益。它们同时也吸引了对虚拟房地产、身份建设、艺术收藏、未来游戏和粉丝群体等多元人群的兴趣。②

四、元宇宙游戏与传统游戏的区别

（一）传统游戏去工业化的发展趋势

1. 云游戏将迎来高潮，游戏制造商积极参与布局

运营商于 2022 年开始加速 5G 的铺设，同时为云游戏提供良好的环境。完

① Ukuria O. C. ,Glassnode，“NFTs and Gaming Lead the ETH Rally”，2021 年 8 月 4 日，见 https：//insights. glassnode. com/nfts-and-gaming-lead-the-eth-rally/。

② 《CZ 展望 2022 印度市场：SocialFi 和 GameFi 是关键驱动力》，2022 年 1 月 11 日，见 https：//zhuanlan. zhihu. com/p/456004053。

美世界、网易、三七互娱、盛趣、腾讯、游族等游戏厂商均有所行动。目前，研发云游戏的公司基本上都是头部公司，而从发展的角度出发，云游戏的竞争与发展终将回归到质量取胜的精品为王时代。

2. 行业合作不断加深，有助于市场进一步升级

主流的游戏厂商随着手游业态的不断成熟，立足于其战略布局逐渐占据了差异化竞争优势，同时致力于不断提高其综合竞争能力。立足于差异化竞争优势的基础，头部制造商逐渐通过寻求积极的产业合作以图与多元化的互补产业伙伴形成深度合作关系。

3. 市场进入生态竞争时代，以游戏厂商为主导的 IP 联动将继续增加

随着移动 IP 游戏市场的不断增长和发展，经历了供应商和市场考验的领先移动 IP 游戏制造商正在不断扩大其生态布局。从手机游戏的主要业务开始，它们将通过合作与双赢、继续扩大投资和其他形式，将在文化和创意产业中部署更多的链接。

（二）玩家可参与游戏的修改和优化

在创造方面也有一些区别，在移动互联网阶段也有许多虚拟世界的存在，但是用户并不能在这一个虚拟世界去进行相应的创造，只能在游戏的设定下去玩某一款游戏，因此在身份上，互联网阶段的玩家只能是玩家，是单向的。

而元宇宙所创造的虚拟世界是一个开放的平台，用户进入之后，既可以在里面玩别的玩家所创造的游戏，也可以自己在里面开发一款游戏，让别人来玩。在元宇宙世界，用户既可以是某一款游戏的玩家，也可以是某一游戏的开发者，是双向的。比如《罗布乐思》这一款拥有元宇宙游戏雏形的沙盒游戏，用户既可以是创造者也可以是体验者，身份是双向的。① 所有玩家均可以参加对于区块链游戏的完善与升级。已经激活的游戏治理代币的用户，可以通过投票的形式对游戏的升级发表自己的意见从而获得更好的游戏体验。玩家与游戏之间可以构建更强的交互黏性。玩家可以畅享这个世界的自由：0 脚本、0 人设，完全依靠玩家的个性化发挥。例如，建筑师可建房、艺术家可办展、平民

---

① 《100 篇文章带你认识元宇宙：元宇宙到来后，游戏和社交有何变化》，2021 年 10 月 8 日，见 https://baijiahao.baidu.com/s?id=1713055381935792351&wfr=spider&for=pc。

可交友游玩，甚至躺着晒太阳也没人管。这种高自由度无剧本的玩法，更容易激发玩家的创造力与灵感，反而造就了很多精美的私人场景布置。同时游戏环节设计的精妙绝伦也在不断地吸引新玩家加入，概念款游戏成为广具潜力的新星。①

无论哪种玩法，各个游戏平台均会提供完备的工具以最大程度地降低玩家的操作门槛。不需要耗费玩家很多时间，也不需要玩家具备专业编程技能，只要有灵感，平台提供的工具就能快速帮你实现。值得一提的是，Sandbox 可以为用户提供免费 3D 建模服务。

（三）没有中心化公司统一运营

区块链游戏是需要玩家与开发者共同维护的游戏，而非某一个公司的所有物，因此完全受市场驱动。更高的流量、更好的体验就会有更多的游戏玩家。即使是最初开发的公司也没有办法完全掌控元宇宙游戏的发展动向，更加无法关闭游戏。

从玩家自由度的角度出发，具有类似玩法的 Decentraland 游戏采取了 DAO 社区治理模式——玩家可以通过创建民意调查对平台活动、规则进行公投。这样的行动将会对以太坊网络上的 Decentraland 智能合约进行修订，从而对去中心化游戏产生里程碑式的影响。

（四）Play-to-Earn 可边玩边赚

通过玩游戏赚钱是区块链游戏最大的噱头，通过在游戏中打怪升级，不仅可以获得丰富愉悦的游戏体验，还可以拾取装备、道具、代币和 NFT 等，以上均可以在区块链市场中交易。目前区块链游戏 Axie Infinity 的菲律宾玩家们，月收入已经超过本地传统就业者的收益，有些人甚至有 2—3 倍之多②。GemeFi 越来越热闹，有可能成为下个热点。任何时候有游戏趣味都会获得极大的关注，加上 Defi 概念，边玩边赚，较传统游戏增加了变现的方式，既能

① 《我试玩了 5 款最热的元宇宙游戏，发现了三个秘密》，2021 年 10 月 11 日，见 https：//www. sohu. com/a/494434281_ 419187。

② 《元宇宙：链游为什么会火？它和传统游戏的区别是什么?》，2021 年 12 月 10 日，见 https：//www. sohu. com/a/508266150_ 120099883。

玩还有收益，必定获得更多人的关注和参与，相信很快会爆发。

（五）链游可交易性 vs 传统网游“弱交易性”

元宇宙游戏里的通证经济系统设计普遍非常棘手。在传统游戏中，“养成”是维持游戏生命力的一大基石。何为“养成”？就是让玩家体验从零到一，从无到有。几乎所有成功的游戏都能看到养成概念的身影，从魔兽世界开始，到现在大火的了不起的修仙模拟器。可是让游戏设计师在链游中还原“养成”体验，好比让田径运动员在水中跑步一样难。传统游戏公司是如何工业化地生产优质的“养成”体验，如果要用一句话描述，那就是“创造无数个封闭的平行宇宙，让每一个玩家在自己的宇宙中自嗨”。在绝大多数游戏中，游戏设计都严格遵循“平行宇宙”和“封闭世界”的原则。大量使用位面技术，并禁止玩家交易。一方面是为了防止玩家私下交易造成公司财务损失，为了更好地截取现金流；另一方面也是为了保证玩家从无到有的养成体验。然而这两大传统游戏设计的基石，却与区块链、元宇宙等理念相左。

而在区块链游戏中，即使是龙头 Axie 的设计，我们也还是能看到游戏设计与链之间的强烈矛盾。在 Axie 中，每一个精灵都有自己的等级，等级会随着玩家的付出而成长。然而，这个等级无法记录在链上，而是存贮在中心化的服务器中。当玩家将精灵出售给第三方，等级会清零。当玩家重新买入该精灵，等级又会还原。这样的设计不仅不符合一般对游戏的认知，也引发了一系列利用重置等级特性的黑客攻击。如此设计的背后，我们看到了传统游戏与区块链在内核上的不兼容，也看到了不成熟的技术之下游戏所做的妥协。但我们相信在区块链的理念之下，未来将全部生态下放到玩家手中只是时间问题，Axie 也承诺未来将会彻底退出游戏和未来宇宙的治理。

在新的时代，游戏的这一切革新仍然需要一个发展的过程，从传统游戏行业，到如今慢慢开始崭露头角的区块链游戏，以及未来即将出现的元宇宙游戏，它的理念和概念都是不断发展成熟的，因此我们再看到过去的不足以及现在的妥协时，也需要更进一步地思考未来，思考这一切的终点——元宇宙。

（六）游戏公会起到的积极作用

游戏公会在 GameFi 领域中的影响不容小觑，公会是承接项目方和玩家最好的纽带，一方面游戏公会通过挖掘优质的 GameFi 游戏引导成员获益，另一方面社区的治理同样需要依靠公会进行协调，最关键的是游戏公会是玩家初始资本的聚集地，能够通过统一布局和统筹帷幄，对游戏市场产生更大的影响。①

第二节　元宇宙房地产

一、元宇宙中的房地产产业

在元宇宙中，市场需求的基础是元宇宙房地产的使用价值和稀缺性，市场供给的驱动因素是经济动机和非经济动机的结合，经济逻辑基本与现实世界一致。由于元宇宙是一个虚拟的世界，经济循环中流转、配置的房地产也是虚拟房地产，导致元宇宙中房地产的需求和供给与现实世界基于物理存在的商品供求存在一些差异，区别在于使用价值和稀缺性的具体表现形式在某些方面是独特的。随着元宇宙房地产项目的成熟和介入用户的增多，不同元宇宙间形成分工和交易，在元宇宙和现实世界之间的财富转移和套利行为都是有存在基础的。

在下文将介绍的 The Sandbox 或 Decentraland 中，都存在着一个可以内部自洽的经济循环，有商品和市场需求、有生产行为和市场供给，同时也可以看到最终消费品市场和要素市场的轮廓。这样的经济循环是可持续的，即使是在不能与外部沟通的极端条件下。

（一）The Sandbox 平台

沙盒（The Sandbox）是一款由 Pixowl 公司于 2013 年推出的移动游戏，主打高自由度的用户生产内容（user generated content，UGC）玩法，游戏模式分为故事模式和自由模式两种：故事模式相当于指导教程，玩家可以按照剧情和指导完成任务。而自由模式下，玩家可以扮演上帝，随心所欲地用四种元素打

---

① 《深度解析 GameFi 与传统游戏的关系，洞察 2022 游戏趋势》，2022 年 1 月 18 日，见 https：//enjoyglobal. net/detail/news/LNews10482。

造自己的“世界”。2018 年，Pixowl 将“沙盒”移植到了以太坊，这使它成为最早“触链”的元宇宙项目之一。上链之后，互联网前端市场允许用户将其制作出的作品进行上载、发布和出售。①

（1）The Sandbox 的游戏机制是 Play-to-Earn 的沙盒游戏。沙盒游戏是游戏本身没有主线剧情，没有唯一的终点，而玩家则在游戏中通过探索与建设，体验游戏的乐趣。就像元宇宙第一股 Roblox 一样，Sandbox 以在游戏里打造游戏为主线，致力做成一个娱乐世界。The Play-to-Earn 是一种让玩家通过玩游戏，获取游戏中的道具或者装备等虚拟财产并通过区块链世界流通与变现从而获利的模式。第三方开发者，即用户，只有买或者租了土地，才能利用工具 Game Maker 自行开发并发布游戏，让其他用户娱乐或者做任务赚钱，从而产生收入。如果游戏无法赚钱，玩家可卖出或租赁手中的土地，让其他开发者使用并获得租金。玩家可以在 The Sandbox 的集市和 Opensea 等交易平台买入土地，知名 IP 的所在地块周边土地价格普遍比较高。

（2）在区块链版的“沙盒”中，使用的“通证”（Token）被称为“沙币”（SAND），它是一种基于以太坊 ERC20 协议的功能型代币，玩家可以用它来购买 UGC，游戏中的地产或者 UGC 资产，在以太坊区块链中创建自己的游戏体验，在元宇宙中买卖土地和资产并从中获利。The Sandbox 世界的双代币体系由 The Sandbox 世界与地块（LAND）构成，其目的是鼓励玩家们参加去中心化自治组织（DAO）的平台管理作业。沙币（SAND）持有者可以通过工具 Game Maker 来创建 NFT 数字资产，将其上传到商店，影响游戏环境的变动。如果用户愿意，也可以把手中的沙币（SAND）兑换成以太币等其他代币，或者直接兑换成美元。目前，“沙盒”的地价是所有元宇宙项目当中最高的，2021 年 11 月，其中一个地块（LAND）以 430 万美元被拍卖，创造了元宇宙地价纪录。

（3）The Sandbox 由三个主要组件组成：Voxel 编辑器（命名为 VoxEdit）、市场 VoxNFT，以及游戏本身，官方提供一套工具，用户可以打造自己的元宇

① 陈永伟、程华：《元宇宙的经济学：与现实经济的比较》,《财经问题研究》2022 年第 5 期。

宙地产、虚拟手办，靠出售商品赚钱。用户在拥有了这样的虚拟空间或者说元宇宙“地产”之后可以对其进行建设、装修、出租，甚至可以将其当作博物馆用于展出虚拟藏品，亦可将其用于商场开展商业活动。元宇宙“地产”几乎拥有现实世界中房地产的绝大多数属性，除了用户本人不能真实地住在里面以外。建筑公司通过在元宇宙中设计项目，甚至可以赚到将近 30 万美元。目前，The Sandbox 还是以开发者和地主为主，每个地主和开发者的盈利模式也要根据自身的开发技术和能力决定。

（4）Sandbox 的每块土地都是基于 ERC721 标准的 NFT 代币，通过（x，y）坐标确定每块土地的唯一性。多块土地组合变成房产。土地最基础的用途是在土地上部署内容，从而影响和改变世界。用户可以通过持有土地对游戏进行部署、收取场馆门票、将土地租赁等方式赚取收益，从而构建一个以土地为基础的经济体系。The Sandbox 的虚拟世界每一块地都可以视为一个小世界，一旦购买了一个地块（LAND），就拥有了完全的所有权和对其中所有东西的控制权。不仅可以在地块（LAND）上自由地发布、设计和运行自己的游戏，决定运行的游戏、实施的游戏机制、使用的资产，乃至玩家是否有权进入等，你还可以通过将地块（LAND）租赁给游戏创作者以获取利益。

（5）The Sandbox 主要有三大类资产：地块（LAND）、代币 SAND、NFT 资产类（人物、道具等），这几类代币构成了 The Sandbox 的基础经济体系。The Sandbox 中的虚拟土地 LAND 共有 166464 块，每块地（1×1）都是一个 ERC721 代币。人们可以透过取得基于以太坊 ERC721 协议创造的 NFT——地块（LAND），解锁游戏里的房地产、土地等。总量发行量有限，未来参与的人越来越多，土地会更加稀缺。

（二）Decentraland 平台

Decentraland 开始于 2015 年，是原生在区块链世界的元宇宙项目，至今已经经历了石器时代、青铜时代和铁器时代三个阶段。本质上，Decentraland 是区块链上向用户分配数字地产所有权的一种概念证明，2017 年 8 月，Decentraland 的通证 MANA 开始众筹，宣称用户可以用 MANA 购买地块并与其他用户互动。2020 年 2 月 Decentraland 推出的“铁器时代”版本中，加入了对 VR 的支持。开发者通过创建用户之间共享的应用程序以此盈利。版本同时也开始支持点对点通信，支持执行互动内容的虚拟世界交易中加密货币的快速支付系统和脚本系统。在 Decentraland 中，土地是一切创作和创新的价值载体，一共有 92598 个地块，其中的 43689 个地块可被销售，和现实世界一样，土地的区位特征决定了其价值，地段越好的土地价钱越贵。在购买土地之后，用户可以根据需要，在上面进行改建，用于各种用途。①

（1）一种由智能合同维护的不可替代的数字资产，土地被划分为通过唯一笛卡尔坐标（x，y）可区分的地块。这些地块的面积各为 256 平方米（16 米×16 米）。每个土地包括了其坐标、所有者等信息。可以用通证 MANA 购买。用户可以在自己的地块上建立从静态 3D 场景到交互式的应用或游戏。部分地块被进一步组织成主题社区，创建成为拥有共同爱好与用途的共享空间。

（2）土地建设：土地持有者需要自己创建，或通过游戏开发商处购买游戏。小区的发展主要依靠社区组织，如果社区消极懈怠，极大可能造成土地大量荒废。而社区比较积极的小区则内容比较丰富，包括拉斯维加斯城等小区。

元宇宙房地产用户可以以数字化身的形式通过的有限的三维虚拟空间集被称为土地。通过唯一笛卡尔坐标（x，y）划分为可区分的地块，如果用户获得了多个相邻的地块，就获得/创造了“地产”。地产所有权使分散土地内的业主能够建造前面提到的更大的开发项目。这些相邻的地块和开发项目又可以出租给其他虚拟租户，这使得虚拟财产/土地所有者能够以类似于现实生活中的方式从其租户那里产生现金流/收入流。此外，与现实中涉及房地产的尽职调查类似，评估分散土地内可比物业/土地（即“comps”）的价值以获得对价格和价值的基准理解是一个好办法，当中可能涉及评估附近地区类似包裹的销售历史。

（三）元宇宙房地产平台的异同对比

完备的元宇宙最终需要实现身份互认、价值共享、跨链互通。目前存在的头部四元宇宙 The Sandbox、Decentraland、Cryptovoxels 和 Somnium Space 共享

① 陈永伟、程华：《元宇宙的经济学：与现实经济的比较》，《财经问题研究》2022 年第 5 期。

着许多关键特征，例如：（1）现存的显著的用户兴趣与游戏资产销售数据；（2）可以免费使用；（3）拥有有限数量的 NFT 土地；（4）地块可以在 OpenSea 和 Rarible 等市场上以一级销售和二级销售的方式交易；（5）虚拟土地的所有者可以自由决定在其所有的土地上开发任何项目；（6）他们没有特定的目标。玩家可以随心所欲地在元宇宙中消磨时光。

土地的所有者能够在元宇宙中创设一系列的场所和活动。①

The Sandbox 任何用户都可以通过 Game Maker 创建自己的场景，在条件许可下，创建好的游戏可以放在市场中进行交易。土地所有者的选择权增加。团队保留了将近 25%的土地给自己和合作伙伴，可以保证这一部分的土地不会被空置。75%的土地是拍卖给个人的，这一部分需要依靠个人创建或从市场中购买已建好的内容。由于不必须自己去创建并且有较多的选择，因此部署难度低于 Decentraland。

Decentraland：土地已经大部分完成拍卖，不同的社区提出了不同的发展模式。土地的交易主要在 Decentraland 市场或二级交易市场。但目前很大一部分土地没有人建设。

The Sandbox：目前仅拍卖了 31%的土地，还有很大一部分土地待拍卖。处于发展早期。

Cryptovoxels：如果世界内的用户数不断增加，会增加拍卖土地，这主要由创始人决定。还有很多土地待拍卖，处于发展早期。

The Sandbox 与 Decentraland 的对比表见表 3-1。

表 3-1　The Sandbox 与 Decentraland 对比表

	The Sandbox	Decentraland
描述	区块链化的元宇宙	区块链原生的元宇宙
VR	不使用	可以使用
区块链	使用	使用

① 例如，Decentraland 的赌场、Somnium Space 的加密艺术博物馆，以及在 The Sandbox 开发的各种互动视频游戏等。

续表

	The Sandbox	Decentraland
治理	区块链治理	区块链治理，DAO
经济	以通证 SAND 为基础的经济结构，NFT 作用重要，支持内外经济循环	以通证 MANA 为基础的经济结构，NFT 作用重要，支持内外经济循环
娱乐性	强	弱

二、元宇宙房地产的架构

（一）元宇宙房地产的实现机制

1. 共识层：谁拥有土地以及在其中显示什么？

这一层是通过利用智能合约，以正确的格式将不可伪造的土地地块相关信息存储在一个分类账中。需要被存储的关键指标是：地块内的内容、所有者和地块的坐标（“内容描述文件”）。

2. 土地内容层/内容分布层：地块的文件存储在哪里，以及如何访问这些文件？

这一层主要通过智能合约与共识层进行沟通，并且从分散的数据库中获取内容文件。当用户通过不同的土地时，就可以查看被呈现出来的文件。①

3. 实时层：用户如何在共同的虚拟环境中互动和执行任务？

目前并不存在一个可以用来承载玩家互动世界的集中服务器，因此玩家如果想要在共同的虚拟环境中互动乃至执行任务，就需要玩家以点对点的方式自助完成。原始的引导意味着项目支持者需要自己的托管服务器并尝试在社区中协调从而抑制不良行为者，但是随着 DAO 的发展，DAO 现在可以审查主机，从而确保社会上具备有信誉的成员托管服务器。因此，本层是全球玩家整合其他用户、文本通信、语音，以及与环境互动的层，并且使其成为“元空间”体验必不可少的一部分。

---

① 用 Decentraland 的话说，它“为‘他们’提供了强大的抗审查能力，消除了中央当局改变规则或阻止用户参与的权力”。

（二）元宇宙房地产的经济体系——基于价格与价值

1. 元宇宙房地产外在价格角度

表 3-2　相关平台影响土地价格要素汇总表

平台	影响土地价格的要素
The Sandbox	1. 具备更完善的配套生态、更优质的资源、处于优质地密集区、更高的价格。 2. 毗邻大地块、核心区域，价格越高。 3. 地块首次出售时间较为久远的，周边生态越完善，价格越高。 4. 离知名品牌的地块越近的土地，价格就越高。
Decentraland	1. 距离中心越近，流量越大，价格越高。 2. 靠近主题社区，获得更多流量，价格越高。 3. 位于两个大地块中间，周边有大概率深度开发，获得更多流量，价格越高。 4. 靠近博物馆区、NFT 商店、地标建筑等，获得更多流量，价格越高。

从表 3-2 可以看出，元宇宙房地产的价格主要取决点即在于地理位置与配套措施。① 从外在价格角度出发，目前这一类数字资产具备明显的增值效应，但是未来发展趋势难以预料。对比了影响土地价格的因素，可以看出主要取决点即在于地理位置与配套措施，因为二者决定了流量的大小。流量，是元宇宙房地产增值的唯一密码，核心是流量共识。一方面，元宇宙的外部流量很重要，不论是否参与交易，只有进入的人足够多，地块才有可能具备足够的价值。未来会有更多的元宇宙入局者，最终会形成把持流量入口的具有垄断地位的元宇宙，那时如果想要拥有其中一块虚拟地产，那将需要付出高昂的代价。另一方面，元宇宙的内部流量也不可或缺。内部流量即你所拥有的地块的流量，未来元宇宙房地产是否能够升值，关键就在于地块拥有者是否自带流量（比如毗邻明星地块），是否在自己的地块里加入设计元素，能否吸引足够多的流量来访问、来体验。

2. 元宇宙房地产内在价值体系

从内在价值角度出发，元宇宙地块性质上也属于数字资产，与其他 NFT

---

① 参见 Global Digital Asset，The Metaverse Series Part One：Decentraland，见 https：//metaverse. properties/wp-content/uploads/2021/08/Metaverse-Report-Series_ -Part-1-Decentraland. pdf。

并无本质不同。上海高级金融学院教授李峰认为，元宇宙房地产的价值立足于投资者和投机者对该数字资产价值的价值合意，这一价值合意又取决于该元宇宙对参与者有效需求的满足程度。① 最终的价值取决于该元宇宙是否能够通过满足参与者的精神需求，从而形成可持续发展的虚拟经济体系。

（1）稀缺性。

首先，元宇宙中土地价值的核心驱动因素是稀缺性。

考察目前主要的几个元宇宙房地产买卖平台中土地的数量，每个元宇宙都有不同数量的总地块供应，也就是说总量是有限的，一般来讲是在最初就被设定好的。可以建设的项目与潜在参与者随着元宇宙中土地的数量增长而增长。但是逐渐增加的地块意味着如果没有足量的客户群来激活、开发地块，元宇宙就会很快变成“空城”。因此在任何一项 Metaverse 项目开始之前开发商都会事先说明好将要创设的地块总数。稀缺性已经成为元宇宙世界中房地产的内在驱动因素。因为开发团队通常在土地中持有大量该 Metaverse 的土地，因此其有动力通过支持开发与缓慢出售新土地等途径来维稳土地资产的价格，以防突然的“通胀”侵袭资产价格。

然而事实上，因为缺乏物理法则无法创造更多的数字土地。不过平台持有者可以选择是否维持土地的稀缺性。只是正常来看，平台持有者不会这样做，而且他们不想破坏支撑他们经济的期望。数字地块的稀缺性总是一种假象——是平台所有者作出的具有倾向性的选择。今天选择是资源的，但是只要数字地块稀缺性得以维持，就会天然导致投机。最终，数字土地的“稀缺性”完全建立在玩家对公司维持其政策的信任上。一种假象的人为制造并且维持的稀缺性。

（2）有用性。

大量虚拟世界选择将“数字地块”作为不可或缺的生产要素。当你想做的任何有趣的事情都需要进入特定的地点时，就会发生这种情况，无论是用于社交的人口中心、用于交易的市场、用于收集资源的荒野，还是用于探索的地

① 张杨：《元宇宙房地产能炒吗》,《解放日报》2021 年 12 月 20 日。

下城。土地是有用的，房屋可以提供一个安全的绿洲、一个方便的替代银行的存储，以及社交和角色扮演的机会。

（3）元宇宙世界的土地的“收入潜力”。

这涉及元宇宙世界房地产领域的盈利模式：虚拟世界每一块地都可以视为一个小世界，一旦你购买了一块土地，你就拥有了完全的所有权和对其中所有东西的控制权。因此元宇宙世界的房产有属于自己的盈利模式。

①内容策划：用户可以集聚在有共享利益的邻域附近。可以在你的 LAND 上自由地发布、设计和运行你自己的游戏，决定运行的游戏、实施的游戏机制，以及玩家是否可以加入等。还可以设计成为某些场馆收取门票。①

随着虚拟世界玩家的不断增加，诸如电影院、演唱会、时装展、景区、美术馆等娱乐休闲活动将在虚拟世界里不断增加，将会对人气的聚集、流量的增加产生重要影响。流量增加本身对于虚拟土地价格的上涨也具有正面促进作用。长此以往有利于商业中心区的构建，从而使得流量与注意力聚集，进一步体现其商业价值。

②广告宣传：品牌方可以选择在高流量地块上或者其附近的广告牌来进行产品推广或者服务与活动的宣传。

③出租获取租金：相邻的地块和开发项目又可以出租给其他虚拟租户，这使得虚拟财产/土地所有者能够以类似于现实生活中的方式从其租户那里产生现金流/收入流。

④出售地皮：用户可把自己购买的地皮贩卖给其他用户，因该游戏结合区块链技术，用户购买的地皮可拥有终身持有权，由于采取不删档模式，因此不用担心在过程中被游戏运营商删除。

---

① 以 Decentraland 为例，在其中已经策划了各种特色商街，许多企业也在其中建立了虚拟总部。区块链协议 Boson 以超 70 万美元购入的 Decentraland 虚拟土地将用于创建虚拟商城，《吃豆人》开发公司雅达利将在 Decentraland 建设链上拉斯维加斯，英国艺术家菲利普·考尔伯特（Philip Colbert）将在 Decentraland 上推出 NFT 艺术展和音乐表演，苏富比在 Decentraland 的伏尔泰艺术区推出了其伦敦画廊的虚拟艺术画廊复制品。巴黎希尔顿还在这里与 Deadmau5、Alabaster Deplume 和 3LAU 等音乐家共同举办了一场虚拟音乐会。

（三）元宇宙房地产的特征

1. 投资属性大于居住属性

数字房地产的交易，都有唯一确定的坐标（x，y）与对应的所有者，因此其价格存在倒卖中升值的可能。许多参与者表示，虚拟地产非常具有投资价值，要将买下的虚拟地块作为数字遗产给子孙继承。

2. 浸式体验与“无限制”的自由

正如扎克伯格提到的，元宇宙中有两大核心元素：虚拟替身与个人空间。人的感受和体验才是大多数用户入局的初心，能够拥有属于自己的空间无疑是虚拟房地产的一大卖点。虽然大多数用户购买 NFT 与虚拟土地是出于投机的动机，但也有部分用户这样做是因为希望与这些虚拟环境产生关联。①

元宇宙建筑设计不会受到现实世界物理法则的影响，只要用户愿意，原则上各种造型的建筑都可以造出来。即使土地只有 300 米，也可以通过建造上粗下细的结构来扩大建筑面积。

另外，元宇宙虚拟建筑因其具备强大的互动性，以此与现实房产相区别。

3. 价值的再创造

对 The Sandbox 土地来说，总量是固定的，极易保存，且因为区块链的特性可以确保不受破坏，而且过往的交易记录还可以查看，确保不会买到假的，且最重要的一点是，拥有庞大的用户，被用户所认可。这还不说你可以在你的土地上建造任何东西，建造出来的还拥有其本身的价值。比如你建造的是创业公司，是挨着特斯拉的那块土地，无形之中，特斯拉就给你打广告了，别人看到特斯拉那么大一块地，放大一看，旁边有个地的名字不认识，出于好奇去搜索。

（四）数字土地和现实土地的异同

1. 不同之处

（1）来源不同。

直接来看，数字土地来源是一家互联网公司；而现实土地来源则是各国的

① 比如，他们首先想获得的，就是沉浸式体验与无物理限制的畅想自由。他们获得的不仅仅是虚拟的数字房地产，更是可以根据他们自己的想象随意开发虚拟土地的自由。

政府。在购得土地后，政府对于土地还有着众多规划，比如容积率、配套设施，甚至还会被限价。

（2）交易过程与限制。

现实世界中的不动产交易是以金钱为媒介进行的交易，交易的过程需要金融公司、产权公司与律师参与；在元宇宙世界中的所有产权与相关的交易都是可溯源的，从而使得每一笔交易都独一无二，具有私密性和所有权。数字地产相比起现实土地交易在交易过程、土地本身等环节都少了很多的限制。

（3）产权问题。

元宇宙世界里的房产属于永久产权；相比之下现实世界大多数情况下人们购买房产仅是70年使用权。在我国，城市的土地属于国家所有。农村和城市郊区的土地，除法律规定另有规定以外属于集体所有。

互联网的虚拟资产与元宇宙世界的虚拟资产的区别。2021年年初，腾讯起诉游戏交易平台DD373。DD373平台，是一家进行腾讯旗下游戏DNF中游戏币和装备交易的平台。腾讯认为：DNF是腾讯的游戏，玩家的游戏币、装备乃至角色归腾讯所有，玩家只有使用权，没有权利私自进行交易买卖。很多玩家开始抗议抵制DNF，但是腾讯丝毫不退让，强调这是网游服务条款里白纸黑字写着的。

意思是，游戏玩家只有一个“使用权”，哪天游戏公司不开心，无论是封号还是关服，玩家是没有任何补偿的。很多人辛辛苦苦，花费几十万上百万元投入的心血，在游戏公司一念之间就会灰飞烟灭。

服务提供商之所以可以这么“霸道”，就是因为它们控制着服务器，一旦服务提供商觉得项目不赚钱，服务器的生杀大权完全掌握在它们手中，而虚拟资产也会随着服务器的关闭而消失。

因此，互联网平台的虚拟物品的所有权归服务提供商，虚拟资产的价值很难被释放。如果某种虚拟资产非常受欢迎，让玩家愿意通过现金购买，服务提供商就可以随意的更改交易规则，甚至将虚拟物品没收，给虚拟物品的拥有者造成重大的损失。而在元宇宙下，比如两块虚拟土地的代币，它们的位置和地貌特征都不同，所以各自有不同的价值。无论是同质化代币还是NFT，都被区块链记录，需要符合所在区块链的协议标准。

把虚拟资产绑定到 NFT，即使是创造这件 NFT 的服务提供商，也无法改变所有权的归属，因为一旦 NFT 被创造出来并登录在区块链，除了通过区块链正常的交易手段，没有任何第三方可以改变 NFT 的归属权。即使这个服务提供商倒闭了，服务器关了，这件 NFT 的所有权仍然永久地保存在区块链里。这就为元宇宙房地产铺平了第一条道路——永久产权问题。

2. 相同之处

元宇宙本质上是对现实世界的虚拟化、数字化过程；智能化的底层仍是现实层。现实房地产的商业逻辑虚拟数字房地产其实也可以套用。

（1）有好的选址才好做生意。与现实生活相似，虚拟数字房地产的位置也至关重要。配套设施与地理位置往往是决定虚拟地块价格的根本因素。①

（2）稀缺性是打造虚拟世界的价值支撑。②

（3）同样具有升值空间。元宇宙房地产虽不具备使用属性，但是交易属性与流通属性都已具备，可以说除了不能住人，其他都和现实的房子没有区别。但现实是，即便没有产品，只要跟对了风口，市场就会买单。只要具有价值属性，且交易可流通，商品就有可升值空间，这一点在元宇宙的虚拟房地产领域也同理。

（五）元宇宙房地产相关服务与价值创造

元宇宙世界房地产火热，产生了一些提供物业的公司。Metaverse Property 是整个行业中第一家基于虚拟现实的房地产公司，通过各种元宇宙实施方案提供对新兴虚拟土地行业的服务，在 Decentraland、The Sandbox、Upland 和其他商业上可行的元宇宙平台上拥有并经营一系列高质量的开发物业。元宇宙物业

① 以 Decentraland 为例，通常靠近热门地区的地皮比其他地皮更有价值，而如果某块地皮周围修建了良好的配套商店或设施，该块地皮的价格也能提高。此外，据外媒报道，当韩国青年在元宇宙世界买房时，现实世界位于市中心的首尔江南区土地在虚拟世界依然最受热捧。

② 例如国内知名的元宇宙概念公司天下秀，推出了自己的“虹宇宙”。天下秀表示，虹宇宙游戏开放第一轮内测后，只有 2 万套房屋可以在前期免费获得，占整体房源的 5.7%。从 2021 年 10 月 28 日至 11 月 15 日，房屋分四批在不同时间段进行投放，获得买房资格也需要摇号。当前销售火爆，第一批房子已经销售殆尽，用户每天都在询问第二批的投放预期，而第一批用户获得房子后很多人选择挂在咸鱼出售。

还为虚拟财产的购买和销售提供便利。其中一些服务，包括：

（1）物业管理：包括向客户出租物业、维护技术和视觉美感、向客户收取租金、所有客户相关问题和咨询的联络点。

（2）属性开发：管理架构、设计和开发构建，以及建立地图上的开发。

（3）咨询：帮助业主/租房者在基于虚拟现实的房地产中作出重要决策，利用他们对虚拟土地和整个区块链行业的知识。

（4）营销：元宇宙物业拥有强大的渠道，可以接触到各种不断发展的广告网络。

该团队在营销各种区块链和与 NFT 相关项目方面拥有丰富的经验。因此，他们展示了增加曝光的能力，并且可以为虚拟土地或企业这样做。

此外，元宇宙地产宣布推出 Metaverse REIT，还组建了第一个虚拟房地产投资信托基金（即元宇宙房地产投资信托基金），为投资者提供了元宇宙最佳房地产资产的投资机会，而没有繁重的进入壁垒，例如在区块链和元宇宙市场培养技术技能。消费者可以通过元宇宙地产的房地产投资信托（REIT）令牌获得机会，一个由该公司虚拟土地和房地产投资组合支持的 NFT。

现实世界里房地产的价值就来源于固定不动的地段，所谓“不动产”也。土地之上附属的景观、教育、休闲、商业等不可复制的资源构成了土地的稀缺价值。而在元宇宙里，土地无限多，交通完全无障碍，资源全部可以复制，在元宇宙里是不存在“地段价值稀缺”一说的，所以在元宇宙里“囤地”毫无意义。元宇宙是现实世界的投影和折射。现实世界里的“衣食住行”中的“住”是刚需，因此元宇宙里的“住”也必定是刚需，理想居住生活在人们心中是发自内心的渴望，而元宇宙里理想的房地产形态应该是：一个虚拟的家，兼具装饰与收藏，服务社交功能，是一个人品位的象征。

当前，元宇宙尚且没有一个统一的规则体系。卖出的土地和房产在虚拟空间分属不同的平台。完备的元宇宙类似于手机的操作系统，统一使用安卓或者 IOS 系统，所有人的数据都能接入一个系统上。但是目前的许多虚拟平台，基本上与在一部手机上安装的多个游戏一样，彼此之间互不认可。目前元宇宙还处于开发初期，实际上“元世界”的程度尚未达到。

平台总是会用性能问题、兼容性问题来拒绝互通，但是影响互通的并非技术问题，而是政策问题。尽管大家都明白开放性才是元宇宙最重要的魅力，但平台从自身利益出发是不可能主动选择开放，而目前也未出现有能力保证元宇宙开放互通性的非营利组织或社区，如果希望通过商业化的方式解决元宇宙的开放互通的问题，可以着力于跨平台的互通解决方案。

跨平台的互通有以下好处：(1) 创作者可以很容易地在各种平台上发布他们的作品，把精力集中在他们最擅长和最有可能得到回报的事情上。(2) 创作者和用户不再需要担心操作系统更新、技术变化或设备升级。(3) 创作者可以将市场扩大到所有可能的用户，用户也可以自由消费作品，无需迁移到其他平台。(4) 互通后创作者和用户可以自己有选择平台，渠道重要性降低，分成比例也会减少，最终创作者和用户将会受益。

新的事物必然伴随新的风险。当前，“元宇宙炒房”往往基于 NFT（非同质化代币）进行。从这个角度入手，虚拟房地产交易，存在“炒房”又“炒币”的可能，也存在产品金融化倾向及暴涨暴跌、炒作欺诈、非法集资、赌博洗钱等可能。

最为重要的是，我国对 NFT 的法律性质、交易方式、监督主体、监督方式等尚未明确。新事物的跨越式发展，既不能无界更不能无序，既需要包容更不能纵容，应该鼓励监管走在创新前头。

目前元宇宙还处于开发初期，实际上“元世界”的程度尚未达到，在“元宇宙”真正到来前，我们需要着眼于现实世界，也进一步思考未来元宇宙时代的有关房地产的具体监管等措施。

第三节　元宇宙中的音乐 NFT

自 NFT 概念问世以来，其以迅雷不及掩耳之势抢占市场关注，在音乐领域更是如此。NFT 能够进一步成为音乐行业的技术突破口暂时尚未可知，然而 NFT 已经向音乐行业赋予了强大的动力。

作为一种艺术品，音乐有其显著的特征。与绘画相比较，NFT 音乐能够承载更加丰富的内容。此外，以代码形式存在的音乐亦起到了丰富音乐展现形式的效用。从限量版体验、原声专辑到音乐会门票 NFT 音乐产品花样频出。音乐 NFT 在性质上讲可以被认为是一种加密音乐。

一、音乐领域 NFT 的影响

（一）减少盗版或滥用音乐的行为

解决了所有权的问题，过去数字音乐作品很容易被复制，NFT 是发行在区块链上的数字资产，它可以和现实世界中的一些商品绑定。音乐 NFT 可以理解为加密音乐。音乐人通过将作品与相关信息上传（登记）到区块链上，借助数字加密技术存储，采集生成智能合约，实现可信版权。这些数据信息具有不可篡改性、唯一性和永久性，是一种独一无二的数字资产。一首歌、一张专辑、艺术家周边（T 恤、贴纸等）等都可以成为音乐 NFT 的来源，它同时也可以是一种媒体格式或音乐流派。正是因为 NFT 具有不可篡改的属性，可以提供真正的数字所有权。

因为 NFT 的元数据被记录在链上，谁购买了该 NFT、何时被购买、进行过几次转售、当前谁是该音乐 NFT 的所有人等信息，都可以在链上查看。过去，音乐创作者之间可能会因为编曲、歌词等的相似而相互指责对方抄袭。音乐 NFT 的出现就意味着音乐创作者们将更难盗用彼此的作品，因为是谁拥有该音乐 NFT 的所有权在区块链上可以看得一清二楚。此外，当前网上充斥着众多音乐盗版网站，而音乐 NFT 的出现将使这类盗版网站窃取音乐变得更有难度。

NFT 的崛起，吸引了不少音乐人纷纷试水，他们在 NFT 交易市场发行 NTF 数字专辑或音乐作品，以此获得全新的发行渠道和收入来源。

（二）艺术家权益获得保障

1. 中间人的减少

音乐发布后音乐人的盈利，可能会被众多中间人瓜分。唱片公司以及流媒体平台可以通过粉丝播放歌曲、购买音乐周边，以及购买音乐专辑的方式获取大量收益，或许这些对于那些拥有成名著作的知名歌手而言，意义并不是很大，但是对于很多小众音乐人而言，可能最后到手的收入就寥寥无几了。

这样的情况使得 NFT 对于音乐人而言意义更为重大，NFT 平台的交易具有即时性。粉丝购买 NFT，艺术家直接获得了收益，同时该 NFT 资产就出现在了粉丝的数字钱包中，由此构成了双赢的局面。

作为艺术家，这意味着他们可以利用以太坊和 NFT 直接以自己的方式与粉丝互动并分发自己的作品（例如单曲、专辑、歌词、EP、音乐视频等）。这种直接面向用户的模式使得音乐家能够充分利用他们的作品，无需应对困扰了传统音乐行业很久的中间商寻租问题。

2. 音乐人收入增加

出售 NFT 获得的收益不仅可以不被中间人分割，而且当该 NFT 资产进行二次、三次乃至更多次转售时，创作者仍然能获得相应的著作权收益。这也是 NFT 的另一个具有创新性的特质。

（三）粉丝和艺术家之间的独特互动

1. NFT 演唱会门票

因为 NFT 的元数据都在区块链上，所以就不会存在买到假门票的情况。

此外，对于很多粉丝而言，演唱会门票更是充满了纪念意义。NFT 门票不仅是以数字形式封存在所有者的钱包中，所有者还可以因为持有门票而组成独特的社群组织。不仅加深了粉丝与粉丝间的联系，一定程度上也增强了粉丝与偶像之间的感情。

2. 原创内容独特体验

对于部分粉丝而言，自己喜欢的艺术家相关的纪念品、周边等越是限量就越具有巨大的收藏价值。粉丝在获得情感满足的同时也成为独特原创内容的先驱体验者。

此外，创作者在出售 NFT 的同时还可以为粉丝提供一些“附加福利”。这些福利可以包括独家周边、线下见面机会、独家演唱会门票、录制背后故事和艺术家独家歌曲制作等。

对于粉丝来说，他们通常也很乐于通过 NFT 获取与喜爱的艺术家更亲近一点的机会，并会为他们花费合理的价钱。

3. 创新音乐 NFT 平台涌现

因为 NFT 的蓬勃发展，流媒体平台层出不穷，如 Foundation、KnownOrigin、Nifty Gateway、OpenSea。①

二、音乐 NFT 的发展逻辑

（一）载体决定音乐产业发展方向

音乐产业是从“曲谱”这个音乐载体发展起来的，新的载体、唱片和相关播放设备的出现，颠覆了“曲谱消费”，让音乐消费进入了“唱片消费”时代。

到了互联网时代，数字载体的出现再一次颠覆了市场。我们现在看到的产业变局，都是围绕载体发生的，从曲谱到流媒体，内在逻辑是一样的。

（二）音乐产业的每一次变化都会带来新的生产方式和生产关系

“曲谱时代”出现了“叮砰巷”，催生了职业创作者，建立起了版权概念，出版商和职业创作者、出版商和歌曲推广者（表演者）、出版商和经销商之间的关系建构出了一个新的商业生态。

到了“留声机时代”以及后续的“唱片业时代”，尽管歌曲创作模式没有本质变化，但新的载体产品的生产和销售，也带来了新的生态。

“数字载体”的出现，无限降低了音乐创作和传播的门槛，又带来了新的生产方式和生产关系

（三）音乐产业主体是载体技术的掌握者

“曲谱时代”，技术的掌握者是掌握了印刷的出版商；“留声机时代”，产业主体是掌握了留声机技术的留声机公司；“唱片业时代”，产业主体是掌握了录音技术的唱片公司；到了“数字音乐时代”，产业主体也将会变成掌握了数字技术的互联网公司。

---

① 例如，著名 DJ 3LAU 在 2021 年 8 月推出了一个音乐 NFT 交易市场 Royal，它允许用户购买他们喜欢的歌曲份额，当这些歌曲流行时他们便可以赚取版税。与此同时，艺术家们在从粉丝处获得直接资助的同时，还可以保留他们作品的大部分权利。据 Royal 称，这是一个艺术家和粉丝可以互惠互利，而无需依赖中间商获取大部分利润的系统。包括 3LAU 在内的众多音乐人都是新平台的贡献者。

第四节　元宇宙中的碳金融

一、碳金融的产生背景与定义

“碳金融”概念起源于国际气候政策领域的两个国际公约——《联合国气候变化框架公约》和《京都议定书》，而各国政府控制温室气体排放总量及配额交易政策（cap-trade scheme）以应对气候变化则催生了以“碳排放权益”为交易标的的市场。1997年的《京都议定书》引入碳排放权交易机制后，碳金融逐渐在世界范围内发展，欧盟碳市场格外引人注目。2003年，欧盟通过第2003/87/EC号指令，决定设立欧盟碳排放权交易体系（EU emission trade system，EU ETS），并以之作为实现在《京都议定书》中承诺减排的手段。

除了碳排放权和其衍生产品交易，与碳排放相联系的债券、保险、基金等金融服务与产品不断涌现。碳金融呈现蓬勃发展之势。“碳金融”市场随着“碳资产”现货市场和远期市场的出现、有组织的“碳资产”期货和期权市场的生发、碳金融交易所和场内集中交易的诞生、场外交易市场的繁荣等逐步走向成熟。①

世界银行碳金融部门（World Bank Carbon Finance Unit）于2006年的碳金融发展年度报告（*Carbon Finance Unit Annual Report* 2006）中首次界定了碳金融概念的含义，即“以购买减排量的方式为产生或者能够产生温室气体减排量的项目提供的资源”。这种定义主要是基于《京都协议书》中所确定的灵活减排机制，即清洁发展机制（clean development mechanism，CDM）和共同实施机制（joint implementation，JI），世界银行将碳金融视为促进实施该灵活机制的手段。进而言之，碳金融实际上是通过全球碳市场为清洁发展机制项目和共同实施机制项目融资的活动，其中，碳金融的核心是碳减排项目融资和碳排

① 谢怀筑、于李娜：《“碳金融：应对气候变化的金融创新”》，《中国社会科学院研究生院学报》2010年第1期。

放权交易（购买项目产生的减排量）。①

目前对于何谓碳金融（carbon finance）没有统一的概念，但学界和业界大体上统一了认识，即一种旨在推动温室气体排放的金融活动与金融制度，主要包括碳排放权及其衍生产品交易、温室气体减排项目开发的投融资，以及其他相关的金融中介活动。②

碳金融主要探讨如何以金融方法应对气候变化问题，解决温室气体排放必须付出代价的金融代价。碳金融市场是绿色金融市场的重要组成部分，是碳交易市场及相关金融活动的总称，是碳金融活动和碳金融交易的平台。③

二、碳金融的类型

从碳金融的基本定义和研究范畴出发，可以将碳金融市场上的各种碳金融工具区分为基础碳金融工具和衍生碳金融工具。

基础碳金融工具，指的是在实际碳信用活动中出具的能证明债券债务关系或所有权关系的合法凭证，可分为绿色信贷④、低碳股票（债券）⑤、碳信用合约⑥

---

① 刘明明：《论中国碳金融监管体制的构建》，《中国政法大学学报》2021 年第 5 期。

② 陈柳钦：《低碳经济：国外发展的动向及中国的选择》，《甘肃行政学院学报》2009 年第 6 期。

③ 管亚梅、王春艳：《基于"一带一路"战略的碳金融鉴证困境与应对》，《经济体制改革》2016 年第 4 期。

④ 绿色信贷是将信贷申请者对于环境的影响作为决策依据的信贷经营制度，即优先向低碳、环保的信贷申请者或项目予以贷款，推迟或取消无法达到环境标志要求的企业和项目信贷资金的发放，甚至收回这些企业和项目已有的信贷资金。主要表现形式为：为生态保护、生态建设和绿色产业融资，构建新的金融体系和完善金融工具。从国际经验来看，绿色信贷产品主要有七类：项目融资、绿色信用卡、运输贷款、汽车贷款、商业建筑贷款、房屋净值贷款、住房抵押贷款。

⑤ 低碳股票泛指在证券市场上具有低碳经济概念的一类股票，低碳产业体系包括火电减排、新能源汽车、建筑节能、工业节能与减排、循环经济、资源回收、环保设备、节能材料等。低碳债券是政府、企业为筹集低碳经济项目资金而向投资者发行的、承诺在一定时期内支付利息和到期还本的债券凭证，其核心特点是将低碳项目的 CDM 收入与债券利率水平挂钩。碳债券根据发行主体可以分为碳国债和企业碳债券。

⑥ 碳信用交易主要包括配额型交易和项目型交易两类。项目型交易主要包括一级、二级 CDM 交易和联合履行机制（JI）下的减排单位（ERUs）交易。基于配额的交易有《京都议定书》规定下的分配数量单位（AAU），或者欧盟排放交易体系（EUETS）规定下的欧盟配额（EUAs），超额完成减排任务的发达国家可以在配额交易市场上将剩余的减排单位卖给减排不发达的国家。

等。媒介储蓄向投资转化是主要职能，或用于作为债券债务清偿的凭证。① 基础碳金融工具脱胎于碳交易体系的建立，属于传统金融服务范畴，主要服务于资金向低碳项目投资的转化或者有关碳排放的产权交易及债权债务清偿，且侧重于依托与碳信用、碳产品有关的交易性金融产品以实现其服务意图。

衍生碳金融工具是一种基于基础碳金融工具的金融衍生产品，例如与碳信用、碳排放权、碳排量相关的期权②、期货③和远期④等，主要作用是为基础碳金融工具交易中的风险提供不同管理手段。衍生碳金融工具的主要价值取决于相关基础碳金融产品的价格，其主要功能并不是调剂资金的余缺和直接促进储蓄向投资的转化，而在于管理与基础碳金融工具相关的风险暴露。

三、碳金融的特点

与其他金融活动相比较，碳金融具有以下四个方面的特质：

（1）公益性。创建碳金融市场的目的是为了通过市场机制有效地实现温室气体减排目标、减缓气候变化。换句话说，碳金融市场的功能主要是为了维护气候公共利益，而非一味地追求经济效益。

（2）专业性。与银行、证券、保险等传统金融活动相比，碳金融活动专业性强，涉及碳排放配额总量目标的确定、配额的初始分配、配额管理，以及温室气体排放的监测、核证、报告等多方面问题。碳金融的专业性还要求从事碳金融活动的机构和个人需要具备除传统金融之外的相关专业的知识和资质。

（3）跨部门、跨行业性。碳金融市场主体分布广泛，包括政府、监测机

---

① 《MBA 智库百科：碳金融工具》，见 https：//wiki. mbalib. com/wiki/%E7%A2%B3%E9%87% 91% E8% 9E% 8D% E5% B7% A5% E5% 85% B7 # . E7. A2. B3. E9. 87. 91. E8. 9E. 8D. E5. B7. A5. E5. 85. B7. E5. 88. 86. E7. B1. BB。

② 由于碳期权合约的基础资产是碳期货合约，所以碳期货合约价格对期权价格以及期权合约中交割价格的确定均具有重要影响。目前国际上比较著名的碳期权有欧洲气候交易所 ECX 所推出的基于 EUA 的期权合约（欧盟配额期权 EUA options）。

③ 在碳期货交易中，一般会收取管理费、交易费和清算费，如 Blue Next 交易所的管理费为 7500 欧元/年，场内和场外交易费分别为 0. 002 欧元/吨和 0. 0015 欧元/吨。

④ CDM 交易本质上是一种远期交易，具体操作思路为买卖双方根据需要签订合约，约定在未来某一特定时间、以某一特定价格、购买特定数量的碳排放交易权。碳信用远期方式主要有固定定价和浮动定价两种。

构以及其他组织和个人、交易机构、排放企业（单位）、核查机构等。碳金融产品具有多样性与跨行业性，包括碳现货、碳保险、碳证券、碳期货、碳期权、碳基金、碳合约、碳排放配额和信用等，基本囊括了所有的金融产品形式。

（4）国家干预性。碳金融市场是政府开展气候治理的一种工具，其形式不是自发的，而是由政府所创设。碳金融市场自创建到运行都带有非常强烈的国家干预色彩，具体表现在以下四个方面：第一，碳金融初级市场的产品——碳排放配额和信用——需要由政府界定并分配；第二，碳金融市场的核心主体——纳入碳排放权交易体系的企业（单位）——也需要由政府确定；第三，碳金融市场的服务主体——碳排放权交易咨询机构、温室气体排放核查机构等——须由政府认定并授予资格；第四，政府在碳金融市场的运行中发挥了重要的宏观调控作用。而在传统金融活动中，政府监管的主要作用则在于维护公平竞争秩序和消费者利益。在碳金融市场，政府还要在市场稳定、新进入者利益协调、配额价格、配额收入分配、配额清缴、信用抵消机制等多方面发挥调控作用。①

四、碳金融的监管

我国目前仍处于碳金融的初始阶段，碳金融监管主要表现为对碳排放权交易的监管。配额管理成功与否是碳排放权交易制度成败的关键所在，配额管理主要涉及受控单位的指定、配额总量的确定、配额的初始分配、配额调整机制、配额价格干预机制、配额存储于借贷机制、配额登记等重要事项。

我国碳排放权交易政府监管在实践中一般采取的是专门机构统一监管与相关部门协同监管相结合的模式。其中，负责进行统一监管的专门机构为国务院和地方生态环境主管部门。各碳排放权交易试点对于协同监管机构的规定规则不尽一致，主要包括能源、金融、财政，以及经济和信息化等部门。一套碳排放权交易体系可能涉及多个规制主体，且职能配置并不合理，极易造成“规

① 刘明明：《论中国碳金融监管体制的构建》,《中国政法大学学报》2021 年第 5 期。

制不足”或“过度规制”等政府失灵现象，而且也往往导致企业负担增加，从而使得企业对碳排放权交易产生抵触情绪。

从当前碳排放权交易试点的情况来看，由于静态权力结构配置的不合理所导致的体制性障碍普遍存在，信息收集、监管执法、第三方核查、技术标准等问题亟待解决。另外，当前对于碳排放权交易的监管主要集中在碳排放配额的分配、交易和履约管理方面，仍然局限于碳排放权交易体系建设本身，并没有上升到金融层面，这种点对点的分散规制难以适应防范系统性金融风险和矫正碳金融市场失灵的制度需求。①

第五节　面向未来的元宇宙场景实践

一、教育领域

教育元宇宙（Edu-Metaverse）是元宇宙在教育领域的应用，即通过为师生和管理者等相关人员创建数字身份，在元宇宙世界中构建正式或者非正式的教学场景，以供师生在其中互动。从教育哲学的角度反思元宇宙，其最突出的赋能优势可以被认为是为教师与学生创设了一种沉浸式的教学互动场域。新冠肺炎疫情的暴发客观推动了虚拟内容加速发展，同时线下教育场景数字化趋势显著，基于虚拟现实（VR）、增强现实（AR）、混合现实（mixed reality，MR）等技术搭建的元宇宙，在脑机接口、物联网与可穿戴设备的支持下，可实现虚拟与现实的深度融合，将极大拓展教与学的时空边界。有助于形成虚实一体，以学生为中心的新型教学环境。

教育元宇宙是对物理世界的一种再开发②，它所具有的媒体赋能属性可以弥补物理世界的缺憾，在某些维度甚至能超越物理世界的限制，形成一种特殊的教育元宇宙场域从而赋能教育元宇宙发挥出整体的场域效应。

---

① 刘明明：《论中国碳金融监管体制的构建》，《中国政法大学学报》2021 年第 5 期。

② 华子荀、黄慕雄：《教育元宇宙的教学场域架构、关键技术与实验研究》，《现代远程教育研究》2022 年第 6 期。

与传统线下面对面教学或线上视频教学相比，教育元宇宙在参与者形象、用户可拓展性、效果评估、参与程度、教学互动、学习空间等方面具有明显优势。①

教育元宇宙教学应用场景见图 3-8。

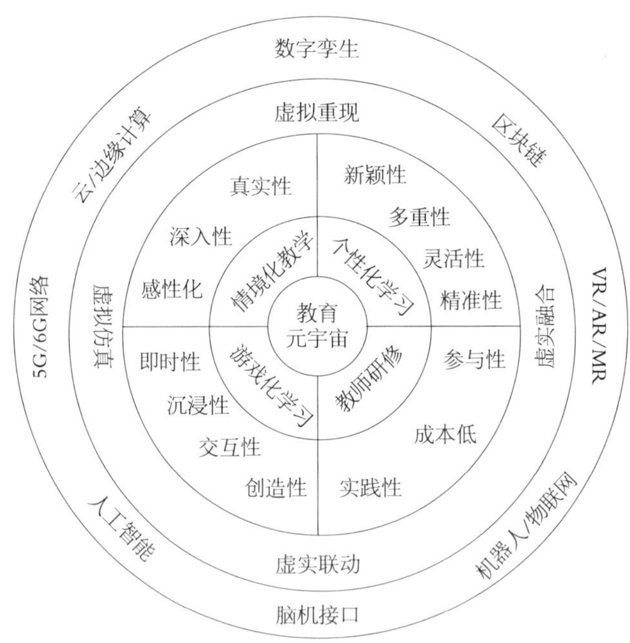

图 3-8　教育元宇宙教学应用场景

资料来源：钟正等：《教育元宇宙的应用潜力与典型场景探析》,《开放教育研究》2022 年第 1 期。

教育元宇宙的第一层应用是虚拟重现。通过数字孪生以及全景视频拍摄技术，可以逼真再现真实的教学环境。②

教育元宇宙的第二层应用是虚拟仿真。基于 VR 引擎架构的许多虚拟教育应用已经可以模拟自然现象及其形成的动态过程演化规律，以及与现实中的教

---

① 钟正等：《教育元宇宙的应用潜力与典型场景探析》,《开放教育研究》2022 年第 1 期。

② 如使用全景拍摄重建自然地貌、名胜古迹、校园景观等；采用 VR+直播的形式，展示博物馆、展览馆、科技馆等机构的藏品或活动；借助 VR/AR 终端，参与者可以多角度浏览虚拟重现的真实教学情景、教学资源，获取沉浸式教学体验，如地理专业的学生在虚拟环境中可突破真实世界的时空限制，以瞬移方式前往地球的任意地点，完成地理实景考察。

学高度类似的活动。①

教育元宇宙的第三层应用是虚实融合。通过数字孪生技术重构现实世界，高精度地复原河流植被、山川地貌、城市建筑、道路桥隧、校园教室、教具学具等，采用导航、制图、定位等技术生成真实世界的三维地图。或采用 AI 支持的创编系统自动生成沉浸式虚拟教学环境；借助空间锚点技术以及云存储技术，通过精准定位真实世界师生们所处的教学环境，实现虚拟教学环境和真实世界的交融，如将数学、语文、英语等学科的虚拟教学资源关联、定位在真实教室中，方便教师在课堂教学时直接调用。

教育元宇宙的第四层应用是虚实联动。在机器人、区块链、物联网等数字智能技术的支持下，师生可以在元宇宙教育空间实现教学、学习、研修等活动的转化；可将自己的思维方式转化成具体、有形的操作过程，通过改变虚实世界的教具位置、指令设置、活动行为等，实现虚拟教学环境和真实教学环境的联动。②

二、元宇宙政务

2007 年，徐晓林等指出电子政务成熟的最高阶段是实现“组织虚拟”③。当前的政务新媒体是“组织虚拟”的低级实现形式。随着元宇宙概念的兴起，政务新媒体也可能从政府的“虚拟数字平台”进化为实体政府的“数字孪生体”并最终走向政府虚拟状态。元宇宙是集成与融合现有数字技术与未来智能媒介技术于一体的终极智能化形态，可以构建一个平行于现实世界的虚拟世界。该虚拟世界不是对现实世界的复制粘贴，而是呈现出虚拟与现实互通的高拟真特性，元宇宙用户能够通过智能设备以“虚拟化身”的形态进入虚拟空间中进行社会交往与沟通，实现虚拟世界的再组织化。因此，政务元宇宙平台

---

① 如自然响应师生与教学环境、教学场景、教学资源的互动；可供师生以虚拟化身的形式，凭借视觉、听觉、触觉、嗅觉等感官通道感知、理解、响应教学环境和教学活动，开展自主探究、小组协作等。

② 例如，师生可以通过脑机接口，驱动机器人执行答疑解惑、管理教学行为等。

③ 徐晓林、李卫东：《电子政务成熟度评价的四个基本维度》，《电子政务》2007 年第 8 期。

是政务新媒体这个虚拟空间政府存在的未来形态，是智能传播时代政务新媒体电子政务、“组织虚拟”达到高度成熟状态的一种实现路径。①

依托政务元宇宙高度拟真的内容生态，即便是以往只能前往政府办事大厅解决的问题，公民都可以通过个人智能设备“一键”直达虚拟办事大厅，以数字“虚拟公民”的身份，与“虚拟政府工作人员”实现“面对面”对话。这样的设想已经被纳入一些国家政府的政务新媒体建设计划中。例如，韩国首尔市政府宣布将建立元宇宙内的“虚拟市政办公室”，市民可以与市政官员的数字化身会谈，也能办理包括民事投诉和咨询在内的各项业务。公民或企业主体与政府工作人员以虚拟形态“会面”，足不出户实现“面谈”。这种双方“全程在场”“高度参与”的线上互动既降低了公民“亲自赶赴办事大厅”的行动成本，也破解了传统政务新媒体平台交流的时滞性以及政府注意力缺位难题，增强了政府与公民协商沟通的效能，推动公民办事从“线下最多跑一次”转变为“线下一次都不跑”再到“线上跑到市政府”。②

2022 年 7 月 29 日，2022 全球数字经济大会在北京国家会议中心召开，大会以“启航数字文明——新要素、新规则、新格局”为题，围绕数字基础设施布局、新兴数字产业孵化、新型数据要素配置、数字治理体系建设、数字核心技术创新、全球规则标准合作，举办了主论坛、六个主题峰会，以及近 50 场专题论坛。

峰会首次采用了基于动作捕捉技术的数字人圆桌论坛形式，参与对话的企业代表则围绕元宇宙时代交互方式的改变和体验升级、元宇宙版的“人货场”、政务元宇宙的构建、人工智能数字人创作、专业化虚拟直播大众化等相关话题展开了分享与讨论，探讨未来元宇宙前沿科技发展趋势，探索未来互联网发展的蓝图。

开普云公司提前谋划布局，于 2022 年 3 月提出了政务元宇宙战略，推出

---

① 曾润喜、张吴越：《智能传播时代政务新媒体的发展维度》，《西安交通大学学报（社会科学版）》，见 http：//kns. cnki. net/kcms/detail/61. 1329. c. 20220329. 0943. 002. html。

② 《韩国“元宇宙首尔”计划瞄准市政服务》，2021 年 12 月 14 日，见 https：//tech，sina. com. cn/roU/2021-12-14/doc_ ikyakumx3958198. shtml。

了数字人和场景的生成与运营平台以及元宇宙内容审查平台。数字人不仅可以提供新闻播报、政策解读等服务，还可以实现通过互动问答帮助用户办理业务，助推政务多元场景的覆盖。

此外，开普云联合清华大学孟庆国教授团队，一起撰写了《政务元宇宙》专著，该书首次提出了政务元宇宙是现实世界和数字空间虚实共生的政务治理新模式和新体系这个概念；创新提炼了政务元宇宙的五大核心要素：技术要素、内容要素、媒介要素、时空要素和资源要素，并提出了元宇宙政务的三种形态：数字孪生、数字融生和数字原生，梳理了政务元宇宙的基本架构。①

三、文旅领域

在北京冬奥会上，虚拟气象播报员“冯小殊”给人们留下了深刻印象，也让进一步打通虚拟与现实之间的界限，构建虚实融生、交互影响的元宇宙生活图景，在现实中配置更多的“文旅元宇宙接口”，提升元宇宙助力文旅产业转型升级的能力，如何丰富元宇宙的应用场景成为人们关注的新热点。以丝路文旅为例，在元宇宙的虚拟空间中，可以围绕丝路文化 IP 创作出对应的历史文化场景，打破实体文旅产业的拘束，不再是足迹所到之处的传统旅行，而是实现御剑飞行，近距离观察文物，空中停留观赏拍照，同时还能与 NPC 虚拟人物和历史古迹对话等原本只能依靠文学作品、影视节目、游戏 CG 画面的场景、人物和情节，元宇宙中具备了与真实感体验相近的全新体验方式。②

另外，近年为保障防疫抗疫效果，2022“广府味·幸福年”广府文化系列活动以线上活动为主，首创“广府庙会元宇宙”概念，以千年古道、广州城隍庙、骑楼、广府等符号作为搭建元素，通过虚幻引擎技术与数字建模结合传统新春的氛围，打造集文化、场景、消费为一体的线上活动新模式。③ 广府庙会元宇宙采用了可视化 3D 精细化沙盘，手机 APP 与 720°VR 全景基于 UE4

---

① 李昱丞、王镜茹：《开普云参加 2022 全球数字经济大会提出元宇宙新愿景》，2022 年 7 月 31 日，见 http：//news. sohu. com/a/573176735_ 121118712。

② 许瑞齐等：《元宇宙背景下传统丝路文旅产品的研究与发展》，《商业文化》2022 年第 13 期。

③ 钱炜等：《文化旅游行业 5G 元宇宙应用实践》，《张江科技评论》2022 年第 2 期。

游戏引擎开发，重现北京路街区模型加虚幻场景设计。元宇宙数字沙盘场景内嵌烟花动画特效、商品展示链接、街道广告特效等，后期引入第一人称视角作为平行元宇宙的基础地盘，打造真实的元宇宙世界。活动搭建内容包括广府元宇宙搭建、广府文化数字人代言形象租赁、广府文化系列活动互动专题开发等，其中，开发系统部署于电子政务云或5G边缘云上。同时，北京路文化街区实施完善的5G覆盖，提供5G移动热点，实现5G联网、即插即用、无线接入等功能，充分满足了广府文化系列活动线下打卡点等场景的联网需求。广府元宇宙搭建既展现了广府庙会丰富多彩的民俗文化活动，又构建了线上虚拟商业设施，同时为政府管理、文化旅游的数字化提供了全新的范例和与发展方向。

石培华等指出应全方位整合梳理元宇宙的技术体系和应用场景，瞄准目的地推广、产品营销、服务质量监控、资源数字化转型、元宇宙旅游场景、数字化身服务等六个旅游消费场景和游戏、电影、短视频、社交媒体、文化资源保护、文创产品等六个文化消费场景打造元宇宙时代文旅产品的新标杆。① 应尽快出台《元宇宙推进文旅产业高质量发展实施方案》，针对旅游、教育、游戏、影视、大型演艺、节事会展等一系列重点应用场景在全国范围内通过自主申报和审批复核的形式确立一批元宇宙文旅标杆产品试点，一方面推进元宇宙概念和技术尽快同旅游开发与服务实际相结合，验证其技术的可行性和应用对文旅产业质量提升的有效性；另一方面在实践中深化相关部门和文旅从业者对元宇宙的认识，寻找元宇宙进一步应用于文旅产业的场景与方式，为文旅产业的“元宇宙时代”积累实践经验和制度储备。

四、工程领域

工业元宇宙不仅限于元宇宙概念加上工业上的应用，它更是一个极为复杂的技术体系，搭有庞大工程科学需求的技术（区块链、XR、AI、数字孪生、LOT、云计算、）载体，能够实现人、物、机、环境与系统等的无缝连接。

---

① 石培华等：《元宇宙在文旅领域的应用前景、主要场景、风险挑战、模式路径与对策措施研究》，《广西师范大学学报（哲学社会科学版）》2022年第4期。

元宇宙不单纯是一种技术，而是一组技术概念的集合，基于互联网而生是数字信息快速发展的产物。

元宇宙是基于两个背景出现的，一个是线下场景的数字化，另一个是产业和工业的数字化转型需求，也就是工业元宇宙。

业界比较主流的一种定义是：工业元宇宙（industrialmetaverse）是以数字孪生、XR 为代表的实体工业经济与新型信息通信技术深度融合的工业生态，它通过 XR、AI、IoT、云计算、区块链、数字孪生等技术将人、机、物、系统等进行无缝连接，将数字技术和现实工业结合，推动实体工业高效发展，构建起覆盖全产业链、全价值链的全新制造体系与服务体系，是工业乃至整个产业数字化、智能化发展的全新阶段。

在工业领域，元宇宙更是凭借工业元宇宙的概念成为继工业互联网之后影响企业数字化转型的新能源，甚至有观点认为，数字化转型的终点就是工业元宇宙。工业元宇宙覆盖工业产品的设计、生产、应用、服务全过程，将促进工业经济发展，也是未来的方向。虚实协同，共同展现智能制造的未来形态

工业元宇宙“由虚向实”实现“虚实协同”。工业元宇宙概念与“数字孪生”概念类似，但两者的区别在于：数字孪生是现实世界向虚拟世界的完全映射，通过在虚拟世界对生产过程、生产设备的把控来模拟现实世界的工业生产；而工业元宇宙则比数字孪生更需要广阔的想象力，工业元宇宙所反映的虚拟世界不只有现实世界的映射，还具有现实世界中尚未实现乃至无法实现的体验与交互。工业元宇宙更重视虚拟空间和现实空间的协同，从而实现以虚拟操作指导现实工业。①

① 孙柏林：《工业元宇宙——现实世界与虚拟世界互通的桥梁》，《计算机仿真》2022 年第 7 期。

第 四 章

元宇宙经济形态

随着互联网发展进入 Web3.0 的新阶段，区块链技术构建了元宇宙的经济系统，成为创造、展示数字资产，进行私有权确认的基础设施，NFT 等数字资产成为元宇宙的重要应用场景。经济体系是元宇宙的运转核心，通过数字资产，用户获得的权益证明作为一种激励机制可以脱离平台束缚而自由流通，虚拟世界与现实世界深度融合，线上与线下实现联结。数字资产的概念经历了一个漫长的演进过程，区块链技术出现之后产生的数字货币、NFT 等具有去中心化属性的资产类型开始成为元宇宙中的货币，发挥价值锚定、价值表征的作用，元宇宙的交易随之产生在元宇宙中的价值交易过程中，数字资产实质上代表元宇宙背后的价值和劳动，例如上链付出的算力，消耗的电力、矿机等，因此，通过激励机制的构建来保障线上各方进行数字劳动的积极性是元宇宙经济系统予以维持的关键。在元宇宙的经济运行过程中，需要建立一套价值结算体系，通过可编程价值来支持人们自由地处置其在元宇宙中拥有的数字资产，进行复杂的价值运作。因此，元宇宙是数字世界、数字地球如何构建问题，元宇宙的本质就是数字资产问题。目前在元宇宙经济形态中尚无完善的制度安排或技术手段来实现元宇宙中数据价值的充分发挥与利用，因此，笔者提出了共票理论，通过“共票”，将数据经济和未来社会的体制创新潜力释放出来，从而真正实现数据经济时代的关键生产要素。

第一节　元宇宙经济中的资产形态

元宇宙经济中的数字资产于区块链技术出现后产生，主要包括数字货币、NFT 等。目前，关于数字资产的概念尚无统一标准。笔者认为，数字资产是锚定、鉴定和表征价值的一种方式、一种手段、一种标准、一种规则。数字资产主要分为两类，一类是物理资产在数字世界中的映射，如 NFT；另一类是数字世界本身的原生资产，如比特币、以太币等。另外，虚拟货币和 NFT 作为元宇宙经济中的激励机制——代币机制的主要类型，因其本身特性分别属于同质化代币和非同质化代币而在元宇宙的交易中发挥各自的价值。数字资产在物理上表现为数据，其价值锚定功能的发挥需要相应的机制来实现，基于此，笔者提出了“共票”，主要发挥红利共享、资源优化配置和权利凭证的作用，真正实现数据价值。

一、数字资产概念的演进

从“数字资产”的演变来看，数字资产的内涵在不断扩展，“数字”的属性在不断削弱，而“资产”的性质在不断增强。① “数字资产”这个术语最初出现在出版、音像等方面。在图书、音乐、录像等出版物被转换成二进制发行之后，为了便于计量和分发，著作权人把这种文档叫作“数字资产”。

尔后，互联网技术的发展极大地拓展了“数字”对经济社会的影响，海量的碎片化信息成为大数据时代的“石油”。数字资产的范围也随之扩展，泛指所有以二进制格式出现的讯息。在 2013 年，托伊加尔等（Toygar et al.）指出：“实际上，数字资产是具有二进制格式的数据产权，这些数据可以被存储在电脑、智能手机、数字媒体或者云中。”②

区块链技术出现后，比特币、ICO、STO 等产物随之呈现在世人面前，中

---

① 刘鹏林：《数字资产：资产数字化还是数字资产化》,《中国信用卡》2021 年第 8 期。

② A. Toygar, et al. ,“A New Asset Type: Digital Assets”, *Journal of International Technology & Information Management*, Vol. 22, No. 4 (2013), pp. 113-119.

央银行推出的数字货币呼之欲出，数字资产的概念再次扩张，数字货币、比特币等都被纳入了数字资产的范畴。

从经济学上讲，数字资产是指由公司所持有或控制的、以数据形式存在的、用于生产经营或持有的可变动资产。数字资产包含网站及其内容、域名，应用软件，代码，电子文件，图片内容，媒体内容，电子货币，电子邮件，游戏账号，账户及其内容，社区网络账户及其关系和内容，云端服务账户和它们的数据，等等。

数字资产是一种具有二进制格式的资料，它可以呈现在电脑、智能手机、数字媒体或云上，是以密码学保证资产安全，被所有者拥有并可安全传输给预期收货人的一类新型资产类别，对应传统世界包括货币、大宗商品、成品或服务。广义的数字资产是指以数字为代表的所有具有价值和用途的数字符号，包含信息系统产生的数据、与资产交易有关的电子数据（物流、资金、信息、商品流），以及工业数据。

当前，数字资产在狭义上日益趋向于虚拟货币。① 例如，泰国于 2018 年 5 月发布了《数字资产法》，其中包含《2018 年数字资产企业法》以及《2018 年税收法修订案》，目的是管理有关的税收。②

数字货币源于电子货币，乔姆（Chaum，1983）③ 率先提出电子货币的概念，并采用盲签名密码学技术构造了最初的数字货币方案，随后发明了 E-cash 系统。在 2008 年之前，大部分的数字货币都是基于 E-cash 的中心化架构，然而中心化的组织架构缺乏国家信用的支撑，一旦中央服务器崩溃或者发行组织出现问题，那么相应的数字货币面临着信用破产。所以，在这一阶段，大多数的数字货币都是以失败告终。自 2008 年以来，伴随着区块链技术的普及，数字货币才得以真正的发展。仲基（Nakamoto，2008）提出了一种以区块链技术为核心的比特币，它克服了传统的数字货币成本高、效率低

① 参见朱扬勇等：《从数据的属性看数据资产》，《大数据》2018 年第 6 期；罗薇：《美国和英国数字资产监管政策比较研究》，《价格理论与实践》2019 年第 2 期。

② 叶雅珍、朱扬勇：《数据资产》，人民邮电出版社 2021 年版。

③ D. Chaum, "Blind Signature for Untraceable Payments", *Proc. Crypto*, Vol. 82, 1983, pp. 199-203.

等缺点。① 此后，各类数字货币开始广泛出现。戴金平（2019）②、冯永琦和刘韧（2020）③ 认为2008年之后，数字货币的演化经历了三个阶段，比特币类是第一代的数字货币，包括比特币、莱特币、瑞波币，这些都是通过智能合约和DLT技术实现的，或者采用区块链技术构架，没有明确的货币发行者，在很小的范围内发挥货币职能，价值不稳定，没有被大众普遍接受；第二代货币成为稳定代币，包括Facebook提出的天秤币，美国财政部批准的USDT等，这类数字货币有明确的货币发行者，具有信用基础，盯住某类资产（通常是美元）来保持币值稳定；第三代数字货币就是由各国央行所发行的一种法定的数字货币。④

数字货币按其所采用的技术，可以划分为两种类型：（1）以区块链技术为基础的数字货币；（2）不以区块链技术为基础的数字货币。⑤ 从狭义上讲，数字资产是指以区块链或分布式账簿为技术基础的一种加密的数字资产。⑥

在区块链中，数字货币一般可以分成两类，一种是原生币，一种是代币。原生币本身就是一个主链，并且通过诸如比特币、以太坊等的链上交易来维持账簿的数据；而代币是与现存的区块链相关联的，它通过智能契约来记录账簿，比如与以太坊相关的Token。

而代币也有同质代币和非同质代币。NFT是一种具有不可分割、不可替代、独一无二的非同质代币。不同于比特币和以太币的同质代币，它是一种被记录在区块链中的、无法复制、替换、分割的通用凭证，用以验证某一数字资产的真伪和所有权。

---

① 中本聪：《比特币：一种点对点式的电子现金系统》，2008年11月1日，中本聪在“metzdowd. com”网站的密码学邮件列表中发表了这篇论文。

② 戴金平：《数字货币为什么没有成为货币——概念、缘由与过渡状态》，《探索与争鸣》2019年第11期。

③ 冯永琦、刘韧：《货币职能、货币权力与数字货币的未来》，《经济学家》2020年第4期。

④ 管弋铭、伍旭川：《数字货币发展：典型特征、演化路径与监管导向》，《金融经济学研究》2020年第3期。

⑤ 冯洁语：《论私法中数字货币的规范体系》，《政治与法律》2021年第7期。

⑥ 罗薇：《美国和英国数字资产监管政策比较研究》，《价格理论与实践》2019年第2期。

二、数字资产及相关概念的关系

中国在数字世界、数字地球、数字空间里应该有所作为，这与习近平总书记所提出的人类命运共同体不谋而合，在发展数字世界的过程中，要坚持“两个布局”，抓住两个大局，一是抓住中华民族的复兴大计，二是抓住百年一遇的大变革。中国人要掌控着中国人自己的命运，不能顺着西方的理论，西方的概念来研究和实践，要勇于提出中国自己的概念，要提出中国自己的原创性的概念和理论。

在数字世界人类共同体的构建中，要掌握自己主导的标准规则，要有自己原创性的概念。比如笔者提出的数字地球、数字文明、共票、以链治链等，都是数字世界中原创性的概念和理论，在建设数字世界时，必须要有新的观念、新的理论体系。元宇宙其实就是数字世界、数字地球如何构建问题，其本质上还是数字资产的问题。

依靠虚拟货币激励机制来维持的元宇宙游戏生态，这种代币机制，其实本质上就是共票理论，不能为代币所迷惑。在数字世界中，的确需要有一种价值锚定、价值表征，但不一定是元宇宙，也不一定是 NFT 的 Token，而是要真正找到锚定、鉴定和表征价值的一种方式、一种手段、一种标准、一种规则。

在数字世界中，第一种类型是把物理的、实体的身份，物理的资产映射到数字世界，实现资产数字化。这些主要在物理世界存在。这是目前 NFT 的主要功能，特别是在一些文化艺术类、版权等领域。第二种类型就是数字世界本身的原生资产，在物理世界本身没有或价值不大，但在数字世界中是新产生的，具有较大价值。如数据，在物理世界中只能是信息，在数字世界中锚定、表征和转化后才能变为有价值的数据。这需要区块链等技术、共票机制等制度安排同步推进，才能够真正实现数据的价值。到目前为止，我们都还未找到如何把数字世界中的数据价值充分进行利用的制度安排和技术手段，基于此，笔者提出了共票理论，希望能够解决这个问题。以中国实际为基础的共票理论为依托，促进数据应用的回归，真正激发各方实现“数据让生活更美好”的初衷；并以“共票”的方式，将数据经济和未来社会的体制创新潜力释放出来，从而真正实现数据经济时代的关键生产要素。数字资产相关概念见表 4-1。

表 4-1　相关概念阐释汇总表

相关概念	提出	阐释
共票	杨东：《区块链 + 监管 = 法链》，人民出版社 2018 年版，第 432—434 页；杨东：《"共票"：区块链治理新维度》，《东方法学》2019 年第 3 期	"共票"可以成为公众参与数据创造的报酬，让公众共享其经济利益。大众以"共票"的方式参与到数字经济中来，必将给数字经济带来新的价值和发展推动力。它的特点如下：（1）增加红利共享的作用，使系统的外部人员参与进来，并为内部系统作出贡献；（2）为促进系统中的资源优化配置提供便利；（3）权利凭证的作用，是一种制度和方法，可以集中所有人的意见。 具体是数字世界中锚定、表征和转化后的有价值的数据
数据资产	R. E. Peterson, "A Cross Section Study of the Demand for Money: The United States", *The Journal of Finance*, Vol. 29, No. 1 (1974), pp. 73-88	具有资料所有权（勘探权、使用权、所有权）、有价值、可测量、可读取的资料集合。在 2013 年，《美国陆军信息技术应用指南》（*Army Information Technology Implementation Instructions*）中，数据资产被定义为"所有由应用软件所提供的数据和数据的服务；资料资源可能是档案、资料库、文件或网页，或由系统或应用程式输出，或为从数据库传回个别记录的服务，或传回特定的查询资料；人、系统或应用程序可以创建数据资产"。中国信息通信研究院云大数据研究所在 2018 年 4 月出版的《数据资产管理实践白皮书（2.0 版）》中对数据资产进行了界定："由企业拥有或者控制的、能为企业带来未来经济利益的、以物理或电子的方式记录的数据资源，如文件资料、电子数据等"
数字资源	D. Harley, et al., "Use and Users of Digital Resources: A Focus on Undergraduate Education in the Humanities and Social Sciences", *Center for Studies in Higher Education*, UC Berkeley, 2006	数字资源包含了丰富的多媒体和跨文本，图像、声音、地图、视频和许多其他形式的内容
信息资产	*The Hawley Report*, 1994	一种有价值或潜力的资料，并且是已经或应当记载的资料

续表

相关概念	提出	阐释
数字经济	D. Tapscott，*The Digital Economy: Promise and Peril in the Age of Networking Intelligence*，New York: McGraw-Hill，1995	在2016年G20杭州峰会上，提出了一个新的概念："数字经济"是一种以信息和信息为核心生产要素，以现代信息网络为主要载体，以信息通信技术的高效利用作为提高效率和优化经济结构的重要力量
数字资产	H. Meyer，"Tips for Safeguarding Your Digital Assets"，*Computers & Security*，Vol. 15，No. 7（1996），p. 588	实质上，数字资源是具有二进制的数据产权，它产生和存储在电脑、智能手机、数字媒体或云
数字资本	D. Tapscott，et al.，*Digital Capital: Harnessing the Power of Business Webs*，Boston：Harvard Business School Press，2000	数字资产是一种新的资本形式，即"商业网络"所产生的财富；商业网络指的是由制造商、服务供应商、供应商、基础设施公司及用户等通过数字通道进行互联的网络体系；随着知识资本的涌入，整个产业将会发生变化，以崭新的方式来创造财富，将数字资本与知识资本联系在一起；在商业网络中，企业可以利用顾客资金作为关系资本，而企业在没有人力资本的前提下，也可以通过新的经营方式来构建企业的关系资本；在传统的商业模式下，数字资本为人力资本、客户资本、结构性资本提供了新的内容和空间

三、NFT与虚拟货币的关系

第一，NFT和虚拟货币之间的关系。虚拟货币与NFT的流通都离不开区块链技术，区块链中的数字加密货币有两种类型，一种是原生币，一种是代币。前者就像人们熟知的比特币和以太币，它们都有自己的主链，通过链上的交易来维持账册的数据；代币是与现存的区块链相关联的，它通过智能契约来记录账簿，比如在以太坊上发行的Token。代币有两类，一种是同质化的，一种是非同质化的。

同质化Token，也就是FT（fungible token），是可以互相替代、无限分割的Token。举个例子，你手上的比特币和我手中的那个，并没有什么本质区别，这是一种同质化货币。

而非同质化的 Token，也就是 NFT，是唯一不可分离的 Token，比如被 Token 化的数字门票和加密猫。关于 NFT 和虚拟货币的关系，目前尚无统一观点。NFT 虽与比特币同属 Token，但在根本属性上有着关键差异，比特币可以互相替代、进行拆分进而在市场中流通，NFT 承载的内容则具有独特性而无法进行拆分。

把 NFT 译为“非同质代币”，实际上并不合适，NFT 不能作为一种通用的等价物，也不能作为一种货币或一种代币。NFT 是基于区块链技术的一种不可复制的、不可分割的、具有特定属性的、用于表示某一特定数字项目的加密价值凭证。因此，将 NFT 译为“非同质权证”更加合适。

虽然 NFT 的对象是非标准化的加密艺术品，但在国家层面上，NFT 和比特币并无二致，都是一种虚拟的代币，可以将货币的价值转移到其他可以存储的对象上。与其他的虚拟货币不同的是，NFT 有创意、艺术和纪念的意义，并不是单纯以耗电量来计算，同时 NFT 还有各种各样的艺术团体支持。

第二，NFT 与虚拟货币的区别。NFT 技术是一种非常有效、非常可靠的技术方法，它是一种特殊的、具有稀缺性的数字资产，它能够利用智能合约将其所有权转移到其他实体上，并以区块链的方式将所有权转让的全过程记录下来。与比特币等虚拟货币相比具有本质上的区别，因为其是独一无二的、不可分离的、不能等价交换的。以比特币为例，任何比特币的性质、种类均相同，具有共同的物理属性和经济意义，因此相同数量的比特币之间可以相互交换。但是 NFT 代表特定的数字资产，即某一 NFT 可能代表的是世界名画《蒙娜丽莎》，而另一 NFT 可能代表的是世界名著《战争与和平》，任何 NFT 具有其特有的属性，不能与其他 NFT 进行相互交换。

所以，在《关于防范比特币风险的通知》中明确了比特币是一种虚拟商品，以比特币为代表的 FT 应该是一种类物的虚拟商品；而 NFT 应属于特定物性质的虚拟商品。本质上我们更倾向于认为 NFT 属于代表特定数字资产的权利凭证。

一种产品经过数字资产的验证和 NFT 的转化，将会是一种独特的数据资产，可以记录产品的来源、售价、转卖等。NFT 具有区块链管理权限，可以通过认证来辨别区块网络中的真伪与所有权。例如，收藏、游戏物品、数字艺术、活动门票、域名，甚至是实物资产的所有权记录。NFT 无法等量交换，这就导致了数字世界的稀缺性。而虚拟货币仍然具有货币的本质属性和流通功能，只不过借助区块链等网络技术能够脱离实体存在并且在网络空间流通。

NFT、加密货币和数字货币有一定的差别，主要的差别是 NFT 不像数字货币和加密货币那样可以进行交换。与此同时，每一种 NFT 都有自己的特点，并将其区别于其他可互换的货币，比如数字货币和加密货币，这些货币可以进行交易，而不会失去其价值。

数字货币具有中心化属性，即由一组人和电脑控制着整个网络的交易状况。而加密货币和 NFT 则不同，它们大部分都有自己的运行规则。而且，数字货币也是不透明的。比如，由于这一信息的机密性，每个人都不能选择自己的钱包地址，也不能查看每一次的转账。但是，加密货币和 NFT 都是透明的。由于所有的交易都存在于一个共同的区块链网络中，所以每个使用者都可以查看其他使用者的交易。

一般来说，央行所支持的数字货币就是电子现金，和比特币这样的加密货币非常相似，国家数字货币（central bank digital currency，CBDC）是以数据为基础的，不会在真实的生活中出现。但与加密货币和 NFT 不同的是，CBDC 是由政府提供资金支持的，也就是说，人们更容易将其视为一种货币，用于购买货物和服务。

第二节　元宇宙经济运行中的价值媒介

一、元宇宙为新型的数字经济体系

数字经济是以数字技术为主要动力，以现代信息网络为主要载体，以数字技术为主要动力的经济活动。而从元宇宙的经济结果来看，元宇宙以 5G、6G、Wi-Fi 6 等为基础设施，运用手机、智能眼镜以及其他可穿戴设备实现人机互交从而达到去中心化的目的，之后结合 3D 引擎，VR/AR、多任务处理器 UI

来实现中心计算，再利用设计工具、相关的资本市场、独特的工作流程和商业渠道在广告网络、展览、商店、代理商等创建运营渠道，最后以游戏、社交、影院、电子竞技、购物等体现给消费者。①

二、元宇宙的基础货币是数字货币

在《元宇宙》一书中，作者认为，元宇宙运行的基础货币是数字货币②。其原因在于数字货币是能够自主生产数字通货，而不是利用现有的货币体系作为一个网络数字支付，如微信、支付宝。能够成为元宇宙基础货币的关键点在于有合法的资格能够自主生成数字通货的数字法币。

三、运用“互联网+区块链”已成为元宇宙发展的基本模式

运用区块链技术来实现元宇宙经济运行体系是因为区块链在“去中心化”上有着天然的技术优势，具体表现为三个方面：（1）“去中心化”的技术应用；（2）数据的平等监督性；（3）数据安全保障。

在“去中心化”的技术应用方面，相较于传统的互联网技术“中心化”的特点，即各个节点串联式地共同参与信息处理。如果某一节点出现故障，则会导致整个数字信息的安全性问题。③ 但是，由于区块链技术的“去中心化”，每个节点都是独立的，没有上下级的关系。若单一节点发生故障，其他节点仍然可以正常工作，保障了其处理及存储数据的安全，保证了整体数据的安全运行，信息由原先的整体串联式分步操作转变为多个节点共同分担整体信息的处理及存储，多方平等分压的模式极大地提高了数据处理的效率。在数据的平等监督性方面，区块链技术实现了对数据处理的分块式操作，使得各个节点的数据具有平等性，且每个节点均受到其他节点的监督。若单个节点存在对数据的错误处理，其他节点就会发现，从而提升了整体数据的正确性，以及整体数据处理与存储的协调性。在数据安全保障方面，“中心化”数字网络模式容易被

① 赵国栋等著：《元宇宙》，中译出版社 2021 年版，第 6 页。
② 赵国栋等著：《元宇宙》，中译出版社 2021 年版，第 118 页。
③ 赵刚：《区块链技术的本质与未来应用趋势》,《人民论坛》2018 年第 12 期。

黑客窃取和入侵，而区块链的各个节点隶属于多个不同的用户，用户之间是相互独立的，并且每一个数据都含有一个独特的哈希值。即便某一数据块被非法用户入侵，其他数据块也不会配合被侵入的数据块作出调整，从而保证了整体数据的安全性。再者各个节点的信息均具有特定的数字卡，必须经过加密处理才能被存入数据块，由此为数据存储提供了另一种安全保障。

以上三种方式使区块链能够支持元宇宙发展的基础设施，但笔者认为光是能够支持元宇宙安全运行还是不够的，还需要能够支持作为上层建筑的数字资产完全、安全地运行才是更为重要的。而区块链在能够与数字资产交易的实现中，展现了六项优势：版权安全化、合约智能化、资产完备性及唯一识别性、信息互通性、灵活监督性、可靠回溯性。

在第一项“版权安全化”内容中，区块链本身拥有的去中心化特性，可以使每个相同等级的节点都记住嵌入此作品信息的区块，这样就很容易通过定位该作品的发布时间及相关信息位置来确定著作者。这样既能节约著作者申请版权登记的精力及时间，在权益保护方面也更加方便。

在第二项“合约智能化”内容中，相较于传统的网络交易，运用区块链去进行交易能够剔除独立的第三方见证程序，当客户依照程序执行合约交费后，就可以享受商品的下载和使用功能，而此次交易信息会在区块链的全部节点内同时刷新。

在第三项“资产完备性及唯一识别性”内容中，一旦作品出版，所有的区块链节点将会在该作品的数字资料中记录下来，之后如果想要确认该作品是否被窃取，就可以利用查找节点中对应的唯一识别码来检验此作品的完备性及原创性。

在第四项“信息互通性”内容中，该方面在上文中也有所提及，单本部分中关键部分在于区块链的交易信息会平等地写入每个平级节点里，使得各节点具备独立信息又彼此联系从而形成了信息互通的链状网络。此外，由于区块链有能实现全时段的信息共享，因此作品信息及交易记录不属于独立机构和个人。

在第五项“灵活监督性”内容中，凭借区块链可以从作品的创作到发布交易的所有环节覆盖的功能，区块链形成了一个可以包含多个节点的数字链条，所有节点都包含任意一个作品的数字标识及交易信息，且这个逻辑链条的运作是以时间算法来实现的。因此，可以通过查看作品的交易时间和找到作者及该作品每一次的变更信息的记录，从而提升监督的可靠性。

在第六项“可靠回溯性”内容中，如上文所提出的内容，区块链可以实时上传作品更改的信息，因此，作品发布、更改的先后顺序也很容易找到。同时所引用作品的数字信息会被写入新的作品之中，便于查看被引用作品的发布时间，使作品具备可靠回溯性。①

第三节　元宇宙经济中的激励机制

一、元宇宙中的劳动及激励方式

（一）在元宇宙经济体系内的劳动

元宇宙是一个虚拟的空间，它的价值主要依赖于它给人所提供的感受。而为了保证这种体验，元宇宙中就需要安排一些专门用于和人交互的 NPC。元宇宙中的这种 NPC 由谁来当就是一个选择。其中一个方案是找一些 AI 来当 NPC。但从现在来看，这些 AI 给人的交互体验绝对达不到《失控玩家》里面那样的水平，因而很难满足人们的需要。而另一个方案，就是专门找一些人来扮演 NPC。如果采用这种方案，那么 NPC 和人的交互活动就形成了一种劳动。和真实世界当中一样，这样的劳动也需要得到报偿。

此外，在元宇宙当中，很多任务可能是需要多人协同完成的。例如，在被称为“元宇宙第一股”Roblox 的游戏中，人们就需要一起建设社区，一起建设城市。这种共同的建设如果是出于所有玩家自愿的，那么这就是一种协作。但如果这种共同建设是某人要求其他人做的，比如在元宇宙房地产中的设计，那么它就成为一种劳动雇佣关系。这个时候，城市的建设也就成了在元宇宙内

① 严振亚、李健：《区块链在数字资产交易领域中的创新应用》,《企业经济》2020 年第 1 期。

务工。

（二）支撑元宇宙的劳动

如前所述，元宇宙要运转好，需要很多相应的技术支撑。比如，程序的底层需要有人开发，bug 需要有人来处理，把数据信息打包到链上，让它不可篡改、永远存在等，这些劳动，尽管不发生在元宇宙内部，但它们对元宇宙的发展却是必不可少的。因此，上链付出的算力，消耗的电力、矿机，也是元宇宙背后的价值和劳动。

1. 发生在元宇宙内部的劳动

在元宇宙中，有部分是真实世界的打工人转战元宇宙。微软于 2021 年 11 月 2 日在 Ignite 大会上宣布，它打算将其旗下的聊天软件 Microsoft Teams 作为一个元宇宙，并将 Microsoft Mesh 融合到该软件中。打工人在里面用微软的 Microsoft Teams 写文件、做幻灯片，然后在元宇宙中用幻灯片开会。这些活动虽然只是发生在元宇宙内部，但是从本质上来讲，它们依然是真实世界劳动的延伸。

2. 元宇宙中的劳动报酬

对于以上三类劳动，第一种毫无疑问应该用元宇宙内部的通证来激励。事实上，在 *Axie Infinity* 等具有元宇宙概念的游戏中，已经提出了“玩中赚”（play to earn，P2E）的概念。在这种游戏里，玩家可以根据自己的游戏时间来获得相应的通行证，也可以通过击杀怪物来获得特殊的 NFT。值得一提的是，在 *Axie Infinity* 上，有不少玩家都是因疫情失业的人。对于他们来讲，P2E 就成了获得收入的一个重要来源。

第二、三类劳动严格来说都是元宇宙之外的，因而他们的报酬既可以通过真实世界的货币，也可以通过通证来结算。当然，从促进元宇宙的发展来说，以通证结算或许是比较有利的。这可以促使人们以更高的频率使用元宇宙，从而可以从多个方面促进其发展。

至于元宇宙发展所需要的算力，则可以通过仿照比特币网络的做法，以工作量证明来分配一定的通证作为回报。当然，在现实中，为了吸引普通用户进行分布式的算力供应，也有一些产品试图将算力的供应包装成某种形式的游戏。这样，人们在游戏当中就实现了算力提供，同时获得了相应的报酬。

二、数字代币在元宇宙中的价值交换

当各种物品的价值被确定后，元宇宙内的交易就可以开展起来了。当然，和在真实社会中一样，当交易规模扩大到特定的水平时，就无法继续以“以货易货”的方式维持交易，而以货币为基础的贸易将是一种不可避免的趋势。数字代币含以比特币为代表的同质化代币和以 NFT 为代表的非同质化代币。

如果说，区块链是元宇宙经济体系的基础，那么，它的原生数字货币，就是在这个世界上进行价值传递的中枢。工银国际首席经济学家程实认为，“元空间”将建立一个闭环的经济体系，任何微小的数据贡献都可以追溯到区块链上，再加上原生数字货币，可以让整个数字世界的价值流动变得顺畅。①

（一）元宇宙中的货币

假设不考虑纸钞和硬币的使用，现实经济中的货币发行和使用可以完全依靠电子信息技术构造的“虚拟”体系得以运转，从这一点来看，元宇宙的货币世界从理论上可以和现实世界完全一样。正如数字技术背景下，与现实经济中存在中心化的法币、去中心化的加密货币及稳定币一样，元宇宙中也大致存在着三类货币。②

第一，平台发行的中心化货币。早期的元宇宙基本上都是由某个平台或企业提供的，提供服务的平台在这些元宇宙中扮演着政府的角色。

第二，是比特币、以太坊等“去中心化”加密货币。在最近的一些元宇宙项目中，中心化的货币体系已经不再受到青睐，造成这种现象的原因是多方面的。一些用户认为，在元宇宙中，货币的发行权利不应该被某个平台独占，因为这可能对自己的权利造成损害。而另一些用户则不愿意在交易过程中依赖某个中心化的中介，因为这可能导致隐私泄露等诸多问题。相比于中心化的货币体系，用户更愿意相信一种去中心化的货币体系，而区块链和加密货币则带

---

① 诸葛孔宇：《元宇宙来袭：数字化币主力虚拟世界价值交换》，2021 年 8 月 28 日，见 https：//mp. weixin. qq. com/s/1iPq6q0KnxXA3qNth4BcBA。

② 陈永伟、程华：《元宇宙的经济学：与现实经济的比较》，《财经问题研究》2022 年第 5 期。

来了实现这种意愿的可能。现实世界中被接受的比特币、以太坊等也可以同等地在元宇宙中使用。

第三，平台发行的稳定币，即每一个元宇宙都开发独立的锚定某种稳定资产的通证。为了实现交易的效率，这些通证未必需要和比特币一样建筑于区块链技术之上。而为了保证币值的稳定，这些通证可以采用某些资产锚定，以资产作为储配的方式来发行。这里的资产可以是现实世界当中的货币，也可以是一揽子加密货币，选取的标准应当以这些货币有相对稳定的价值为标准。

（二）元宇宙中的通胀通缩

当把元宇宙内部的通证和外部的资产直接挂钩时，也会引起一些副作用。因为在这种设定下，就相当于取消了元宇宙的货币发行独立性。如果有人将大批外部资产（如美元、人民币）兑换为元宇宙内部的通证时，元宇宙就可能面临急速的通货膨胀，并伴随着巨大的分配失衡。这就好像在一个网游当中，一下子引入了一批满身神装的“RMB 玩家”，那么其他玩家的游玩体验就会大幅降低。考虑到这种情况，有人建议设计一个机制，当外部的货币流入达到一定值后，就启动“汇率”的浮动，让元宇宙内的通证对外部货币升值。通过这种机制，就可以比较好的保证在元宇宙内部货币价值的稳定性。

与真实世界不同，元宇宙经常会遇到通缩，比如诺拉斯的虚拟世界的 CPI 从 2000 年四季度的 100 降至 2001 年三季度的 71。这主要是由于在元宇宙中，产品的边际生产成本大大降低，从而使产品的价格呈递增式下跌。

三、元宇宙的价值结算系统

可编程价值（programmable value）是元宇宙中一个非常重要的概念。可编程价值是技术和经济发展的结果，可以帮助人类随时随地、随心随想，尤其是以智能的方式处理其所有权。可编程价值在不同的技术、经济状况下，其实现途径也不尽相同，但其价值载体大致分为五种。

1. 货币

即在元宇宙中流通的代币，是最基础的表现形式。

2. 资产

数字资产也是可编程价值的具体表现形式，包括除了基础代币等货币之外的其他形式的数字资产。

3. 身份

例如，在一个区块链里，人的身份就是私人钥匙，私人钥匙则直接对应着财产，他和这个价值之间的关系就更加直观。

4. 权限

在相同的条件下，可以得到别人没有的资讯，可以见到别人难以见到的人，可以做到别人做不到的事情，就是价值的一种体现。

5. 社会关系

马克思认为，“人的本质是一切社会关系的总和”。我们在社会交往过程中积攒下来的社会资本，将根植于我们的社会关系中，具有难以估量的价值。一旦违反伦理道德的要求，相关社会资本被损耗，人们所能从事的经济活动就会受限，能获得的经济价值也会随之减少。

上述五种价值载体的论述，不仅涉及原子层面，也涉及比特层面。关于比特世界的货币与资产，已经有了许多的论述；比特世界的身份、权力、社会关系，都将成为人们日益关注的焦点。

在传统的银行、证券、保险等价值结算体系中，由于其本身不具备可编程的特性，因此必须采用编程接口（API）来实现程序设计。这一进程需要中心机构的审核、认证和执行。

在元世界价值结算体系中，可以将价值载体与程序逻辑结合起来，通过查看它的具体实施方式和作用，就可以了解它的原理。在此情况下，“代码就是价值”，它可以用代码形成各种不同的价值特性和交易机制。

传统价值结算系统与元宇宙价值结算系统的对比见图 4-1。

在元宇宙价值结算体系中，可以采用非中心化、非许可化、智能化的方法实现可编程性，从而更好地支持人类随时随地、随心随想地处置自己所拥有的财产权，使其在自身的权力范围之内不受他人的制约，并能够进行复杂的价值运作。

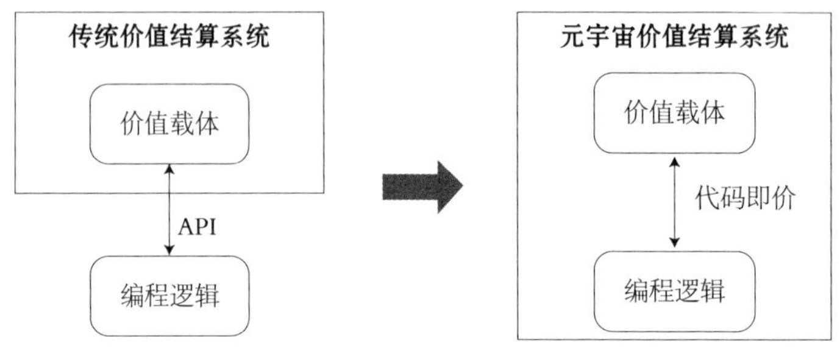

图 4-1　价值结算系统对比逻辑

可编程特性还会带来互操作性，交互和组合。如果把可编程性的价值抽象成一个功能，那么互操作性、交互和组合就相当于传参、迭代、联立计算等。这将帮助我们建立起一个庞大且复杂的元宇宙价值结算体系。

可编程性与低代码化的组合将会赋予个人更多可能性。未来人人都可以使用代码，正如现在人人都可以使用智能手机。运用代码来管理自己的财产，将是每个人都应当享有的重要权利。

四、共票理论指导元宇宙中的价值分配

（一）共票理论的提出

钞票、股票与粮票的“三票合一”，即为共票。共票的本质，即为将由钞票代表的资产权益、由股票代表的投资权益和由粮票代表的实体权利“合而为一”。共票，一是“共”，团结一致，共筹共智；二是“票”，是支付—流通过程中分配权益的凭证。就像股票之于公司一样，共票是众筹的核心。但是，与少数人的权益不同，共票可以把利润与大部分人共享。在工业革命后的几百年里，企业利益分配都是靠着公司和股票实现的，但在公司制度下，大部分的利润都是由资本家来分配的，普通的工人没有得到任何的分红。我们希望能够找到一个真正的社会主义的金融体系，而众筹与共票就是其中之一。“众筹”将会代替公司，“共票”将会代替“股票”。①

① 杨东：《“共票”：区块链治理新维度》，《东方法学》2019 年第 3 期。

（二）共票的开放、共享性质

共票指的是一种不属于资本主义的股票，它将公司的利益真正地分配到每一个劳动者、消费者和参与者身上。共票是一种本质上的分享，它需要通过体制改革和体制创新来推翻垄断资本。共票借由区块链、人工智能、大数据、物联网等新兴技术将投资者、生产者、消费者三者紧密融合，减少了交易成本，一定程度上降低了信息不对称，引导金融科技服务实体经济，尤其是数字经济。“共票”是指以区块链等技术为基础，实现政府、劳动者、投资者、消费者和管理者多位一体的数据共享分配机制。“共票”是股票、钞票、粮票三票合一的集合体，具有共享、共治、共识等特点。①

（三）共票解释元宇宙价值分配

“众筹是核心制度，区块链是技术基础，共票是利益共享。”元宇宙的横空出世，“天高地迥，觉宇宙之无穷；兴尽悲来，识盈虚之有数”。人类社会从原始社会、奴隶社会进步到封建社会、资本主义社会、社会主义社会乃至共产主义社会，其终极目的是人人平等，人人享有平等机会和资源。关于共票理论与元宇宙价值分配的详细论述，将在本书第八章第二节具体展开。

① 杨东：《区块链让众筹和共票成为中国原创的制度理论》,《金融博览》2018 年第 10 期。

第 五 章

元宇宙与数据基础制度构建

目前，我国数据基础制度的构建还处于起步阶段，在各个方面都存在或相同、或不同的难点和阻碍。在数据共享层面，双向汇聚困难、政府惯性、相关制度不健全、技术制约等问题导致数据汇聚难度较大。在数据交易层面，受到数据价值确定影响因素多以及数据产品本身最小单位价值小、可整合性极高、转售情景化限制大等特性的影响，数据交易也存在多重困境。而元宇宙的出现则带来了经济活动的生态改变，同时也将改变传统的生产链和价值链，促进科技规律影响和改变传统经济规律。在元宇宙的语境下，通过区块链技术更好地发挥数字价值是未来需要攻克的重点方向。本章将从数据流动、数据资产形态构建、数据价值实现等方面，通过现有的场景和方法分析、联系共票等理论，深入分析元宇宙中的数据基础制度构建。

第一节　元宇宙中的数据流动

元宇宙作为互联网时代新的发展阶段，充分理解和把握元宇宙技术及其应用规律，推动元宇宙助力我国数据流动势在必行。目前我国的数据流通存在一定困难，而利用区块链等元宇宙重要的技术基础，将促进政务、市场等多层面的数据流通。

当前，我国经济正处在转变发展方式、优化经济结构、转换增长动力的攻关期。“十四五”规划《纲要》也提出应当发展数据要素市场，激活数据要素潜能。数据要素潜能的激发前提是数据的流通。但在数据流通中，无论是数据共享还是数据交易，都存在或相同、或不同的难点和阻碍。但这些问题可以大概归为数据汇聚难度大、数据交易成本高、流通环境欠缺三大类。下文将分别从这三个方面，针对数据共享和数据交易两大数据流通形式对数据流通困境进行分析。

一、数据汇聚难度大

数据汇聚难度大的问题在数据共享和数据交易中均有体现，其中，在数据共享中体现得尤为明显。但本质来看，数据汇聚难度大的本质是数据流通的动机不足。

就企业和个人占主导的数据交易而言，目前我国法律并没有对数据进行明确的权利确定，同时，在交易过程中双方的权利义务也并无统一的标准。这就意味着责任承担和风险分配均需要交易双方进行磋商，而在这个过程当中，磋商形成合意成本高，间接造成成交率下降。而市场主体面对高成本低效率的交易，往往选择回避，同时，个人信息保护法等对于合规义务的规定十分严格，在一些需要分类的问题上并没有作出具体的规定，导致存在“一刀切”等情况。而社会层面上由于数据要素区别于其他实体要素的特殊性，群众对于该要素的理解程度和使用意识并不强烈。综合以上原因，交易主体之间动力存在严重不足现象，数据汇聚和收集的意愿也就相应下降，数据在企业和个人层面汇聚困难。

就以政府为代表的数据共享领域而言，也存在着数据汇聚难度大的问题。我国当前的政务共享模式分为两种，一种是基于政府部门间一对一的共享模式，即政府部门工作人员靠人情、靠关系获取其他部门的数据，这种数据共享方式不仅不稳定、效率低，还有可能因为使用第三方软件而导致数据泄露等问题。另一种是基于数据交换共享中心的数据共享模式，即各部门接入本级政府的大数据共享交换中心，统一进行政府数据共享。然而，当前这种数据共享模式同样难以推进，主要是由于政务服务平台分散、政务部门对数据共享后弱化部门的主体地位心存顾虑、缺乏顶层设计导致共享标准化欠缺、数据具有隐性和显性双重价值而行政主体不愿意公开等。

由于隐私安全和利益分配等多个原因，具有公共属性的政府数据虽然权属争议不大，但是安全角度的考虑却成为其共享动力不足的一大阻碍。同时，依旧存在基层工作者数据意识差、相关制度不健全等问题。具体表现为：

（一）单向汇聚明显，双向汇聚困难

以政府设立的贵阳大数据交易所为例，虽然该数据所针对数据的流通一直在进行不间断的探索。但是其中持续存在的问题依旧是向上汇聚容易，向下汇聚难。即数据向上级政府汇聚相对较为容易，但是数据向下级政府汇聚相对困难。这具体表现在上下级政府系统不兼容，无法顺利实现向下级传递的技术问题；上级政府因为对于数据传输安全性等考量而不愿意将所掌握数据向下汇聚的动机问题；以及数据时效性在政府工作当中失效损耗的问题。

（二）政府惯性

在数字政府建设初期，政府工作人员，尤其是一些基层工作人员往往受惯性影响采用传统办事手段，因此没有形成数据的聚合，难以释放数据重复使用和其他更多利用的价值。

由于政府工作人员对政务数据共享的意义认知较为模糊，未对政务数据共享的必要性达成共识，导致各部门进行政务数据共享的意愿较低。在传统政府运行模式下，部门条块分割情况较为突出，且各部门之间缺乏深入沟通了解，难以形成共识。然而，在信息时代背景下，政府数据呈现出分散化、多样化的特点，部门之间封闭或半封闭的模式已经不能满足政府高效办事要求和公众便利化需求，因此部门互联互通、数据共享已经成为趋势。但绝大多数政府部门并没有适应新型数据共享平台的共享模式，主动进行数据共享的欲望不强，同时外在推动力不足，故数据共享较为被动。

（三）相关制度不健全

我国政府数据共享相关制度的构建不完善导致共享过程中没有统一依据，从而导致管理困难。虽然近年来，各地纷纷出台政务数据共享管理相关行政法规，但基本停留在市级和省级层面，并没有全国性政策条例，因此各省政务数据共享较为分散，标准不统一。此外，虽然国家政策多次提出政务数据共享的必要性，但并没有具体的操作方案，制度层面依然较为空泛，这意味着，政府部门即使具有数据共享的意愿，也缺乏具体的操作方案和行为准则。例如，部分地区的政务数据共享相关行政法规在描述数据共享范围时只提出了“无条件共享”“有条件共享”“不予共享”三种数据类型，却并没有给出具体的划分标准，而是模糊声明“应由法律、行政法规或者国家有关规定作为依据”。在全国层面没有统一标准的情况下，政务数据共享的范围便面临着无据可依的尴尬场面。

（四）受技术制约明显

由于各地技术水平存在差异，数据共享平台的建设也存在差异，发达地区的数据共享平台往往传输速度快、容量大、性能高，在数据共享的应用层面较为先进，因此导致两个地区的政府部门之间技术不对称，难以进行跨地区的政务数据共享。即便技术水平相似，但由于我国的政务数据平台通常由企业提供，平台构建和技术标准不同，且各企业之间往往存在技术壁垒和利益竞争，因此各地政府间共享渠道往往受阻，影响数据共享的通畅性。

如果没有足够的技术保障，政府数据传输往往存在较高的共享风险。网络黑客攻击、病毒入侵、系统漏洞等问题都可能造成数据共享过程中出现重要数据泄露，造成损失。由于我国数据共享发展较晚，防范意识较弱，防范措施不足，导致数据共享过程中容易出现数据泄露、数据遭到攻击等情况。此外，在数据传输过程中，人为的篡改也并不能被识别和排除。因此，在数据共享过程中，数据的真实性与安全性并不能得到保障，这也是政府部门顾虑重重的原因之一。

因此，若欲解决政务数据共享的现存困境，从立法层面和技术层面的突破都不可或缺。

二、数据定价困难，交易成本高

（一）数据定价困难

目前数据定价在学界没有一个统一的概念。有学者认为，数据是描述对象和事件属性的符号，而数据定价，则是在讨论数据的经济属性，也就是在讨论这部分符号的价值①。还有学者认为，数据定价是给每一个数据集制定一个合

① M. Zhang, et al. ,“A Survey of Data Pricing Methods”, *SSRN Electronic Journal*, 2020.

理价格的过程，这个过程的目的是更好地将这部分已经完成制作的数据集推向市场，从而追求更大的利润①。通过以上定义，我们发现目前对于数据定价分别从“价值”本身和“价格”两个方面进行了描述。同时，还有学者基于以上两种分类，站在“价格说”视角，从研究范围入手，主张数据定价并不一定局限于数据的“价格”，而应该扩大到数据的领域、类型、储存等方面的定价问题②。

纵观以上学说，在此综合“价值说”和“价格说”的观点，对数据定价采用如下定义：数据定价是指在某一具体行业或者应用场景下，针对无论是否有前期处理过的数据集，充分体现其真实价值并能平衡买卖双方收益的估值行为。③

针对数据定价，目前的观点和策略主要有拍卖定价法、协议定价法、使用量定价法、免费增值定价法，以及动态定价法等（见表5-1）。

表5-1　数据定价策略优劣及对比

数据定价策略	机制	优点	缺点	运用场景
协议定价	双方轮流出价直到达成协议	经常发生在有特定需求的买和卖家之间，目的性和数据针对性强，存在多次的沟通机会，为提升交易成功率增加了可能性	容易产生协议定价的负面影响，即价格歧视，又叫差别定价。客观来说，个体的买方在数据交易中属于弱势群体，常常受到价格歧视。差别定价是一把双刃剑，一方面适当的差别定价可以促进资源高速合理的分配，另一方面如果过分地在损害顾客知情权的情况下长期获取不法盈利，容易引发企业的声誉问题	通用

① F. Liang, et al.,“A Surveyon Big Data Market: Pricing, Trading and Protection”, *IEEE Access*, No.6 (2018)

② S. A. Fricker, et al.,“Pricing of Data Products in Data Marketplaces”, Proceedings of the 8th International Conferenceon Software Business, Essen, Jun 13 - 14, 2017, Berlin, Heidelberg: Springer, 2017, pp.49-66.

③ 参见蔡莉等：《数据定价研究综述》,《计算机科学与探索》2021年第9期。

续表

数据定价策略	机制	优点	缺点	运用场景
拍卖定价	多方竞价中最高价成交	隐匿性和安全性强高，有利于获得最高商品单价	由于大数据价值的不确定性对购买者的效用很难保证，货源背景需要经得起足够的推敲，信息悖论现象表现明显，策略应用及交接管道设备成本高于一般策略	常见于大型企业，例如上海数据交易中心采取股东会员制，吸入股东才能参与拍卖
免费增值定价	由免费和增值付费两部分组成	在免费期间提升客户满意度和顾客黏性，增强客户的依赖性，潜在客户数量最为庞大。不少开源社区也采取该策略，十分有效地吸引了用户	正确界定免费部分和增值部分是难点，甚至在增值部分还需要阶梯式地细化用户，产品更新要同时兼顾两部分用户的诉求，一同增加用户黏度和满意度，否则，可能会无法发挥策略优势，导致负面影响	API 调用
使用量定价	按次、份、个数等产生费用	批量的、廉价的数据，由于 API 大多基于此定价策略，占据市场比例极大	数量量大，质量普遍一般，复制性强，容易出现一人购买多人使用，重复使用较为简便	API、房地产报告
动态定价	根据时效和需求的变化价格	实时性在市场迅速变化期间灵活性极佳，顾客可以准确地认识市场，满意度很高	动态算法、策略应用及可视化界面，设备成本极高，实时数据的准确性也越来越备受关注，难点在算法	金融股票证券

资料来源：蔡莉等：《数据定价研究综述》,《计算机科学与探索》2021 年第 9 期。

以上几种定价策略当中，目前学界较为主流的观点是拍卖博弈视角。这一视角主张通过无限制供应拍卖的真实性和效率确保交易各方利益保持一致，由于这种拍卖处于固定预算的限制之下，同时纳入个人理性、比例购买因素的拍卖机制，能够通过最终成交价格的变化体现出其他介入因素对于价格的影响，最终能够实现价格达成一致的同时体现价值。但是，这种拍卖机制一方面其体现出非常强烈的信息悖论特点，另一方面这种靠拍卖形成的“感知价格”也无法排除会和实际价格存在差异，因此不满足数据定价当中“能够充分反应价值”的条件。并且，这种拍卖博弈的前提是这部分数据集已经经过了“脱敏处理”，因此这个价格只能代表“脱敏数据”，而敏感数据的价值无法通过拍卖机制反映。

针对以上视角和价值的真实性问题，我国学者刘朝阳①提出，大数据和传统数据存在很大区别，而相对较为显著的一点在于，大数据存在价值的不确定性、稀缺性和多样性。总之，这种价值的双向不确定使得在交易过程中无法使用传统的交易模式，如拍卖等。因此，面对大数据我们应当提出全新的交易模式。

针对价格的供需平衡问题，目前学界主要观点在于运用讨价还价和甄别定价的方式来构建供需双方效用的平衡函数，并发现当供方拥有数据优势的时候，其议价能力更高②。

除此之外，学界还主张可以引入交易时间，服务质量感知认同度、供需信息匹配度构成的价格贴现因子，通过动态价格模型来求解双方在各个阶段的最优出价③，或者主张通过引入区块链等技术优化效用定价④，或者基于信息熵等进行推演。

（二）数据交易模式争论大

目前学界关于数据要素市场和交易模式的构建，主要有三种观点：

第一种观点认为，应当建立国内统一的数据要素市场。应当将数据要素市场的建设和管理权收归中央政府，才能够更加有效地避免数据市场不正当竞争、私人垄断等各种问题。同时，政府在管理的过程中应当“打破区域壁垒”，实现运营的分散化布局。最终形成中央数据平台为地方数据交易中心提供接口，实现全国一体化的数据交易体系⑤。

第二种观点主张建立数据要素的三级市场体系。该种观点将数据要素和其

① 刘朝阳：《大数据定价问题分析》，《图书情报知识》2016 年第 1 期。

② 参见苏成慧：《论可交易数据的限定》，《现代法学》2020 年第 5 期。

③ G. Gao et al.,“A Differentially Private Crowd-sensed Data Trading Mechanism”, *IEEE Internet of Things Journal*, No. 1 (2019).

④ 郭庆来等：《能源互联网数据交易：架构与关键技术》，《电工技术学报》2020 年第 11 期。

⑤ 陈兵、赵秉元：《数据要素市场高质量发展的竞争法治推进》，《上海财经大学学报》2021 年第 2 期。

他传统的生产要素进行类比，得出“确定中间形态、完成三次确权、进行三次定价”的规律，而在数据要素市场建立当中加以运用，认为应当对于原始的数据资源进行“数据元件化”处理，作为数据源和数据应用的中间价态，建立“资源—元件—产品”的三级市场，将数据提供方分为数据资源提供方、数据元件开发商和数据应用开发商三级，最终由数据应用开发商对接具体交易服务，从而提高其流转的效率①。

第三种观点认为应当建立两级市场。两级市场充分体现了数据定价定义当中关于价值和价格的综合考虑。第一级市场的主要功能在于估值，也就是服务于数据资产和分配问题。而第二级市场则更加注重交易过程当中买卖双方的利益平衡，重点在于流通和适用②。

（三）数据价值影响因素多

1. 价值和服务相绑定

在交易中对数据进行结构化处理之后价值就非常高，此时磋商的关键就是买方对于数据产品价值的评估，评估是否能够发挥价值，发挥多大的价值。但是如果不加处理的话，就要求买方有比较强的数据处理能力，这在实践中比较少。所以我们现在看到的数据磋商定价最终的价格并不能够完全反映数据的价值。

数据销售或者中介平台的信誉度在这个过程当中也非常重要。数据面临着实时更新的问题。在“售后服务”的提供层面，数据提供者的信誉度发挥着很大的作用。这本身也是在数据本身价值之外的附加价值，但最终的价格都体现在数据的定价上。

2. 数据实时更新问题造成磋商困难

数据的实时更新问题在数据的价值中非常重要，但面对更新的频率不稳定性、未来数据未知性等情况，数据的最初定价似乎并不能绝对体现数据的价值。并且在一些需要数据实时更新的场景当中，估值、磋商的成本都会变得很

---

① 陆志鹏：《数据要素市场化实现路径的思考》，《中国发展观察》2021 年第 14 期。

② 陆岷峰、欧阳文杰：《数据要素市场化与数据资产估值与定价的体制机制研究》，《新疆社会科学》2021 年第 1 期。

高，成交率也就进一步下降。

由于针对数据交易无法实现权威的数据确权，因此数据交易当中双方的权利义务也没有明确的划分。市场给出的解决办法就是双方之间进行磋商，协定双方都认可的权利义务标准。以目前发展得较为成熟的碳交易为例。磋商的本质是基于交易双方共同处在一个社区而建立信任关系。在这个社区当中，双方默认人的相对理性一面。因此，建立一个统一的社区是解决这个问题尤为关键的一步。另外，对于这种责任分配问题，也可以尝试通过技术手段加以解决，目前我国学界已经提出了“共票”的概念，为这个问题的技术端解决提供了新的方向。尽管如此，磋商目前依旧存在以下突出问题：

（1）估值难度变大。

实时更新的次数，数据更新的多少以及更新数据是否对于买方来说有价值都是未知数。因此，在最初磋商时就会因为考虑到这些因素而影响成交率。并且，这部分内容往往在合同的具体规制和约束中需要十分细化和多类别的具体情况分析，这也不利于合同初次磋商的顺利达成。就算在每一次更新之后都进行重新估值，在这个过程当中“更新的数据是在增加价值还是减少价值”，能够增加或者减少多少价值等都给估值带来了很大的难度。

（2）磋商成本高使得成交率大大降低。

不定期数据更新意味着数据定价的个人磋商类别也存在更多的样式，最简单的是“包更新”和“不包更新”两种大的分类。在“包更新”这一类别当中，可能估值的难度更大，那么磋商的难度也就更大，成交率更低。毫无疑问，面对不确定的未来买方和卖方都更愿意选择“不包更新”的具体场景具体磋商模式，但在这种模式下，就意味着之后的每一次更新都需要重新进行磋商和定价，因此成交的概率也会大大下降

（3）价格剥削隐患。

无论是哪一种场景，由于买方和卖方对于数据的掌握程度不同，双方的议价能力天然存在一定差距。同时，卖方一旦拥有了市场的支配地位，那么在议价过程中就会造成每一次的议价都是一种价值剥削的积累，实时更新所带来的多次定价和多次磋商会进一步放大这种价格剥削。

3. 不同行业之间跨度大，数据场景化处理技术要求高

数据交易存在着买方异质性的问题。这也导致数据无法进行系统化批量化的处理，而需要“一事一议”，根据买方的具体需求进行加工处理，在这个过程当中，对于数据处理人才的要求高、需求量大。

同一个数据包在不同的行业、领域之间要求不同方式的运用，这也就使得服务成为数据交易过程中的加分项，目前我国的诸多交易所都存在这方面转型不及时的问题，好在以深圳数据交易所为代表的一系列交易所已开始改进，深圳数据交易所明确提出了具体的场景运用，提出“左+模式，右+场景”的数据服务方式。目的就是推动建立数据交易合规协同监管机制，落地符合产业需求的数据流转及交易合规操作指南、行业解决方案，促进数据流转和交易合规。

三、流通环境欠缺

纵观整个数据流通面临的问题点，流通环境欠缺似乎才是问题的本质所在。数据流通环境不佳，数据流通的各个过程均会受到各种层面和意义上的阻碍。而数据流通环境欠缺主要体现在数据流通标准不统一、数据流通准备不充分、协同性不足，以及严重依赖政府等方面。

（一）标准不统一

1. 涉密问题

目前对于数据的涉密性问题，我国主要的解决方式是签订双向的保密协议。虽然有助于国家和社会部分利益的维护，但是双向协议的磋商和签订成本极高，并且在遵守协议的过程当中，由于涉密内容并不精确，并且对于涉密内容的“秘密性”体现并没有明确的场景限制，因此，受到协议的桎梏，数据往往无法进行效用的最大化发挥。

2. 数据收集标准不规范

目前我国的数据收集标准并不全面和统一。中央没有出台具体完善的数据收集标准，仅仅是各个地方零星出台过针对当地的标准，但这些标准之间也存在不统一的问题。在缺乏数据收集标准的情况下，数据收集在技术层面上往往

体现为口径不一致的问题，各个数据、各个地区的口径不一致均会导致数据流通遭到环境技术方面的阻碍。更为重要的是，由于缺乏数据收集的标准，已经收集的数据也存在质量参差不齐的问题，这些质量问题在具体交易和共享中将会体现为诸如后期处理难度大、容易造成误导等外溢问题。

（二）准备不充分

准备不足则是流通环境欠缺的内在问题。在制度层面，无论是交易标准还是流通标准都没有明确的规则指引，并且在相关行业的监管层面也没有完善的法律法规进行规制，旧法的部分内容已经对数据市场的发展造成不利局面，同时一些新兴问题也没有办法用旧法完全解决。

在学术层面，我国学界并没有针对数据的几个关键性问题达成基本的共识，还处在百家争鸣的状态。同时对于数据处理等相关技术人才的培养也感知较晚，目前市场上相关技术人才十分缺乏，导致数据流通在技术层面上大受制约。

在市场的构建和政府的财政规划等方面，数据相关内容也并没有引起足够的重视，可见我国对于数据流通的环境准备并不充分。一些勇于探索的数据交易所等也存在着由于过度依赖政府而造成的需要层层汇报、缺乏灵活变通等情况。

（三）协同性不足

协同性也是数据流通环境中非常重要的一环，但是现在我国在协同性层面也存在基层工作人员不愿意学不愿意做、群众利用率低、企业强者越强现象严重等问题。

由于我国行政体制的特殊性，受到先前工作模式惯性的基层工作人员往往依旧愿意选择传统的模式进行工作，在政府数据共享之前，这些基层工作人员并没有接受充分的培训和学习，没有从根本意义上了解数据的重要性，这也就体现出在数据层面我国基层工作的协同性问题。

同时，数据等相关话题在广大群众中的普及度也不是很高，最根本的一点就是群众利用数据的频率较低，没有公开部分相关数据让群众感受数据汇聚和流通的红利，也就不能够实现群众对于数据的自愿汇聚和重视，到目前为止，我国群众对于数据的理解平均基本为零，大部分人还停留在隐私保护层面，而过度的宣传隐私保护反而使得群众对于数据汇聚和提供存在负面影响，这不利于数据的进一步流通。

其次，在数据流通领域，早先布局的头部企业占据大部分市场，中小企业只能依靠依附等办法生存，这导致企业之间协同性不高，不良竞争的流通环境也不利于数据顺利地进行流通。

第二节　元宇宙中的数据资产形态

区块链技术作为元宇宙的基础技术之一，在数据资产交易等方面能够弥补传统交易模式在数据资产形态领域的不足。在元宇宙当中，数字资产将以一种全新的交易模式和形态加以体现和流通。

一、数据资产的交易设计

与数据产品相比，数字产品的交易和定价市场的发展已较为成熟。数据产品的交易可借鉴数字产品，但由于数据的可复制性、低边际成本、可整合性和价值不确定性等特点更为明显，数据交易模式和卖方策略受应用场景、买方异质性和市场结构的影响更大。

（一）数字产品交易

数字产品的交易手段主要可分为：捆绑销售（bundling）、订阅和租赁式（subscription and renting）和拍卖（auction）。由于数字产品的低复制成本和买方异质性，对数字产品或服务进行捆绑销售十分普遍。Daskalakis et al.（2017）研究发现，单独对每单位的数字产品进行定价和大捆绑（grand bundle）都能达到收益最大化。① Haghpanah & Hartline（2020）研究表明，如果价格敏感型买家认为产品更具互补性，那么大捆绑是最佳选择。② 订阅指消

① C. Daskalakis, et al.,“Strong Duality for a Multiple Good Monopolist”, *Econometrica*, No. 3 (2017).

② N. Haghpanah, et al.,“When is Pure Bund ling Optimal?”, Technical Report, Working Paper, *The Pennsy lvania State University*, 2020.

费者支付固定价格之后可以免费使用一段时间平台内的数字产品服务，租赁指对单独每一次使用付费①。根据客户的产品使用率和价值的差异，平台的最大化收入决策有所不同。大多数平台同时提供订阅和租赁，并谨慎制定二者的价格，以使得使用率低的客户尽可能订阅数字产品，而使用率高的客户尽可能租赁数字产品②。

数字产品主要适用的拍卖方式包括赞助搜索拍卖、随机抽样拍卖和在线拍卖等。其中，"赞助搜索拍卖" 指通过对搜索引擎中的关键词进行竞价，从而为广告商等竞得展示内容的位置③。"随机抽样拍卖" (random sample auction) 是无限供应的数字产品实现真实反映竞拍者估值的典型方法，类似于"第二价格拍卖"④。这是因为数字产品的边际成本很低，"第二价格" 很可能接近零⑤。随机抽样拍卖将买方随机分为两部分，分别进行最优拍卖定价，各部分的买方最终能否成功竞得数据取决于其投标价格是否高于另一部分买方拍卖所定的最优价格⑥。此时，买方的出价与是否获得标的无关，只有按照真实支付意愿出价才可能获得标的。数字产品在线上进行交易时，不同客户往往在不同时间出价，"在线拍卖" 系统将在每个出价到达时作出竞拍成功与否的决定。Lavi & Nisan (2000)⑦ 和 Bar-Yossef et al. (2002)⑧ 分别对有限供给和无限供给条件下的数字产品的在线拍卖提出了激励相容的在线拍卖机制。

---

① S. Alaei, et al. ,"Optimal Subscription Planning for Digital Goods", *Social Science Research Network Working Paper*, No. 3476296 (2019) .

② J. Pei, "A Surveyon Data Pricing: From Economics to Data Science", ArXiv Working Paper, No. 2009. 04462, 2020.

③ S. Lahaieetal, " Sponsored Search Auctions ", In *Algorithmic Game Theory*, N. Nisanetal (eds), Cambridge University Press, 2007.

④ Vickrey, et al. ,"Counterspeculation, Auctions, and Competitive Sealed Tenders", *The Journal of Finance*, No. 1 (1961) .

⑤ J. Pei, "A Surveyon Data Pricing: From Economics to Data Science", ArXiv Working Paper, No. 2009. 04462, 2020.

⑥ A. V. Goldberg & J. D. Hartline, "Competitive Auctions for Multiple Digital Goods", ESA'01: Proceedings of the 9th Annual European Symposiumon Algorithms, 2001.

⑦ R. Lav & N. Nisan, "Competitive Analysis of Incentive Compatible On-Line Auctions", 2nd ACM (Association for Computing Machinery) Conferenceon Electronic Commerce, 2000, pp. 233-241.

⑧ Z. Bar-Yossef, et al. ,"Incentive-compatible Online Auctions for Digital Goods", SODA'02: Proceedings of the Thirteenth Annua Lacmsiam Symposiumon Discrete Algorithms, 2002, pp. 964-970.

（二）数据产品交易

数据产品交易按照应用场景可分为营销、风险规避和人员搜索三大类。其中营销是指运用数据列表（data lists）和数据追加集（data appends）等对消费人群进行分割、匹配、定位、营销分析和消费预测。风险规避主要应用于个人和机构等进行信用等级构建和诈骗检测。人力资源数据则多用于人员搜索应用场景。

尽管应用场景、具体的交易机制可能不同，数据交易卖方策略的核心思想主要是差异化产品和价格，或只选择部分买方进行交易①，其核心在于区分买方异质性，真实反映买方的效用。如果交易方的风险容忍度不同而卖方可以完全歧视，卖方倾向于对风险容忍度更高的买方收取更高的价格；如果卖方不能实现完全歧视，则会选择二级和三级价格歧视，促使买方自我选择②。

根据卖方对数据资产加工整合的精细程度，数据交易可分为直接交易和间接交易③。直接交易指卖方直接提供未经加工的原始数据，如消费者的年龄、收入等数据，这是大多数潜在客户开发公司和一些金融数据销售公司（如Bloomberg、Wind）采用的方式。间接交易指的是卖方通过对数据的整合再加工形成一定程度的标准品或数据资产组合。直接交易和间接交易都可以实现价格歧视。

1. 直接交易

当数据产品的价值可预期、部分可知时④，可以采取直接交易方式。此外，当数据的负外部性相对较小而买方的异质性过大，例如私有信息和需求不

---

① D. Fudenberg, et al. ,"Price Discrimination in the Digital Economy", In *The Oxford Handbook of the Digital Economy*, M. Peitz & J. Waldfogel (eds.), Oxford University Press, 2012; C. Shapiroetal, "Versioning: The Smart Way to SellInformation", *Harvard Business Reviere*, No. 6 (1998), pp. 106-106.

② A. R. Admatietal, "A Monopolistic Market for Information", *Journal of Economic Theory*, No. 2 (1986), pp. 400-438.

③ A. R. Admatietal, "A Monopolistic Market for Information", *Journal of Economic Theory*, No. 2 (1986), pp. 400-438.

④ Akcigit, et al, "The Role of Informationin Innovation and Competition", *Journal of the European Economic Association*, No. 4 (2016), pp. 828-870.

同导致买方对数据的组合要求迥异，导致卖方无法设计足够多的数据产品来满足所有买方的要求①，也可考虑直接交易。数字产品的捆绑销售、订阅租赁及各种拍卖方式均可一定程度上运用于数据产品的直接交易②。例如，卖方可将不同质量的数据产品捆绑销售③，通过低价销售或免费赠送低质量的数据产品，将支付意愿和质量需求高的买方导流到高质量付费产品上，从而获取更高的利润。卖方也可通过租赁或销售“部分数据”（partial information）的方式来识别高价值和低价值买方，因为高价值买方对部分数据的价值评估很低，因此更倾向于高价订阅完全数据④。

直接交易还可通过交互式协议（interactive protocol）进行动态机制设计⑤。假设市场仅存在一个垄断的数据产品卖方、一个购买数据追加集来优化营销和避险决策的买方，双方的私有信息分别是数据（关于世界状态的信息）和买方的估值。卖方主要有三种协议方式可选择：其一，通过密封信封机制（sealed envelope mechanism）向买方透露产品价格，买方决定是否购买，此定价方式下的数据产品被视为一般商品。其二，买方支付一定的价格可以获得卖方提供的数据随机样本，再决定是否购买（pricing mapping）。其三，卖方先向买方提供一部分随机数据样本，买方基于这部分样本判断整体数据的价值，再决定是否购买（pricing outcomes）。这种方式使得卖方可以根据买方的事后选择来判断买方类型并进行价格歧视。

2. 间接交易

间接交易主要适用于数据的网络外部性为负、外部性较强、买方相对风

---

① R. Admati, et al.,“Direct and Indirect Sale of Information”, *Econometrica*, No. 4 (1990), pp. 901-928.

② J. Pei, “A Surveyon Data Pricing: From Economics to Data Science”, ArXiv Working Paper, No. 2009. 04462, 2020. U. Akcigit, et al.,“The Role of Informationin Innovation and Competition”, *Journal of the European Economic Association*, No. 4 (2016), pp. 828-870.

③ P. Baake, et al.,“Vertical Product Differentiation, Network Externalities, and Compatibility Decisions”, *International Journal of Industrial Organization*, No. 19 (2001), pp. 267-284.

④ Jones, “Nonrivalry and The Economics of Data”, *American Economic Reviere*, No. 9 (2019), pp. 2819-2858.

⑤ M. Babaioff, et al.,“Optimal Mechanisms for Selling Information”, Proceedings of the 13th ACM Conferenceon Electronic Commerce, 2012, pp. 92-109.

险宽容时。此外，当卖方处于寡头或完全竞争市场时，由于卖方之间对彼此拥有的数据产品的信息不完全，没有卖方可以通过直接交易攫取更大的剩余，此时买方可采取众包、众筹等模式，卖方可在竞标成功后进行间接交易设计①。根据买方的异质性需求，卖方可以通过设计不同成本—收益的数据产品来筛选买方类型。以买方购买数据追加集进行风险规避和市场营销活动（比如是否对某个消费者借贷或推送广告）为例，Bergemannetal（2018）②指出，在卖方垄断、买方异质的市场中，由于买方交易前拥有不同的数据资产，且对销售数据产品质量的预判不一，买方对卖方手中的数据追加集的价值评估不同。卖方可以将这些数据追加集设计成不同的统计实验（假设检验）来筛选买方，买方是贝叶斯决策者，由此卖方可以通过买方选择的“一类错误、二类错误组合水平”来识别买方的私有信息，本质上是二级价格歧视。

结合数据产品价格和使用的负外部性，即数据资产价格对数据价值的泄露、数据资产的使用价值随使用者增多而降低的特点，数据供应商可通过设立基金、制定两部定价法（从量费用和固定费用相结合的方式）来实现任意数据资产的组合销售。数据价格的外部性越高，每股价格更高，两部定价法获利越大③。如果买方是异质的，且可能和卖方构成竞争，那么具有一定市场力量的卖方将同时参与数据基金的销售和二级市场的交易④。此时，卖方的利润不仅源于数据基金的销售额，也包括通过数据基金参与二级市场的投资收益。

---

① R. Admati, et al.,“Direct and Indirect Sale of Information”, *Econometrica*, No.4（1990）, pp.901-928.

② Bergemann, et al.,“The Design and Price of Information”, *American Economic Reviece*, No.1（2018）, pp.1-48.

③ S. Bhattacharya, et al.,“Delegated Portfolio Management”, *Journal of Economic Theory*, Vol.36, No.1（1985）, p.1.

④ M. S. Grinblatt & S. A. Ross, “Market Powerina Securities Market with Endogenous Information”, *The Quarterly Journal of Economics*, Vol.100, No.4（1985）, pp.1143-1143. R. Admati & P. Pfleiderer, “Selling and Tradingon Informationin Financial Markets Selling and Tradingon Informationin Financial Markets”, *The American Economic Review*, Vol.78, No.2（1988）, pp.96-103.

在直接和间接交易中，卖方亦可能只选择买方中的一部分人进行交易。Bergemannetal（2018）① 指出，当满足一定条件时（比如卖方提供给高、低类型买方的差异化产品的边际收益相等），卖方将仅向部分买方销售数据产品。考虑到数据的可复制性、易于转售等问题，数据交易最可能采取的方式是“价高者得”，也就是最终只有使用价值最大、支付意愿最高的企业能够使用该数据资产（Akcigit & Liu，2016）②。但“价高者得”是一个次优决策，并不能实现利润最大化。另外，随机抽样拍卖方式也是通过随机选择一部分买方的方式来促使买方反映自我的真实价值。

3. 数字产品和数据产品的差异

虽然数字产品和数据产品的交易模式存在相似之处，但二者也存在显著区别③。首先，数字产品的最小一单位，如一部电影、一篇电子文献本身是有价值的，而数据产品的最小一单位，例如一条匿名化的消费者购买数据记录，其本身的价值却微乎其微。因而数字产品可仅出售最小单位的量，而数据虽可以按条数计价，但大都以数据集出售。其次，数据产品的可整合性极高，与不同的数据集整合可形成不同的数据产品，因而防止数据套利是数据交易需要考虑的因素。数字产品虽然也因低复制成本而将不同数量、类型捆绑销售④，但捆绑与数据的整合有本质差异。最后，数字产品可以折旧后再消费、转售，且基本不影响使用价值，而数据产品的转售则至少存在两种情形：一方面，数据内容本身可以被复制、整合成完全不一样的数据产品进行再消费和转售；另一方面，间接交易、“一对一”制定的差异化数据产品的转售却可能受到极大限制。

---

① Bergemann，et al.，“The Design and Price of Information”，*American Economic Reviece*，No. 1（2018），pp. 1-48.

② U. Akcigit，et al.，“The Role of Informationin Innovation and Competition”，*Journal of the European Economic Association*，No. 4（2016），pp. 828-870.

③ J. Pei，“A Surveyon Data Pricing：From Economics to Data Science”，ArXiv Working Paper，No. 2009. 04462，2020.

④ Y. Bakos，et al.，“Bundling Information Goods：Pricing，Profits，and Efficiency”，*Management Science*，No. 12（1999），pp. 1613-1630. Y. Bakos，et al.，“Bundling and Competition on the Internet”，*Marketing Science*，No. 1（2000），pp. 63-82.

4. 数据交易技术和区块链的应用

针对数据交易存在的信息悖论、二次转售、道德风险等问题，传统交易技术和方法在一定程度上可以帮助解决部分问题。例如，运用预览、专家评估、声誉建设等方法，可以解决数据资产的信息悖论问题。运用密封信封（cryptographic envelopes）技术和专利权，通过审计、统计跟踪系统，可以帮助解决数据资产的可复制性问题。另外，还可以结合数据产品的可复制性，将数据商品与销售者希望广泛传播的其他数据进行捆绑销售，如投放广告来赚取额外收益（Varian，1999）①。但是，这些传统手段并不能从根本上解决问题，随着区块链和智能合约等技术的发展，上述问题得到了更有效的解决。

区块链（block chain）技术方案可以通过赋权、“零知识证明”（zero knowledge proof）②、完整记录交易过程、提供可信的执行环境等来缓解上述交易问题。区块链系统中的任意多个节点可以通过密码学算法，将一段时间内发生在系统中全部信息交流的数据计算和记录到一个数据块（block）上，并且生成该数据块的指纹用于连接（chain）下个数据块和校验。此时，系统所有参与节点将共同认定该记录是否为真，同时，每个参与区块链的节点的合法性可以得到认可，保证了交易节点的真实性和合法性。通过区块链上私钥和公钥的双认证技术，可以有效验证数据交易方的身份，确认交易环节是否如约进行③。另外，区块链技术生成数字时间戳（time stamp）可以对数据资产进行界权，同时有效地记录交易的时序。由于每个数据资产可以拥有独特的哈希值（hash value）和时间戳，数据资产一旦在区块链上被界权，后续的每一步操作都会被实时记录，很难被更改和删除，这也为解决数据资产二次转售无迹可寻

① H. R. Varian，“Markets for Information Goods”，In *Monetary Policyina World of Knowledge Based Growth*，*Quality Change and Uncerta in Measurement*，K. Okina & T. Inoue（eds.），Macmillan Press，1999.

② U. Feige，et al.，“Zero-knowledge Proofs of Identity”，*Journal of Cryp to Logy*，No. 2（1988），pp. 77-94.

③ D. Wang，et al.，“A Novel Digital Rights Management in P2P Networks Basedon Bitcoin System”，In *Frontiersin Cyber Security*，F. Lietal（eds.），Springer，2018.

的难题提供了思路。

区块链和智能合约的结合在解决数据交易的“信息悖论”问题和行为规范方面起到了不可忽视的作用。当智能合同通过区块链实施时，一旦交易前定下的条件得到满足，协议将自动执行，减少数据交易的欺诈可能性，规范交易秩序①。Hörner & Skrzypacz（2016）提出，假设卖方销售有关某状态好或者差的信号数据，买方对此数据产品的价值评估是公开信息，卖方可以设计自我执行合同来解决买方的失信问题。② Suetal（2020）提出了一个基于区块链网络和可信执行交易环境（trusted execution environment）来保证数据商品和支付的可信交易框架，避免了传统第三方交易平台截留数据进行转卖、买卖双方彼此欺瞒等道德风险问题。③ Sabbagh（2019）则针对数据音乐作品的版权保护问题提出了利用 *The Music Modernization Act*（MMA）14 建立的音乐作品数据库，结合区块链和智能合同来实施强制许可方案。④ Banerjee & Ruj（2019）提供了一个较详细的交易流程的理论方案，同时纳入法规来保证该设计具有可监管性。⑤

当然，区块链技术和智能合约本身亦存在数据隐私、可扩展性和互操作性等各类挑战⑥。区块链和智能合约目前尚无法完全解决数据资产的转售等问题。比如，数据持有人仍可以对原有数据稍做改变生成新的数据，虽然数据有所失真，但此时哈希值和时间戳并不能完全消除未经授权的转售等道德风险问题。

---

① Y. Chen, et al.,“Fa De: A Blockchain-based Fair Data Exchange Scheme for Big Data Sharing”, *Future Internet*, No. 11 (2019), p. 225.

② J. Hörner, et al.,“Selling Information”, *Journal of Political Economy*, No. 6 (2016), pp. 1515-1562.

③ G. Su, et al.,“BDTF: A Blockchain-based Data Trading Framework with Trusted Execution Environment”, ArXiv Working Paper, No. 2007, 06813 (2020).

④ R. Sabbagh,“Envisioninga Compulsory Licensing System for Digital Samples Through Emergent Technologies”, *DukeLaw Journal*, No. 1 (2019), pp. 231-265.

⑤ P. Banetjee, et al.,“Blockcha in Enabled Data Marketplace-design and Challenges”, *Computing Research Repository Working Paper*, No. 1811, 11462 (2019).

⑥ S. Underwood,“Blockchain Beyond Bitcoin”, *Communications of the ACM*, No. 11 (2016), pp. 15-17.

二、数据资产的应用场景

（一）数据资产交易的案例：以大数据交易所为例

1. 国内数据要素市场发展现状

当前，我国数据要素市场发展不平衡不充分问题较为突出，主要表现在以下三个方面：

第一，从总量上看，当前我国数据要素市场场内交易发育不充分、场外交易乱象频发问题比较突出。据调研，目前我国数据交易平台普遍规模较小，超过 50%的数据交易平台年流量低于 50 笔，大量处于停运或半停运状态，大量数据需求只能通过场外数据“灰市”甚至“黑市”完成交易。① 特别是大量互联网企业广泛收集个人身份信息，并进一步关联归集社交、生活、购物、出行等数据作为用户“精准画像”依据，这些数据一旦被泄露，就会成为“暗网”和数据“黑市”中的热门交易产品。近年来，涉及千万量级的用户隐私数据泄露事件已经不下数十起，主要来自“内鬼”盗卖和黑客两大渠道。

第二，从结构上看，数据要素市场部门壁垒、区域壁垒和产业壁垒依然突出。在政府层面，政务数据开放的动力机制尚未很好建立。政府数据开放刚刚起步，全国开放数据集规模仅为美国的约 11%，企业生产经营数据中来自政府的仅占 7%。在区域层面，各地政府牵头组建的数据交易中心同质化竞争严重，且往往受限于区域壁垒，服务半径很小，如武汉一度同时存在华中、长江、东湖三个数据交易中心。由于缺乏统一的数据要素市场交易规则和有效定价机制，导致每个交易平台都只是独立的小市场，阻碍规模化发展，服务能力不足，严重缺乏公信力。在行业层面，近年来互联网公司阵营划分界限逐步明晰，垄断现象开始凸显，形成“阿里系”“腾讯系”“百度系”等数据共享阵营，彼此之间数据壁垒森严，阿里数加、京东万象、腾讯大数据、百度 AI 交易平台等头部企业交易生态体系彼此竞争激烈，阻碍了数据要素市场的一体化步伐。

---

① 王璟璇等：《全国一体化大数据中心引领下超大规模数据要素市场的体系架构与推进路径》,《电子政务》2021 年第 6 期。

第三，从实际运行来看，支撑数据要素流通的交易要件体系尚未有效建立。数据尚不具备作为一种生产要素所必需的商品化、资产化机制，无法界定权属、无法有效定价、无法可信流通，企业获取政府数据、政府获取企业数据或企业之间交换数据，均存在巨大障碍。①

2. 确权基础决定数据要素形态

数据要素确权已经成为现有国家政策的要点之一，并通过交易所加以落实。这可以解读为只有数据确权才能实现有序交易。数据要素市场是将尚未完全由市场配置的数据要素转向由市场配置的动态过程，目的是形成以市场为根本调配机制，实现数据流动的价值或数据在流动中产生价值。

按照《关于加快构建全国一体化大数据中心协同创新体系的指导意见》要求，参照信息理论对信息价值的分类，在未来数据要素市场建设中，按照流通、交易数据要素的价值深度，可明确为四种要素形态：一是原始数据（0 阶数据），即通过物理传感器、网络爬虫、问卷调查等途径获取的未经处理、加工、开发的原始信号数据，零次数据是对目标观察、跟踪和记录的结果，例如气象领域的高空卫星原始信号、网络领域的网络流量数据包等。二是脱敏数据（1 阶数据），即为便于数据流通，确保数据安全和隐私保护，需要将原始数据中敏感或涉及隐私的数据进行脱敏处理后形成的数据。前两种要素形态都是数据本身。三是模型化数据（2 阶数据），如互联网企业用于精准营销的用户画像“标签”，其本身也是一种数据，但需要在原始数据基础上结合用户需求进行模型化开发，要素形态是“数据+服务”。四是人工智能化数据（3 阶数据），即在前三层数据之上结合机器学习等技术形成的智能化能力，比如人脸识别、语言识别等，其主要依托海量数据实现，要素形态则是服务。

数据要素市场旨在实现数据要素的市场化配置。从这个市场构成来看，首先，核心是汇集海量数据要素，特别是政府数据、企业数据，形成要素生态。其次，搭建促进数据要素流动的硬件（算力）和软件（算法）环境，结合当前数据要素市场存在的普遍问题，需在底层技术路径上构建数据资源调度、数

① 王璟璇等：《全国一体化大数据中心引领下超大规模数据要素市场的体系架构与推进路径》，《电子政务》2021 年第 6 期。

据可信流通、数据综合治理、数据安全防护等技术体系，为数据要素市场的运转提供基础设施支撑。最后，数据要素市场化配置需要建立在明确的数据产权、交易机制、定价机制、分配机制、监管机制、法律范围等保障制度基础上。因此，在设计顶层政策框架时，要进一步完善数据公共属性的权属安排，建立经济激励驱动的财税金融制度和立法监管体系。政策制度层、数据层和技术层都应当纳入数据要素市场体系的范畴之中，构建完善的数据要素流通的交易要件。

在顶层机制方面，依托促进大数据发展部际联席会议等，建立强有力的数据要素统筹管理机制。在确权立法方面，探索与欧美不同的“第三条道路”，在承认保护隐私权和财产权基础上，强化数据公共品属性，确立个人、企业、政府三边确权体系和技术框架。在监管创新方面，坚持放开事前审批与强化事中事后监管并重，实现正面引导清单、负面禁止清单和第三方机构认证评级相结合，强化多主体协同和线上线下联动治理。在风险防范方面，完善数据市场风险预警和应急处置，探索面向头部企业的数据安全备案机制，切实强化数据安全和数据隐私保护。①

3. 不以数据要素确权为前提

数据要素确权已经成为现有国家政策的要点，这一政策也可以解读为一旦将数据还原为信息本身，数据交易就和信息交换无异，也就意味着在不同数字市场中，不必然需要先行确权就可以实现其价值。事实上，从现有数据交易所的运作模式来看，主要是按照“原始数据不出域、数据可用不可见”原则对数据产品进行的挂牌交易，借助公共机构的权威性吸引特定领域的机构参与交易，并提供公信力和解决纠纷。

交易的对象主要是特定种类的数据分析服务或定向数据产品（特别是信用数据），例如，金融机构根据企业电力等能源的消耗数据参考决定如何向某些企业发放贷款等。在交易所发展的早期阶段，仍然容易将重点放在数据资产化和确权规则上，也就是脱离整个生态系统孤立静止地看待数据要素。如前所

① 王璟璇等：《全国一体化大数据中心引领下超大规模数据要素市场的体系架构与推进路径》,《电子政务》2021 年第 6 期。

述，离开生态系统的交易过程和既有互联网平台企业相比不会有太多优势，不仅难以吸引平台企业控制的数据进入交易所，甚至也难以对一般企业产生吸引力。在数字经济中，数据交易是长期活动而非一次性买卖，否则一次性交易未必能够反映其真实价值，这涉及生产和稳定供给问题，同时也需要有较为固定和开放的使用者，双方才能进行选择和匹配。

数据交易所在这个意义上就不同于其他商品或服务的交易所，而是应当起到进一步通过平台化转型开拓新型要素市场的社会功能，即通过降低信息成本带动各类新兴要素，特别是那些尚未充分数字化的要素，形成相关市场，培育相关特定平台企业。成熟的数据交易所需要思考整体上的数据要素市场结构，找准自身至少是在区域数字经济和相关产业链中的定位，摸清数字经济中数据资产的种类和生产潜力，寻求和其他平台企业有差异化的竞争优势。同时，也可以为有数据需求的中小企业提供普惠的公共服务，在互联网平台之外提供数据交易和应用的另一种可能性。

首先，数据交易所有必要以要素市场供给为中心的制度设计。这主要分为公共数据资源供给和第三方数据资源供给。就前者而言，公共数据开放已经成为地方政府较为普遍的实践，但尚未系统性地通过交易所释放公共数据资源，吸引社会数据资源。① 虽然一些地方政府开始探索公共数据授权运营，但公共数据的交易和以私人数据为主的数据交易所在现有地方政策架构设计中是分离的。② 因此，有必要逐步整合公私两类数据交易平台，强化供给侧，真正利用公共数据吸纳和带动更多社会数据加以循环利用。③ 就后者而言，将大量通过地下黑市交易的数据洗白进入数据交易所是一个有吸引力的设想，但就现有制度安排而言，交易所往往要求数据提供者通过第三方机构向其提供合乎数据安全法、个人信息保护法等数据保护规则的资质安全证明，尽可能降低交易风

① 参见胡凌：《论地方立法中公共数据开放的法律性质》,《地方立法研究》2019 年第 3 期。

② 近日，上海数据交易所完成了第二批 20 个数据产品挂牌，挂牌主体呈现多元化，包括央企、地方国资企业、民营企业等各类所有制企业，挂牌产品涉及交通、金融、通信等多个行业和领域。参见《上海数据交易所第二批数据产品挂牌！涉及交通、金融、通信等多个行业和领域》，见 http：//finance. sina. com. cn/jjxw/2022-01-28/doc-ikyamrmz8034787. shtml。

③ 参见胡凌：《数字经济中的两种财产权：从要素到架构》,《中外法学》2021 年第 6 期。

险。在这一合规高标准背景下，囿于成本，场外进行的非正式数据交易主体很难有动力转向标准较高的交易所，特别是很多数据仅仅是一次性交易。为了扭转这种状况，交易所有必要模仿互联网平台早期的逻辑和行为模式，以持续吸纳流动的私人数据为目标，设计特定种类的避风港规则，从整体上降低在交易所提供和获取数据的市场主体准入门槛和制度成本，在技术安全为底线的前提下，在特定领域对现有数据处理规则进行一定程度的变通，从而在短时间内汇集大量参与者产生规模效应。

其次，一旦形成稳定的上下游数据供给，数据交易所就需要同时推动市场基础设施的建立，包括对特定种类数据对象或主体的认证机制，数据分级分类的标准化机制，对数据质量和市场价值进行科学评估机制，形成新的数据供需网络，等等。这些基础设施将有助于提升待交易数据的质量和市场价值，进而便利数据要素在其他平台企业和交易所之间的双向流动。与第一点的思路类似，为了与互联网平台企业相区别，数据交易所需要进一步体现其普惠的区域经济和公共服务功能。这不是说，要通过行政指令强制互联网平台与交易所在数据资源上互联互通或共享，而是要探索连通基础设施，尽可能让更多的新型生产要素和中小初创企业接触基础设施和成熟市场，进而加快提升数据要素价值。特别地，数据交易所可以探索围绕数据生产主体即数字账户来设计新型交易规则。数据本身是账户主体行为的副产品，其价值有赖于实时和账户本身实现关联，而且数据越来越多地脱离真实账户（即背后的用户）需求而存在，从而降低数据的价值，而经过认证过程的账户本身可以不断生成有价值的行为数据，并将认证、评价和携带等功能整合在一起，形成面向未来的交易网络。

最后，数据交易所可以探索形成多层次多样态的数据交易和交换服务空间，而非单一的确权交易机制。只有广泛吸纳不同种类和层级的数据，才能在不同服务的比较过程中实现数据要素流动，根据实际需求变换价格。例如，对某种类型的信息可以免费提供，进而提供增值服务；又如，通过降低公共信用信息等成本的机遇吸引更多参与者，使其提供新类型的数据。

不论是免费使用还是有对价，数据交易的关键都在于不断优化市场环境和制度机制提升整体的数据价值，这无法通过简单确权实现。只有将数据交易所定位为数字经济中的一环，从生产系统的构建出发，才能摆脱既有单一和孤立模式，努力将自身嵌入区域数字经济的整体结构中，按照数字经济的规律服务实体经济和初创企业，形成可持续的安全市场秩序，成为包括数据要素在内的诸多要素流动的引擎。

（二）典型数字资产的案例：以碳汇为例

1. 碳资产的大环境

由全球气候变化问题引出的降低温室气体排放，进而出现的碳交易，使碳排放从科学领域跨越到金融领域。从碳排放权能通过交易市场在组织实体之间进行转换开始，对于组织实体而言，碳排放实质上成了一种特殊的资产——碳资产。碳资产是一个具有价值属性的对象身上体现或潜藏的所有在低碳经济领域可能适用于储存、流通或财富转化的有形资产和无形资产。这个对象，可以是企业，也可以是城市、地区，甚至可以是一个国家、民族，更可以对应于全球。从碳资产的定义来看，它不仅包含今天的资产，也包括未来的资产；不仅包括 CDM 资产，也包括一切由于实施低碳战略而同比、环比产生出来的增值。在全球气候变化问题愈演愈烈的时代背景下，碳资产的出现，将给排放企业带来前所未有的挑战和机遇，那些拥有碳减排能力的企业，不得不重新审视这种看不见摸不到的新型碳资产的价值。

自从 2020 年我国对全世界承诺“双碳”时间后，碳中和事业也被越来越多的人关注，特别是 2021 年碳交易市场上线后，一度成为各大投资人和企业的重点关注领域。2022 年，《中共中央　国务院关于做好 2022 年全面推进乡村振兴重点工作的意见》也同步强调了发展农业碳汇价值的指导意见，碳交易正在逐步深入每一个阶层大众。

2. 碳资产的数据要素

碳资产管理主要包括下列内容：

第一，数据管理，月、年度排放数据和未来预测，年度排放报告，排放核查文件，规避排放风险，协助第三方核查、维护数据信息化系统。

第二，政策分析，碳中和相关减排政策的研究、企业双碳目标设定和路径选择、碳市场和碳交易政策分析和应对方案。

第三，交易管理，跟踪市场动向和交易信息，结合实际盈缺预测和排放数据指定交易策略，利用拆借、掉期、远期、套期保值等方式对碳资产进行保值增值，利用绿色金融通过质押、回购、融资等手段进行风险控制和成本控制。

第四，资产管理，配额核算和申诉，新增设施申请和配额履约，战略开发和管理 CCER 项目，交易税务和会计记账指导。

碳配额是指按规定必须完成的温室气体减排指标。碳配额交易的实质，就是在一个原本是自由排放的领域，通过对排放上限的封顶，从而把不受约束的排放权，人为地改造成一种稀缺的配额的过程。配额的分配方式包括拍卖，即政府通过拍卖的形式让企业有偿地获得配额，政府不需要事前决定每一家企业应该获得的配额量，拍卖的价格和各个企业的配额分配过程由市场自发形成；免费分配，即政府将碳排放总量通过一定的计算方法免费分配给企业。还有一种混合模式，从国际经验来看，大部分碳交易体系都没有采取纯粹的拍卖或纯粹的免费分配，而是采用配额分配到第三种模式即“混合模式”。混合模式既可以随时间逐步提高拍卖的比例，即“渐进混合模式”，也可以针对不同行业采用不同的分配方法。

碳交易，即把二氧化碳排放权作为一种商品，买方通过向卖方支付一定金额从而获得一定数量的二氧化碳排放权，从而形成了二氧化碳排放权的交易。碳交易市场是由政府通过对能耗企业的控制排放而人为制造的市场。通常情况下，政府确定一个碳排放总额，并根据一定规则将碳排放配额分配至企业。如果未来企业排放高于配额，需要到市场上购买配额。与此同时，部分企业通过采用节能减排技术，最终碳排放低于其获得的配额，则可以通过碳交易市场出售多余配额。双方一般通过碳排放交易所进行交易。第一种情况，如果企业减排成本低于碳交易市场价时，企业会选择减排，减排产生的份额可以卖出从而获得盈利；第二种情况，当企业减排成本高于碳市场价时，会选择在碳市场上向拥有配额的政府、企业或其他市场主体进行购买，以完成政府下达的减排量目标。若未足量购买配额以覆盖其实际排放量则面临高价罚款。通过这一套设计，碳交易市场将碳排放内化为企业经营成本的一部分，而交易形成的碳排放价格则引导企业选择成本最优的减碳手段，包括节能减排改造、碳配额购买或碳捕捉等，市场化的方式使得在产业结构从高耗能向低耗能转型的同时，全社会减排成本保持最优化。

目前我国碳交易市场有两类基础产品，一类为政府分配给企业的碳排放配额，另一类为核证自愿减排量（CCER）。2020 年 12 月发布的《碳排放权交易管理办法（试行）》指出，CCER 是指对我国境内可再生能源、林业碳汇、甲烷利用等项目的温室气体减排效果进行量化核证，并在国家温室气体自愿减排交易注册登记系统中登记的温室气体减排量。第一类，配额交易，是政府为完成控排目标采用的一种政策手段，即在一定的空间和时间内，将该控排目标转化为碳排放配额并分配给下级政府和企业，若企业实际碳排放量小于政府分配的配额，则企业可以通过交易多余碳配额，来实现碳配额在不同企业的合理分配，最终以相对较低的成本实现控排目标。第二类，作为补充，在配额市场之外引入自愿减排市场交易，即 CCER 交易。CCER 交易指控排企业向实施“碳抵消”活动的企业购买可用于抵消自身碳排的核证量。“碳抵消”是指用于减少温室气体排放源或增加温室气体吸收汇，用来实现补偿或抵消其他排放源产生温室气体排放的活动，即控排企业的碳排放可用非控排企业使用清洁能源减少温室气体排放或增加碳汇来抵消。抵消信用由通过特定减排项目的实施得到减排量后进行签发，项目包括可再生能源项目、森林碳汇项目等。碳市场按照 1∶1 的比例给予 CCER 替代碳排放配额，即 1 个 CCER 等同于 1 个配额，可以抵消 1 吨二氧化碳当量的排放，《碳排放权交易管理办法（试行）》规定重点排放单位每年可以使用国家核证自愿减排量抵销碳排放配额的清缴，抵消比例不得超过应清缴碳排放配额的 5%。

碳核查，是指第三方服务机构对参与碳排放权交易的碳排放单位提交的温室气体排放报告进行核查，以确定提交的排放数据有效。碳交易是实现碳中和的重要一环，参与碳交易的企业主动申报碳排放量，然后根据国家给予的碳排放配额进行交易。为确保企业申报的碳排放量真实有效，必须由具有第三方资质的机构对其进行核查，因此碳核查是碳交易的必要前置工作。生态环境部发布的《碳排放权交易管理办法（试行）》已于 2021 年 2 月 1 日起施行，其中对碳核查作出规定。

各地也有一些碳普惠的政策，比如上海市发布关于公开征求《上海市碳普惠体系建设工作方案》意见的公告。该工作方案明确以习近平生态文明思想为指导，以“人人低碳，乐享普惠”为核心理念，坚持“低碳引领、合力推进、公众参与、逐步深化、示范创新”，积极开发碳普惠减排项目，探索纳入个人减排场景，拓宽完善消纳渠道，为中国核证自愿减排量（CCER）项目提供有效补充，助力我国多层次自愿减排市场体系建设，构建可持续发展的碳普惠体系，打通上下游碳普惠价值链，将碳普惠打造成为上海践行绿色低碳发展的重要品牌，让绿色成为城市发展最动人的底色。其中重点任务之一就是建设碳普惠系统平台。依托“随申办”平台，运用区块链、大数据、物联网等数字技术，建立具备减排量核算、备案、签发、登记、管理、交易、价值兑现等功能的经济、准确、安全、高效、便捷的碳普惠系统平台。在公平性与开放性基础上，引入商业资源，整合社会力量，广泛对接各类碳普惠项目和场景，尝试与商业碳积分平台连接。降低系统接入成本，提升碳普惠平台数据收集的准确性，保障参与方信息、数据的隐私安全，提升项目及场景的审核效率，提升用户操作的便捷度，并为管理部门决策提供有效支撑。

3. D-REC 案例

D-REC 描述了太阳能系统与其他可再生能源供应商如何被纳入一个完全自动化的 MRV-循环，从而导致环境代币的发行。主要包括以下程序：

（1）生成 D-REC 的过程。

①一个太阳能设备作为太阳能家庭系统，被当地开发商或系统供应商安装在医院、小学或中小企业上。

②使用统计数据评估和参考数据，以数字方式追踪和验证可再生能源的产生和消耗/交付的数量。

③被监测的电力记录被反馈给一个聚合器，该聚合器向一些开发商提供数据管理服务。如果开发商自己的 IT 骨干能够进行可核查的监测，就不需要聚合器。

④监测到的数据被传给 D-REC 发行人，发行人可以进行额外的数据检查和验证，将收到的与安装的监测器得到的数据进行比较。

⑤D-REC 发行人将其连接符合国际标准，遵守适用的发行法规。

⑥D-REC 发行人发出一个 D-REC 令牌，对应一个标准的证书。

⑦D-REC 代币被带到市场上，由企业买家购入

⑧地方可再生能源系统供应商获得收入。

（2）监测。

在金融监管领域，存在“监管缺位”和“不作为”问题，以及“灯下黑”问题，明明已经制定和出台了监管的相关法律法规以及规章条例，但制定监管办法的监管部门自身却不予以实施和执行，导致政策得不到落地。在 D-REC 监测中也存在这些问题。

（3）发放。

运用能源网络基金会的区块链应用 Energy Web Origrin 创建一个由买方、卖方、资产所有者和监管机构组成的数字登记册系统，以监测和发行数字货币的转让。

创建一个数字市场，用于交易、索赔和报告 EAC，并与现有的 EAC 登记处整合。

对于 D-ERC，能使发电设备在登记处进行自我登记、自我报告其数据，从而进入相关的 EAC 市场①。

（4）代币化。

在第二步中，系统直接监测到数据，而不需要发行人实现授权，做到这一点，将一个发行模板连接到平台，所有利益相关者信任并授权自动传输生成的数据。D-ERC 代币具有可替代性与不可替代性，也就是说 D-ERC 结合了代币的可替代部分与不可替代部分。其中可替代部分比如美元，不可替代部分比如个人身份。在案例中，安装的设备信息和生产时间为不可替代的部分；该设备在一定时期产生的电量为可替代部分，电量可以被分为任意的小单元，但仍与特定设计及生产时间相联系。

---

① Unlocking the Business of Sustainability Through Tokenization Marley Gray，Microsoftand IWA Chair JohnLee，见 https：//interwork. org/webinars。

第三节　元宇宙中数据的价值实现

元宇宙的出现带来的是经济活动的生态改变以及传统的生产链和价值链改变，这也就意味着数据价值的实现并非由传统的经济规律所决定，而是受到元宇宙所带来的科技规律的影响，甚至传统经济规律会在元宇宙中被科技规律完全改变。

一、数据价值的本质

马克思在《评阿瓦格纳的〈政治经济学教科书〉》中对价值进行了介绍，"如果说，'按照德语的用法'，这就是指物被'赋予价值'，那就证明：'价值'这个普遍的概念是从人们对待满足他们需要的外界物的关系中产生的"①。对于价值本质的探讨，显然离不开对物体之间关系的解释。生产要素的价值本质在于其对于生产活动的多方面、多层次的效能，属于绝对概念。也就是说，数据的价值本质要在数字化的生产关系以及所有生产活动的发展、变化中进行考量。数据是"作为合格或量化符号存储或传输事实的表示"。与其他生产要素相比，数据具有非竞用性、客观性等特征，其本身没有固定的意义，同一组数据往往能够适用于多个主体的异质化需求。在以数据为基础所构建的网络空间中，现实世界中的实体经过数字化的中介之后以虚体的形式进行系统性呈现，这种虚体与实体的有机结合在一定程度上克服了物理世界对信息交流的约束，使得那些原本只有通过面对面进行互动的主体之间可以进行跨时间与空间范围的沟通。虚体会根据实体数据的实时反馈作出必要的适应性修正，保证二者的一致。主体之间通过网络空间即可全面、实时地了解彼此的情况，增进协同。协同不仅体现在价值供给效率的提升，而且有助于通过创新迭代以维持供给与需求的动态匹配。

（一）客观逻辑下虚体与实体的有机结合

人类社会从工业化向数字化过渡，数据向各领域渗透、推进，触及全方位

---

① 《马克思恩格斯全集》第 19 卷，人民出版社 1963 年版，第 406 页。

变革。随着移动互联网、物联网、5G 等技术的应用与普及，人类行为以数据的形式得到更为客观的记录与保存，形成以另一种形式存在的网络社会。在网络社会中，每个虚体都客观、综合地反映了所对应的现实实体，虚体间建立的数字主线加快了信息、数据的共享与传播。主体之间构筑众创空间，对虚体进行在线观察来掌握彼此的具体状况，有效地缓解信息不对称，更好地增进合作的深度。跨时间、跨区域、跨群体的价值交换主导着新的商业逻辑，虚体与实体的有机结合进一步扩大了市场边界。

除了对实体给予虚拟展示，虚体还被赋予一定的分析、学习能力，即通过对数据池的深度学习建立人工智能，培养“类人化”思维。与人类相比，机器在体力劳动的产出与成本上具有更为明显的优势。物联网、传感器、通信技术的发展，使得机器越来越擅长于处理汽车驾驶、业务决策、医疗诊断等需要一定认知技能的工作。从认知层面来看，人工智能都是在模仿人类智能，目的在于增强人们价值评价、选择、决策的理性程度。在这个过程中，人类行为被解读为计算机语言并形成机器记忆。人与机器围绕生产活动进行智慧协作，在减少冗余环节、降低人为风险的同时，促进生产效率、产品质量的改进。根据中国工业和信息化部发布的《2019 年通信业统计公报》，2019 年，固定数据及互联网业务收入达到 2175 亿元，同比增长 5. 1%，移动数据及互联网业务收入达到 6082 亿元，同比增长 1. 5%，数字技术应用有力提振了产业生态合作和新兴业务培育。协作增多的直接结果便是数据池的规模不断扩大，为知识范式归纳和自动化模型精度修正提供了丰富的素材，持续缩进虚体与实体的细微差异，人与机器的界限变得模糊。正是凭借对大数据的分层分类挖掘所训练出多层次神经网络，AlphaGo 战胜了韩国棋手李世石。从技术上看，AlphaGo 较好地结合监督学习和强化学习的优势，解决了围棋的复杂性技术应用。另外，AlphaGo 还开启了自我对弈模式，向数据池源源不断地注入新数据，在“感知、分析、行动、反馈”的工作闭环下保持迭代过程的循环反复，为下一版本推出奠定基础，也为围棋选手日常训练提供好的棋谱。

（二）创新视角下供给与需求的动态匹配

在数字经济和第四次工业革命中，数据处于核心地位。数据流动能够产生显著的经济价值并且带动技术、资本、人才的全球流动，优化资源配置与整合。生产要素流通加快，促进了市场上新需求显现，为创新提供了指引，这也恰是传统产业转向高质量发展的一个必要条件。受益于数据驱动，创新链、产业链、人才链深度融合，为市场创造更多的价值。具体而言，数据驱动创新主要表现为发掘新的产品和服务、加深对市场需求的洞察与即时响应、优化生产及分配过程等。其中，最突出的一点在于，数字技术应用使得创新活动的重心从生产转向服务，“制造业服务化”趋势日益明显。随之而来的是，企业之间围绕产品体验的改善建立起全面、深度的合作，创新扩散效应进一步扩大，“大规模定制”的生产模式具备了在技术与经济上的可行性。以数据流通为痕迹而建立的数字主线打破组织壁垒，串联起每个业务部门以及终端消费者，组织边界变得虚化。数字主线连接供求两端，促进信息双向扩散，形成价值传递闭环。计算机基于算法模型的最优方案，评估规模经济与范围经济的现实性与有效性，完成对生产要素的调度与安排，组织能够依据终端消费者的需求，在全球范围对资源进行数字化配置，进而构建起针对需求变化的自适应机制，进一步打开跨界合作的新空间，完善对市场不确定性、复杂性的处理与应对。数字化转型的纵深推进，使得组织可以依托计算机的协助，按照解决问题的导向进行灵活调整。人机共融提高了组织内部响应消费者需求的速度与效率，计算机在高层决策者与一线执行者之间搭起信息传递桥梁。让最有效率的人与资源在最合适的地方从事生产活动，也有利于智力资本集聚，激发新的创意。根据华为与牛津经济研究院于 2017 年 9 月联合发布的《数字溢出：衡量数字经济的真正影响力》，数据驱动技术创新是传统行业未来增长的重要动力，预计到 2025 年，高度数字化场景将给全球 GDP 带来 1.7 万亿美元的贡献，而发展中国家所面临的机遇和风险均高于发达国家。

网络虚体构建完成了对产品的全方位展示，产品结构层层分解，一些不易被发现的微观特征也能够进行清晰细分。数据驱动进一步强化了生产活动的版本化和模块化特点①，也增强了技术对机会利基（由技术进步所带来的人类对

① 戚聿东、肖旭：《数字经济时代的企业管理变革》，《管理世界》2020 年第 6 期。

现象加以把握的机会）的精准捕捉以及市场供给对需求变化的快速调整。新技术不断涌现，机会利基总是处于持续复杂化和不断发展变化中。企业结合实时数据挖掘需求变化，对产品的某一模块进行即时替换，对其他兼容性模块进行相应升级，以组合式创新来完成性能的添加与升级，对机会利基作出更快反应。从需求端导入的市场信号，决定了模块组合的方式，多个模块的排列变阵能够传递出不同的使用价值，也是供求两端维持动态均衡的必要条件。比如，微信利用对使用体验的数据挖掘，对最早的通信功能持续更新，之后还陆续添加了视频号、支付、看一看等新功能，一边堵上漏洞、解决痛点，一边创造需求、触动痒点。

二、数据价值化

（一）数据与数据要素市场

数据，即对客观事物的数字化描述或记录，被普遍认为是无序的、未经过加工处理的原始素材。数据资源是能够参与社会经营活动、可以为使用者或所有者带来经济效益、以电子方式记录的数据。数据是否为数据资源取决于其是否具有使用价值。而数据要素是参与社会经营活动、为使用者或所有者带来经济效益、以电子方式记录的数据资源。数据资源是否为数据要素取决于其是否产生经济效益①。

数据要素市场指的是数据要素再交换与流通过程中形成的市场，数据要素市场既包括数据价值化过程中的交易关系或买卖关系，也包括数据交易的场所或领域，即包括数字平台。数据要素市场的改革与完善是推动数据价值化的重要抓手，需要深化数据市场化配置改革，促进数据要素自主有序流动，从而畅通数据价值化实现之路。

（二）数据与现代信用体系

数据是量化信用的基础。社会信用体系作为人类文明进步的重要表征，对维系社会秩序的良性运转具有十分重要的作用。目前我国正在建立的社会信用

① 史德年：《数据价值化与数据要素市场发展报告》，中国信息通信研究院，2021 年 5 月 27 日。

体系偏向广义，即包含经济交易信用体系和社会诚信体系在内的社会信用体系。因此，对于信用数据的需求愈发广泛，数据价值化的实现愈发重要。

数字时代商务信用体系创新的整体是全链条、全覆盖、全过程和平台化的。依托新一代数字技术手段，企业可连续采集采购、生产、流通、消费等全链条的动态信息，用于商品溯源和评估企业的信用。除此之外，数据要素在信用评估过程中实现其使用价值，即反映市场主体信用状况，并通过评级机构与券商交易实现经济效益。

（三）“三化”框架

数据价值化即以数据资源化为起点，经理数据资产化、数据资本化阶段，实现数据价值化的经济过程，是数字经济发展的基础①。

数字资源化是使无序、混乱的原始数据成为有序、有使用价值的数据资源，包括数据采集、整理、聚合、分析等，形成可采、可见、标准、互通、可信的高质量数据资源。这一过程是激发数据价值的基础，本质是提升数据质量，形成数据使用价值。

数据资产化是数据通过流通交易给使用者或者所有者带来经济利益的过程，是实现数据价值的核心，本质是形成数据的交换价值，初步实现数据价值的过程。

数据资本化分为数据信贷融资与数据证券化两种方式。数据信贷融资是以数据资产为信用担保的融资方式；数据证券化是数据资产未来产生现金流为偿付支持，通过结构化设计进行信用增级，发行可售流通凭证获得融资的过程，包括 IPO、重组并购、D-ABS 等。数据资本化是拓展数据价值的途径，本质是实现数据要素的社会化配置。

数据从最初的数据资源原材料到被加工成产品、进入流通、实现价值增值，最终才能实现数据在市场中起到资产配置、资本衍生的作用，呈现完整的“三化”过程。资源、资产、资本“三资”一体管理广泛应用在矿产开发、土地转化等工业转型过程中，高效地推进了松散资源的价值实现。

---

①　史德年：《数据价值化与数据要素市场发展报告》，中国信息通信研究院，2021 年 5 月 27 日。

（四）"东数西算"工程

信息和数据技术会对未来人类的区域经济格局产生根本影响。2022 年 2 月 16 日国家发展改革委等部门联合印发文件，在 8 个地区启动建设国家算力枢纽节点，并规划了 10 个国家数据中心集群，全国一体化大数据中心体系完成总体布局设计，具体指通过构建数据中心、云计算、大数据一体化的新型算力网络体系，将东部算力需求有序引导到西部，优化数据中心建设布局，促进东西部协同联动。简而言之，"东数西算"工程是充分利用西部潜在酸锂资源优势以减轻东部数据运算压力，从而更好地为数字化发展赋能。

由于我国数据要素资源整体分布严重不平衡，所以这一工程的意义在于将数据作为基础性要素（资源）进行调动，从而优化资源配置，实现数据要素价值化转变。"东数西算"工程旨在通过合理配置使得数据的价值与数据的变现价值趋于统一。随着数据算力枢纽、国家级一体化交易中心的建成，数据流通、数据交易将真正自由化进行，数据要素的价值才能充分发挥①。

（五）数据价值化发展趋势

数据作为新型生产要素，其商品属性，即作为可以用于交换或出卖的具有使用价值和流通价值的产品这一属性愈发巩固。由于数据价值化的进行，数据流动性、收益性、风险性等易化特征不断出现，从而使得数据具备了保值增值，甚至融资的能力。

一种商品或要素的金融化需要满足一定的前提，但是数据要素在进入"三化"框架后，其中金融属性较差、价值较低的原始数据逐渐被人们关注并改造，从而获得流通价值和金融价值。这一现象一定程度上说明了数据不同于一般商品的特殊性，笔者将其理解为潜在经济价值过大且可挖掘程度高。同时，数据也被认为是数字经济时代的"现金"②，与货币相类比。围绕数据提出的"数据银行"等概念会充分调动金融资源并赋予更多数据产业链上下游

---

① 金骋路、陈荣达：《数据要素价值化及其衍生的金融属性：形成逻辑与未来挑战》，《数量经济技术经济研究》2022 年第 7 期。

② 金骋路、陈荣达：《数据要素价值化及其衍生的金融属性：形成逻辑与未来挑战》，《数量经济技术经济研究》2022 年第 7 期。

的商品以金融属性，并且这一金融化过程很难被遏制。

类似于水权、林权等权益产品的金融化思路，数据要素的金融化不仅有益于数据要素市场发展，更能发挥协调市场参与主体、实现多方共赢的作用。因此，推动数据要素金融化对缓解我国数据要素时空分布不均、利用效率低下等问题都具有重要现实意义。

有研究指出，数据资源更多地体现为无形价值的增长，受时空影响大，因此对数据要素的载体即定价仍须寻求合理范围。① 由此引出大量对于数据要素定价的研究，其中国内主流观点分为两种，一种是以要素的商品属性为载体进行数据估值，另一种是以数据要素金融属性为衍生依据进行数据要素定价。数据商品交易市场对各类混乱的原始数据进行标准化操作并主要基于供需关系对数据产品进行估值，强调数据产品使用权的交易；数据金融交易市场，发挥其价格发现功能，结合数据要素或产品的当期商品价值以及未来现金流的折现价值推断其合理价格区间，并进行交易。

（六）数据价值化的挑战

根据研究分析，中国数据价值化未来研究的重难点在于如何提升数据要素归属权的保护效果和使用效率，即数据要素的确权问题。

如果只强调数据的资源优势，而忽视资源管理以及权属认定，那么数据资源的优势也会因为数据非独占、复制成本低等特点变为资源劣势。对于国家、地方政府、数据企业或者数据要素创造的个体来讲，数据要素的资源优势一旦被过度利用或过度开发就会造成资源流失，最终导致市场主体失去创造数据要素价值化、金融化发展的先天优势。

并且，有关数据要素的保护、开发、利用问题，在兼顾数据利用的同时确保数据要素安全。在考虑数据要素确权和数据要素安全两方面的要求下，数据要素价值化必须从整体考虑，高标准、全面保护数据、认识数据的特有属性。

此前便有研究提出构建多层次数据交易体系，并建立健全交易监管体系，从数据交易审批到平台职责与权限明晰再到数据用途管制都要符合有关政策和

---

① 黄科满、杜小勇：《数据治理价值链模型与数据基础制度分析》,《大数据》2022 年第 4 期。

条例，避免数据交易过程中由于无序经营所带来的监管风险。并且，数据要素资产化、金融化的发展离不开资本的支持，其实质就是数据要素拥有者与资金拥有者之间互动交易的过程。

三、共票制度为数据流通提供制度框架

“共票”是区块链上集投资者、消费者与管理者三位一体的共享分配机制，同时也能对数据赋权、确权、赋能，能为以数据为核心的数字经济激发新动能。基于中国实践的原创的共票理论，以众筹思想构建区块链新的发展方向，推动区块链技术回归本源，在理念上可以引导区块链应用转向正轨，也为规制者治理区块链提供方向、目标和规制工具，真正促使各方回归科技让生活更美好的初心，并通过共票释放众筹与区块链的制度创新潜能。①

数据与共票的关系是复合的，共票不仅能为数据赋能，也可以通过数据提升区块链治理的效率。政府对于新科技业态发展与决策是建立在与之相关的特定数据基础之上的，这些特别的数据对于政府之于新科技的态度与具体的规制策略、方式、介入时机都有重大关系。过早的规制会损害创新的初始动力，过晚的规制会导致“空窗期”的发生，在此期间创新可能异化与畸变。

因此，需要构建能够随时发掘、采集、追踪数据的有效机制。共票机制结合内嵌的智能合约与区块链的不可篡改的记录性质，可以一比一智能匹配一段数据串，实现数据聚合、匹配与追踪，对海量的数据进行自动化分析，结合人工智能、大数据、云计算等前沿技术，辅助规制机关实现技术驱动型的治理。

同时，过多的冗杂数据和非结构化的数据会造成信息堆积，空耗资源的同时还会提供错误的信息，对此，还需要赋予关键数据、结构化数据以特殊价值。一旦共票与数据嵌合，某一段数据可以被单独标识，并在不断使用、交换、再使用、再交换的循环中以单一匹配的共票作为定价工具在公开交易市场中实现价值发现的功能，进而亦可锁定高价值特殊数据。

在价值发现的同时，另外一个关于数据的重大问题也一并可以得到解

① 杨东：《“共票”：区块链治理新维度》,《东方法学》2019 年第 3 期。

决——如何推动数据拥有者主动积极共享数据的问题，共票可以通过赋予数据分享与再分享以价值，数据不再是无价值之物或者一次性交易品，而是可以通过共票在不断分享中增值以回报初始贡献者。

第 六 章

元宇宙数字资产

依靠元宇宙的区块链技术优势，数字资产交易获得了空前的跨平台高流通性，成为本轮元宇宙发展的重要机遇与应用场景。在元宇宙世界中，与传统世界类似，部分情况下数字资产也将具备稀缺性与相应的价值，并能够被构建出属于用户的成熟的经济模型。① 元宇宙世界的全场景、数字与现实融合应用的特点，成为汇聚数字资产的天然场域，让数字资产的价值得以充分释放。可以认为，元宇宙世界数字资产的出现，一方面赋予元宇宙技术新的功能意义与价值，另一方面增加了政府对国家经济运行的监管难度，对传统法律体系提出了一系列挑战，值得予以全面且深刻的思考。

因此，本章首先结合元宇宙数字资产的业态，现实考察其中最为重要的两个形态——虚拟货币与 NFT，寻找数字资产能够在元宇宙世界发挥价值的原因；其次对元宇宙中已经或可能出现的各类数字资产，结合各个标准予以详细分类；再次聚焦元宇宙数字资产可能存在的风险，对此前数字货币交易所发展和风险等进行回顾；复次以元宇宙世界发展最为迅速的 NFT 行业进行介绍，探索其在元宇宙世界与实体经济结合后可能带来的价值；最后引入一类特殊的数字资产——碳金融，充分结合国家战略方针政策，发掘元宇宙世界中，数字资产潜在的绿色价值与实现途径，试图在元宇宙世界与现实世界实现数字资产的共同价值。

① 任兵等：《时空再造与价值重构：面向未来数智治理的元宇宙》，《电子政务》2022 年第 7 期。

第一节　元宇宙数字资产的业态及现实考察

元宇宙与数字资产的产生时间存在先后，前者发展基本始于2021年，但后者的出现与区块链技术的出现几乎处于同一时期，因此数字资产与元宇宙相结合的形态仅仅是数字资产业态之一。数字资产具有多种形式，为理解元宇宙数字资产，无法笼统地对其业态进行统合的考察，为此我们将呈现几种主流的数字资产，如以比特币等为主的虚拟货币、NFT对其业态进行简要的考察。

一、虚拟货币

（一）国内虚拟货币的现状

目前来看，我国在2021年通过《国家发展改革委等部门关于整治虚拟货币“挖矿”活动的通知》（发改运行〔2021〕1283号）（以下简称“1283号文”）和《关于进一步防范和处置虚拟货币交易炒作风险的通知》（银发〔2021〕237号）（以下简称“237号文”）已经对虚拟货币采取了“一刀切”式的处理，可以认为，上述两份文件的出台对于国内虚拟货币整体行业的影响是毁灭性的。

在比特币挖矿方面，中国迅速地在1283号文出台后实现了对比特币挖矿的清退工作。根据剑桥大学的数据，中国在比特币挖矿算力的全球占比方面从2021年年中开始一路暴跌。在2021年5月时，中国比特币开采算力占全球总算力的43.98%，而如今已经归零。①

在虚拟货币相关的交易机构方面，2021年9月24日以后，一系列虚拟货币相关的机构迅速撤出中国市场，见表6-1。中国已经要求银行与支付机构针对虚拟货币的交易所进行识别，全面排查涉及虚拟货币交易的资金账户，完全杜绝其交易资金支付链条，显现出我国对于比特币等虚拟货币叫停的决心。

---

① 《中国打击比特币后，美国成为最大比特币挖矿中心》，2021年10月15日，见https：//baijiahao. baidu. com/s？ id=1713654801645280215&wfr=spider&for=pc。

表 6-1 针对虚拟货币交易机构措施汇总表

机构	主营业务	措施
比特大陆①	比特币矿机商	2021 年 10 月 11 日起，停止向中国大陆地区出货，并已完成了多批以中国云南和新疆为代表的中国清洁能源发电工程碳指标采购
蚂蚁矿池	比特币矿池	2021 年 10 月 15 日起，停止中国大陆 IP 接入，并上线 KYC 系统
火币	加密资产交易所	2021 年 9 月 24 日起，停止中国大陆地区新用户注册，将于 12 月 31 日 24 点前清退存量内地用户
Token Pocket	加密资产钱包	将仅仅保留钱包的基础服务功能，除此之外的交易相关部分功能服务将停止面向中国大陆用户

（二）国外虚拟货币的现状

在国内虚拟货币市场遭到毁灭性打击的同时，虚拟货币在国际市场上依然处于蓬勃发展的阶段。这种“蓬勃发展”可以从投资者规模扩大和虚拟货币相关金融衍生品种类增多两方面来表现。

从投资者数量来看，比特币在全球范围内的投资者数量处于增长状态。例如，根据“比特币专家”（Bitcoinist）的有关数据，截至 2021 年美国的虚拟货币投资者数量持续增长。2019—2021 年，比特币投资者增长至原来的三倍。②

从金融衍生品类型来看，有关数字资产的金融衍生品风靡云涌。例如，从 2017 年 12 月 11 日，美国市场陆续出现了一系列数字资产相关的金融衍生品，具体情况如表 6-2 所示。

表 6-2 美国市场金融衍生品情况汇总表

产品类型	上线时间	交易所
比特币期货	2017 年 12 月 11 日	芝加哥商业交易所

① 比特大陆的中文官网为 https://www.bitmain.com.cn，其已只保留招聘信息。相应地，比特大陆的英文官网依然存在矿机出售，见 https://shop.bitmain.com/product/detail?pid=00020211020222347007029A6g3E05D4。

② 《数据：目前十分之一的美国人投资加密货币》，2021 年 9 月 5 日，见 https://new.qq.com/omn/20210905/20210905A01ZSV00.html。

续表

产品类型	上线时间	交易所
比特币期权	2020 年 1 月 13 日	芝加哥商业交易所
以太坊期货	2021 年 2 月 8 日	芝加哥商业交易所
比特币期货 ETF	2021 年 10 月 19 日	纽约证券交易所

二、NFT 行业发展

根据 Nonfungible 官网统计，2020 年 NFT 行业总体市值突破了 3.3 亿美元，与 2019 年相比增加一倍以上；2021 年 NFT 行业更是取得爆炸性增长，单单二季度市场交易额就高达 7.5 亿美元；整体来看，NFT 所含项目类型广泛，相关领域游戏数据、数字艺术、电子域名、元宇宙产品等。

国内 NFT 市场也在迅速发展布局，多家大型互联网公司均逐步上线相关平台服务，如腾讯、阿里巴巴、网易等。目前阶段 NFT 产品最主要的应用场景在数字版权领域，其价值体现在能够有效解决数字艺术品的版权确认、市场发行、流通监控、盗版规避等困难，并且从积极意义上丰富商业化方式。NFT 还进一步为元宇宙世界中虚拟物品的数字资产化提供解决方案，带动虚拟商品的流通交易与价值重估。可以期待，未来 NFT 行业的拓展将极大程度丰富应用场景，并且可能成为构建元宇宙世界的基础工具之一。

以阿里巴巴为例，2021 年 5 月，阿里巴巴推出 NFT 数字艺术专场，拍卖艺术家万文广等多件数字艺术品。2021 年 6 月，支付宝粉丝粒小程序中限量发售敦煌飞天和刺客伍巴六七的支付宝付款码皮肤 NFT。2021 年 8 月，由阿里拍卖平台与新版链合作并于全国范围内发起“区块链数字版权资产交易”频道，为诸如文学、美术、音乐、漫画、动画、游戏等领域的著作权人提供一个对自己数字艺术品确权认证、上链交易的可能性；阿里拍卖平台提供名为“光笺”的 NFT 藏品存证及展示平台服务，允许使用者通过支付宝、微信等多个渠道访问，并且允许生态系统内合作方的链上 NFT 藏品提供跨链接入服务。

同月，阿里巴巴在拓展 NFT 业务的同时，对二级市场的发展与规范进行探索，其在支付宝平台公布最新版《蚂蚁链粉丝粒用户服务协议》，明确禁止使用者对于支付宝内 NFT 产品的炒作，初步建立基于自身或合作方平台、区块链的产品转让机制。

然而，当前国内 NFT 发展存在较大的局限性，第一，目前 NFT 运营与其诞生初衷也存在些许错配，即各个 NFT 项目依然主要依赖中心化的运营商，很难实现真正的去中心化；第二，NFT 行业如何实现从技术突破、概念创新到商业模式创新、交易生态优化，依然存在较大的探索空间；第三，目前 NFT 行业受到国家政策的影响比较明显，诸多场景的应用均需要得到监管许可。因此，国内 NFT 行业目前如若希望能够获得与海外同等竞争力，需要相关法律规范予以明确指引，以期实现国内 NFT 整体市场的发展红利，助力元宇宙世界的实现与数字经济的发展。

第二节　元宇宙数字资产的分类

元宇宙中数字资产种类繁多，且大部分继承自区块链数字资产。面对繁杂的元宇宙及区块链数字资产，需要科学地对其进行分类研究。以日本、美国和德国为代表的主要国家已经在数字资产分类研究方面进行了大量的有益尝试，所以本节将先对主要国家和地区关于区块链数字资产的分类状况做初步考察。同时，在国别研究之后，本节尝试以监管视角为分类标准对区块链数字资产进行进一步的分类研究，并重点对支付领域和融资领域加以阐述。

一、主要国家和地区关于区块链数字资产的分类状况考察

在世界范围内，日本较早地通过修改国内立法的方式对数字资产进行了规制，且在具体实践方面积累了大量案例。美国作为数字资产创新和交易最为发达的国家，其也在国内多部门监管方面取得了较多实践方面的经验。同时，德国作为欧盟成员国中对数字资产较为审慎的国家，也在数字资产的分类方面采取了与国际通行做法基本一致的分类标准。

（一）日本关于区块链数字资产的分类状况

1. 基于经济本质的分类

2019 年，日本对数字经济领域相关法律进行修改时，将“虚拟货币”修改为“数字资产”①，这是由于比特币等基于区块链技术的非国家主权代币最初出现的一段时间，国际货币基金组织（International Monetary Fund，IMF）、反洗钱金融行动特别工作组（Financial Action Task Force on Money Laundering，FATF）等国际组织在描述该经济现象与问题时使用的“虚拟货币”（virtual currency），但自从 G20 峰会宣言开始，该类代币被通称为“数字资产”或“加密资产”（crypto asset），避免使用者误将其作为与法定货币相关的虚拟形式货币。日本本次修改，采用“数字资产”的翻译方式，即将此类代币认定为使用了“密码学算法”的存在于互联网的虚拟资产，明确了其作为市场投资对象的属性。②

依照比特币等数字资产的经济属性，可以将首次代币发行③的数字资产进行类型化，且主要聚焦于以下三类：第一，投资型数字资产，该资产的持有人能够根据相关协议、条款取得向发行人的利益分配请求权，因此也被称作证券型代币；第二，其他权利型数字资产，该资产的持有人虽然不能获得对发行人的利益分配请求权，但是能够请求其提供相应产品或服务，即被称作功能型代币；第三，无权利型数字资产，此类资产持有人不能获得对发行人的请求权，仅获得能够用以实现支付功能的代币，即支付型代币。④

2. 基于监管视角的分类

考虑到基于区块链等不同新兴技术，形成各类代币，并且在经济属性上特点各异，因而需要利用体系化、分层化的监管规则进行规制。日本法语境下，数字资产和电子记录移转权的表述较为相近，事实上二者存在同样的外延，并

---

① 或译作“加密资产”，日语：暗号資産。

② 杨东、陈哲立：《数字资产发行与交易的穿透式分层监管》，《学习与探索》2020 年第 10 期。

③ 基于区块链技术的各种代币（Tokens）被广泛发行和交易，许多初创企业发行自己独有的代币，并向公众募集比特币等“虚拟货币”，这种商业模式被称为首次代币发行（initial coin offering，ICO）。

④ 杨东、陈哲立：《数字资产发行与交易的穿透式分层监管》，《学习与探索》2020 年第 10 期。

且被数字资产这一概念所确定。有基于此，结合对象是否具备可投资的属性，日本数字相关法律将数字资产区分成《金融商品交易法》下使用的电子记录移转权和《资金结算法》下使用的数字资产。①

《金融商品交易法》根据不同类型有价证券之流通性大小，将其分为两类，分别是流动性较高的“第一项有价证券”，主要包括部分传统有价债券，如股票、债券；流通性较低的“第二项有价证券”，主要包括非上市投资基金份额等投资产品。并在此基础上区分以分层化的信息披露与不正当竞争等规则体系，此外所要求的交易牌照也存在差异。2019 年修法之前，投资型代币曾经能够用以集合投资计划份额的权利凭证解释，并且被纳入前述第二项有价证券。但是考虑到区块链上自由流转的可能性大大增加了投资型代币的风险，日本金融厅提出应当将投资型代币作为第一项有价证券予以监管。因此，在修正案中，该投资对象被称为“电子记录移转权利”，与《资金结算法》对数字资产的定义类似。此外，出于提高监管效率的考虑，《资金结算法》补充规定排除《金融商品交易法》中电子记录移转权利于该法所监管的数字资产的范围之外。②

3. 以经济本质划分法律概念的相邻边界

在日本法律中，集合投资计划是有价证券的兜底条款，由三个积极要件、四个排除要件组成。③ 由于投资型代币之外的代币同样能够转售盈利，因此如

---

① 杨东、陈哲立:《数字资产发行与交易的穿透式分层监管》,《学习与探索》2020 年第 10 期。

② 杨东、陈哲立:《数字资产发行与交易的穿透式分层监管》,《学习与探索》2020 年第 10 期。

③ 集合投资计划的三个积极要件是:(1) 投资要件:出资人投入金钱等;(2) 共同事业要件:所出资的金钱用于开展一定的事业(出资对象事业);(3) 收益分配要件:出资人拥有权利,可以从出资对象事业所产生的收益中获得分配。四个排除要件是:(1) 直接参与要件:所有出资人直接参与出资对象事业的;(2) 约定出资人享有的收益不得超过所出资金额的;(3) 保险合同、互助合同等其他法律有特别规定的;(4) 政令规定的其他情形,目前包括仅以注册会计师或律师为当事人的情形。日本法中集合投资计划的构成要件直接来源于美国证券法中的 Howey Test 标准。美国证券法规定了投资合同(Investment Contract)作为证券的兜底条款,联邦法院在一系列判例中确定了 Howey Test 标准,用以检验一项交易是否属于投资合同,具体要件是:(1) 利用金钱投资;(2) 投资于共同事业;(3) 对获得收益有合理预期;(4) 投资者被动性要件:收益主要依赖于投资人以外的人的努力。在判断 ICO 代币是否属于证券时,日本的集合投资计划和美国的投资合同所涵盖的范围既有共性又有差异,主要涉及收益分配要件和直接参与要件的解释。参见杨东、陈哲立:《数字资产发行与交易的穿透式分层监管》,《学习与探索》2020 年第 10 期。

何选择收益分配要件的解释，将很有可能决定这些代币能否被视作有价证券。一般认为支付型代币不属于证券，理由在于支付型代币通常具备去中心化属性，不与其他业务相关，难以适用现有信息披露规制。可以认为，收益分配要件对于功能型代币的影响程度最为深远。

与美国相比较，日本对收益分配要件拥有更狭窄的解释，集合投资计划的收益分配要件通常出现在发行人承诺直接分配收益的场景。本次修法引入电子记录移转权利概念，同时阐明电子记录转移权利的概念只影响投资型代币，功能型代不属于《金融商品交易法》的监管对象，侧面表达了功能型代币本质上不具备金融属性的观点。①

（二）美国关于区块链数字资产的分类状况

根据是否符合联邦证券法“投资合同”规定的豪威测试（Howey Test），美国关于区块链数字资产的分类状况：分为证券类数字资产、非证券类数字资产。豪威测试包含两大重要组合原则：第一，针对特定事业、主体的金钱投资；第二，期待该投资产生收益，且收益源自第三方的努力。② 对于证券类数字资产，由美国证券交易委员会（United States Securities and Exchange Commission，SEC）监管，数字资产证券发行、销售层面，SEC 目前很大程度上依据豪威测试判断数字资产构成“投资合约”与否，从而判断其是否能被归属入“证券”，而若符合判断标准，发行、销售各方均被要求事前于 SEC 注册或申请豁免。此外，数字资产证券发行对象如果没有在“全国性证券交易平台”上流通，应当额外满足发行对象所在的美国各州不同的证券法。

不符合标准、未经授权的数字资产证券发行行为已经成为 SEC 处罚的主要对象。在其交易、流通领域，存在交易平台和经销、经纪商的两类监管要

① 杨东、陈哲立：《数字资产发行与交易的穿透式分层监管》，《学习与探索》2020 年第 10 期。

② 然而，即便一项数字资产可能符合“证券”定义，也不代表所有相关标的都会被作为“数字资产证券”而被 SEC 所监管，还需要满足以下三个判定条件：（1）涉及向美国公民销售证券或提供相关服务；（2）在组织形式上，个人、公司甚至去中心化组织形式均可以成为证券发行或提供相关服务的主体；（3）以法定货币或数字资产形式销售证券或提供相关服务，并不影响监管效力。

求：（1）一旦提供跨州范围的、“多对多”模式的证券撮合服务，不论是否存在去中心化的架构，只要存在影响证券交易的可能性，均应当于 SEC 作为“全国性证券交易平台”注册或取得豁免所要求的各项条件；（2）一旦涉及为第三方数字资产证券交易，无论是否符合“交易平台”认定标准，招徕购买、买卖经销的行为在行使前，均需要于美国金融业管理局作为“证券经纪—经销商”注册。

（三）德国关于区块链数字资产的分类状况

在数字资产发展过程中，在支付领域和融资领域具有显见的脉络性和差异性。对应的主权国家据此对数字资产作出了分类。此处以德国为例，介绍主权国家对虚拟代币作出的分类，并且着重介绍使用代币的特征。在德国法律中，数字资产如何进行分类存在初步共识，即区分为货币代币、投资代币与使用代币三种，并且在这三类之上的混合或细分。

第一，货币代币主要指诸如比特币、以太币等被用作普遍意义上支付手段所投入使用的代币，特点为此类数字资产用以购买的商品和服务并不与特定的网络交易供应商绑定。

第二，投资代币主要体现的价值是未来的支付、共同管理权或共同表决权。投资代币中最为著名的实例是“DAO”（decentralized autonomous organization）。根据 DAO 的协议，DAO 币的拥有者可以在互联网上通过投票的方式共同作出投资决策，DAO 币的拥有者之间就此成立了一个民事合伙性质的社团。投资代币构成有价证券，必须纳入金融市场的监管之中。德国联邦金融服务监管机构将此类代币定性为“一种独立类型的有价证券”，并且指明此处其有价证券的属性应仅从监管法的意义上去理解。与使用代币类似，投资代币同样存在一级二级市场的划分，需要注意的是，在二级市场进行交易时，要区分该投资代币究竟是代表了一种单纯关于未来支付的债权，还是也包含一种成员资格。如果投资代币的具体构造表现为一种企业份额的代币化，则其还需要受到相应商事法律的规制。①

① 于程远：《论民法典中区块链虚拟代币交易的性质》，《东方法学》2021 年第 4 期。

第三，使用代币存在确定的发行人，代币的拥有者基于使用代币而对该发行人享有一定权利。根据莫伦坎普的观点，使用代币具有两大重要作用：其一，使用代币具有稳固货币代币价值的作用。因为使用代币在货币代币与现实价值之间建立了桥梁，使得货币代币作为支付手段的特质在现行经济秩序之下得以保障。其二，使用代币简化了对财产客体以及相关权利的处分流程，人们只需解决如何对简化后的流程在法律上进行评价的问题。

二、监管导向下区块链数字资产分类的逻辑

当前数字资产所呈现的各种类别，乃是其历史发展过程中逐渐进入应用领域之后，实践者和学者根据其不同的本质特征、应用特征等作出的分类，也因为应用场景及特征的差异而产生了分类监管的必要性。数字资产的底层架构离不开区块链，且最初以比特币存在，根据哈耶克的货币非国家化理论，呈现出基于技术的对传统金融体系以银行为核心的中心化模式的一次突破与变革。①以下将以比特币作为研究对象，阐述分类监管的必要性逻辑。

（一）存在的逻辑

为满足去中心化的“点对点电子货币系统”的现实追求与交易需求，比特币存在技术支持与经济原理方面的保障。经济原理方面，该核心为形成有效激励方案，让诸多分布于网络空间且缺乏联系的参与者能够同时进行分布式作业，在获得自己利益的同时，也完成了对整体网络的维护。其中的比特币即为激励方案内的“燃料”，是参与者在一定体系下进行网络维护、交易记账所取得的对应报酬。在该模式中，信任得以借助共识机制形成，例如挖矿过程中的工作量证明机制，将自主篡改区块链账本的成本大幅度提升且会造成经济方面的不利影响，继而鼓励矿工维护网络体系安全，同时凭借努力获取比特币这一反馈激励。可以认为，在整个区块链架构系统中，存在天然的“结构公正性”，并且于该“闭环”架构中，通过不同参与方（用户和矿工）的共识，比

① 李敏：《融资领域区块链数字资产属性争议及监管：美国经验与启示》，《现代法学》2020 年第 2 期。

特币能够行使类似货币的部分职能。①

（二）支付领域

随着世界范围内使用比特币的用户数量增加，其逐渐形成了公众的共识，且能够行使货币所具备的“支付工具”职能，将影响的范围扩展至网络空间以外的实际生活。例如，微软等企业逐渐接受用户将比特币作为支付方式。随着网络交易与现实商业社会对于比特币的需求均超出参与方“挖矿”取得的数量时，针对比特币的流通交易也逐渐出现。但是，在二级市场中的比特币并没有稳定的价值与锚定，其几乎完全受到供需关系影响而存在极大的波动，甚至可以认为“币值不稳”严重限制了比特币的“初心”实现，即绕过传统银行系统并取代国家法定货币的构想。

（三）融资领域

各类代币等数字资产的出现突破了区块链技术出现最初所蕴含的信任环境。ICO 的数字代币与最初出现于区块链体系中的比特币不同，比特币由前文所述具备天然的“结构公正性”。数字代币的价值将基于发行时的具体权利约定及其可实现性来判断，这也导致数字代币单能作为某种“财产权”表现，底层的区块链架构所扮演的身份是独立“保管人或公证人”，拥有安全地记录代币持有人获得产品、服务或资产（该资产源于区块链网络自身或链外）的权利。当数字代币与链外资产所有权或使用权关联时，在一定程度上打破区块链技术自身所蕴含的信任范围，增加了如下两项被忽视的复杂性：一是与资产服务相关的复杂性（为投资者利益而管理真实世界中的资产收益）；二是与受托服务相关的复杂性（如果出现差错，代表投资者的利益行使权利）。②

第三节　元宇宙与数字货币交易所

随着数字资产价值逐渐显现，数字货币交易价也迅速崛起。即将成为数字

① 冯洁语：《论私法中虚拟货币的规范体系》，《政治与法律》2021 年第 7 期。

② 李敏：《融资领域区块链数字资产属性争议及监管：美国经验与启示》，《现代法学》2020 年第 2 期。

资产更加重要的创造产生地——元宇宙世界中，数字资产价值的实现路径、模式与可能存在的风险值得关注，数字货币是重要的元宇宙数字资产形态之一，因此可以借助对数字货币交易所的发展与风险之回顾，寻求元宇宙数字资产的治理之道。

一、数字货币交易所简史

比特币随着区块链技术的出现，诞生于2009年，继而引发了数字资产整体行业的飞跃式变革发展。可以将数字货币交易所的发展历程进行归纳总结，并且列明四个重要节点作为研究的重点。

第一个发展时期是野蛮生长时期，时间范围为2010年至2014年。2010年2月6日，是世界范围内数字货币交易所的第一次诞生，主要交易对象为比特币，名为“Bitcoin Market”。但是此后发生了著名的交易所风险事件——“门头沟事件”。2010年7月19日，名为Mt. Gox的数字货币交易所诞生，2014年2月，该数字货币交易所发生黑客入侵事件，非法窃取该交易所用户存有的比特币共计75万枚，同时也为交易所本身造成10万枚比特币的损失，统计损失高达4.5亿美元。自此，安全风险成为始终笼罩在“中心化交易所”头顶的乌云。

第二个发展时期是证券市场的复制与突破时期，时间范围为2014年至2017年，主要参照对象为证券市场的传统规则与交易模式。部分数字资产的衍生品，例如OKCoin期货合约，在诞生时受到了数字货币市场的高度关注。此后新平台也逐渐发展，不断丰富数字货币所能够进行交易的种类。此时的数字货币交易所不仅有撮合交易的属性，还是发掘区块链技术之上各类创新的重要主体，为各类新项目能够有效流通于市场提供平台。但是，随着数字货币交易所的增加，其他行业平台对数字货币的关注与ICO泛滥，交易所开启了鱼龙混杂的时期。①

第三个发展时期是币币交易与“空中楼阁”时期，时间范围为2017年至

---

① 杨东：《监管科技：金融科技的监管挑战与维度建构》，《中国社会科学》2018年第5期。

2020年。在这一时期，中国对数字资产采取了相应措施，于2017年9月4日关停国内运营的数字货币交易所。此后，云币被关停，而火币、OKCoin等数字货币交易所则将业务转向海外。这一时期，只允许数字货币之间交易的“币安”（Binance）崛起。这一时期，数字货币交易所内交易对象和交易模式已非对传统证券交易所的简单复制，而是更有数字资产世界特点——平台币混合股票与通证功能，可以享受交易所分红的同时参与治理，将社区和用户利益深度绑定。

第四个发展时期是去中心化交易时期，时间范围为2020年至今。去中心化金融（DeFi）自2020年开始崛起，由此引发了去中心化的数字货币交易所（DEX）爆发式增长。去中心化数字货币交易所具备全开源、不剥夺用户数字资产所有权的优势，有效提供了数字货币领域交易的新范式，从而赋予其更多可能性，与元宇宙世界的出现和发展共同作用于数字经济发展的新模式。

二、数字货币交易所：证券交易所+券商+SEC+银行+期货公司+创投

在发展的绝大多数时期，数字货币交易所与传统的证券交易所存在非常多的共同之处，并且具备相同的主要功能，即撮合交易。但是与传统的证券交易所相比，能够提供面向数字货币更多的服务，扮演更多的身份角色。例如，三大知名数字货币交易所——币安、火币、OKEx不仅提供数字货币本身的交易服务，数字资产世界特色的独家承揽承销、挖矿等服务，还允许用户在平台上进行存贷款、托管，拓展了衍生品交易服务，扮演着传统行业中银行、证券公司、期货公司等身份。值得关注的是，上述三大数字货币交易所在交易比特币等代币的同时，衍生出了各自的平台币，2021年3月15日市值分别达到了390亿美元（BNB）、27亿美元（HT）、10亿美元（OKB）。平台币具备多种功能，发行方是否回购方面，类似于传统股票交易，还具备一定的“会员制服务”特点，即交易所定期回购、向持有者分红，持有者还可以获得交易费折扣，参与交易所新项目等。在这一基础上，数字货币交易所的平台币有效突破传统股票和凭证之间界限，较为接近主流的基于区块链的其他数字资产。

三、数字货币交易所的风险

然而，数字货币交易所始终存在着各类风险，且以“监守自盗”和信任危机为主要症结，这也充分体现在世界范围内及我国数字货币交易所发展历程的重要节点。首先，2014 年“门头沟事件”发生，不仅黑客入侵的风险成为现实损害，交易所监守自盗的传闻也相伴发生。其次，在首例被怀疑“监守自盗”的交易所事件发生后，使用者长期存在交易所会定点爆仓、恶意宕机以牟取私利的不信任，为中心化数字货币交易所的发展带来了强烈的信任危机。最后，监管政策也成为数字市场中参与者所面对的“风险”，2017 年中国关停数字货币交易所的决定、美国禁止未经许可的交易所发行运行的规制，均为数字货币交易所的发展形成了相当的合规障碍。

第四节　元宇宙与 NFT

NFT 与元宇宙结合非常紧密，其真正价值在于对数字世界的资产进行确权，并在此基础上促使资产交易流转。可以认为，元宇宙世界能够将 NFT 作为元宇宙权利的实体表现，这改变了过去工业时代的资产的确权交易流转的模式，具有很强的革命性。当前 NFT 交易场所尚在发展阶段，但是其与金融市场结合、与实体经济结合，都能带来深远意义，而存在于元宇宙的数字资产，也将在此基础上，更加充分地实现上述价值。

就元宇宙的定义而言，学界目前还未达成共识。目前的共识是：元宇宙是包括社交平台、内容平台和经济系统在内的虚拟世界，其中社交平台、内容平台和经济系统是建立在区块链算法、规则和区块链数字货币基础之上的。① 笔者认为，元宇宙的本质是基于区块链世界所形成的数字孪生空间，是对现实世界的虚拟化、数字化的过程，是数字世界内涵与外延的拓展，元宇宙的构建问题本质上就是数字资产问题。在元宇宙经济与实体经济的交融、互动中，NFT

---

① 郑磊、郑扬洋：《“元宇宙”经济的非共识》,《产业经济评论》2022 年第 1 期。

的价值锚定功能发挥着重要作用，NFT 的出现，使数字资产不再需要进行大规模的标准化的交易，点对点、分布式、个性化的交易成为可能。通过区块链和 NFT 技术能够把非标准化、个性化、独一无二的东西，在元宇宙世界中进行低成本甚至零成本的交易，这是对人类过去几百年工业革命形成的中心化、大规模交易的颠覆和革命。为此，NFT 被称为可赋能万能的“价值机器”。

NFT 的出现一改以往虚拟商品交易模式，创作者从此能够直接通过个人劳动创造生产虚拟商品，并与其他用户进行交易，几乎与现实生活中的商品交易别无二致。NFT 提供了不依靠第三方登记机构即能够实现的虚拟产权交易，类似于现实生活中的钥匙，其提供了一种数据化的权利转移与形式的“钥匙”，元宇宙基础程序能够通过对 NFT 的识别功能以确认用户权限。能够期待的是，未来的元宇宙世界可能将 NFT 作为确权凭证，极大提高数字资产交易流转的效率，轻松实现元宇宙世界中各项权利的金融化，并且推动元宇宙世界权利去中心化。

一、NFT 交易市场

（一）OpenSea

OpenSea 是全球最大的加密收藏品和非同质代币（NFT）数字市场，包括 ERC721 和 ERC1155 资产。用户可以购买、出售和发现独家数字资产，如 Axies、CryptoKitties、Decentraland 等，建立由真正的数字所有权驱动的全新经济体。OpenSea 是第一个也是用户量最大的数字商品市场，其中包括收藏品、游戏物品、域名、数字艺术和其他由区块链支持的资产。①

（二）SuperRare

SuperRare 由以太坊区块链认证，是一个社交市场，用于交易加密货币和来自世界各地艺术家的独一无二的数字艺术品。其愿景是创建适合数字时代的全球艺术经济。一旦用户拥有一件作品，就可以在二级市场上将其转售给其他收藏家。艺术家自定义个人资料后，可向世界各地的顾客在 VR 画廊、数字显

① OpenSea 官网，见 https：//opensea. io/。

示器或任何其他地方展示相关作品。①

（三）Rarible

Rarible 是社区治理基础上的以创作者为中心的 NFT 市场，即第一个社区拥有的 NFT 市场。RARI 是 NFT 市场 Rarible 的原生治理代币，旨在奖励活跃并对平台的未来发表意见的平台用户。②

具体的交易方式有英式拍卖、荷兰式拍卖、固定价格三种方式。第一，英式拍卖为卖家以最低价格提供待售商品并等待出价。一段时间后，卖方接受最高出价。第二，荷兰式拍卖为卖家先以难以置信的高价提供待售商品，然后随着时间的推移逐渐降低价格，当价格达到等于买方对货物估价的水平时，买方几乎可以立即购买并收到该物品。第三，固定价格为传统的“立即购买”交易，卖家以一个价格列出一件商品，价格永远不变，买家可以随时购买。

二、NFT 与金融市场结合

对于一部分人而言，持有 NFT 仅仅是用于娱乐和收藏，就像古董收藏家一样，但对另外一部分人而言，持有 NFT 的目的是为了获得经济回报，通过低买高卖的方式赚取利差。当 NFT 与 DeFi 相遇后，NFT 生态系统构想了两种机制来提高流动性——NFT 指数基金和 NFT 碎片化。

（一）NFT 指数基金

NFT 指数基金是一种金融工具，与 ETF 类似，追踪一揽子 NFT 集合的价值。NFT 指数基金最早由 NFTX 平台发明，NFT 的持有者将 NFT 存入平台，作为交换，持有者通过挖矿的方式获取 ERC20 代币。

例如，NFTX 和 NFT20 均为 NFT 交易、指数化的平台，旨在为 NFT 交易提供更高的流动性。NFTX 和 NFT20 均提供指数基金，但两者的具体方法不同，相较而言 NFT20 的方法更加灵活，但是流动性风险也更大。NFTX 的指数基金利用双层架构的方式。③ 第一层是把 NFT 存入 NFT 池来换取 vToken（1：

---

① SuperRare 官网，见 https：//superrare. com。

② Rarible 官网，见 https：//rarible. com。

③ NFTX 官网，见 https：//nftx. io。

1 的方式兑换）。一个 vToken 代表着可以从 NFT 池随机换回一个 NFT 的权益。第一层明显的不足是用 vToken 换回 NFT 时，所得到的 NFT 是随机的，这在某种意义上阻碍了用户存入 NFT。第二层是将所有第一层资产放入一个统一的资金池，这个资金池反映了大部分 NFT 的价格。NFT20 允许用户存入 NFT，并通过挖矿的方式获取 NFT20 代币，例如一个 NFT 兑换 100 个 NFT20 代币，这种并非 1∶1 兑换的方式事实上提供了用户部分持有 NFT 的可能。①

（二）NFT 碎片化

NFT 碎片化平台将基于 ERC721 或 ERC1155NFT 转化为基于 ERC20 的同质代币。碎片化机制允许用户确定代币的兑换比例（例如，1 ERC721 = 100 ERC20），以及持有权和持有份额。

在 NFTX 平台上，用户只能出售或持有整个 NFT，但是，在 NFT20 平台上允许用户更灵活持有转化为 ERC20 的代币，代表着 NFT 一部分的所有权。总而言之，NFT 碎片化过程很类似资产证券化的过程，即以某项资产的净现值作为抵押，发行有价证券的过程。这种操作释放了流动性，使得资产可以灵活交易，但同时带来了巨大的流动性风险。

NIFTEX 支持铸造被称为 shard（分片）的碎片化 NFT，并且适用于多种类型的 NFT。该平台将发起者（或所有者）的权利和链上治理权赋予其分数持有者。它在帮助用户为一系列 NFT 铸造碎片的同时，也保证碎片持有者享有原始 NFT 的治理权。原始 NFT 产生的收益都可以被分配给碎片持有人。NIFTEX 技术团队最初采用 Uniswap V1，后来推出了 NIFTEX V2 版本，并决定打造独立的交易机构。据悉，NIFTEX 占用了创作者的版税，因此平台为原始艺术家保留了所有分片的 5%。此外，NFT 艺术作品发行平台分配的交易版税也是 NFT 艺术家的部分收益来源。但是当 NFT 碎片化时，NFT 碎片的销售不会涉及版税，因为原始 NFT 被锁定在智能合约中。为此，NIFTEX 开创了一项名为艺术家交易费版税的新功能，将部分碎片化的交易费分配给创作原始 NFT 的艺术家。“NIFTEX 为碎片化 NFT 引入了买断条款，即使购买者没有集齐所

① NFT20 官网，见 https：//nft20. io。

有的碎片，也可以购买相关的 NFT。假设一个 NFT 有 100 个可用碎片，触发买断的最低条件为持有至少 10% 的碎片。如果买家想以 100 ETH 的价格购买整个 ETH，触发买断的条件是买方需要准备 10 个碎片和 90 个 ETH。如果要取消买断，碎片持有者需要以 10 ETH 的价格买下这 10 个碎片，这一系统设计是为了防止无效交易。”CoinGecko 分析师卢修斯·方（Lucius Fang）说道。Unicly 推出一种名为 uToken 的非同质化共享 Token，uToken 由 Unicly 账户锁定 NFT 集合来获得，代表持有者对 NFT 集合的所有权和治理权。Unicly 使用 UNIC 作为治理代币（股权代币），被质押的 UNIC 对应相关的 xUNIC，xUNIC 的持有者可以获得分红。如果想解锁集合，需要 uToken 持有者发起投票，达到投票门槛才能解锁集合，只有解锁后才可以赎回原始的 NFT。

（三）NFT 定价与借贷

1. 定价机制

目前，Upshot 和 Showtime 在定价平台处于领先地位，Upshot 通过预测市场（DMI-mechanism）来对 NFT 定价，Showtime 通过社交媒体来评估 NFT 的流行性以对 NFT 定价。

Upshot 是一种使用评估游戏来激励人们诚实回答主观问题的协议。其第一个产品旨在通过支付专家进行诚实评估来为 NFT 提供有效的价格发现机制——为专家解锁新的机会并启用许多强大的新 DeFi 原语。

Upshot 评估平台的核心部分涉及随机选择评估师，他们将在为 NFT 定价时考虑他们的评估。为了使这种随机选择能够以可验证的方式进行，Upshot 正在利用 Chainlink 的可验证随机函数（VRF）。

Chainlink VRF 是一个公平且可验证的智能合约随机源。当智能合约要求随机性时，VRF 会创建一个随机数以及详细说明该随机数是如何生成的加密证明。然后在区块链上发布并验证该证明。这保证了随机选择不会被操纵，从而为依赖随机性执行关键链上功能（如选择评估人）的应用程序带来公平和无偏见的结果。

Upshot 将使用 Chainlink 的 VRF 随机选择评估委员会，在为 NFT 定价时考虑委员会评估。Chainlink 的 VRF 的这种使用增加了操纵 NFT 评估的成本，又通过只需要考虑少量、固定数量的评估者的响应，进而提高系统的效率。

Upshot 在为每个 NFT 定价时考虑所有评估者的反应将是难以处理的，如果攻击者确切知道答案和评估者事先考虑的评分规则，那么他们操纵评估的成本会低得多。因此，Chainlink VRF 是 Upshot 定价 API 的必要组件。

“我们很高兴支持 Upshot 创新使用 Chainlink VRF 实现随机性，创建可验证的安全保证并降低为不断增长的 NFT 市场获得更好评估所需的成本，最终实现更高效的 NFT 交易。” Chainlink Labs 的首席合伙人丹尼尔·科奇什（Daniel Kochis）说。

Upshot 首席执行官尼克·埃蒙斯（Nick Emmons）将随机性的使用描述为：“协议设计中的一个重要工具——它既增加了攻击系统的成本，同时又提高了它们的效率。Chainlink 的 VRF 是协议访问可验证随机性的可靠来源方面向前迈出的重要一步。”

2. 借贷平台

NFTfi 作为最主流的 NFT 的借贷平台之一，其借贷的机制通过如下方式完成：贷方将 wETH（以太币）存在协议中，并且选择想要借出资产的人，借方质押其 NFT 并且发出借款请求。双方通过 P2P 的借贷市场达成最佳交易，并且在链上确保资产的安全性。

PawnFi 使用三种不同的借贷方式，分别是众筹、资金池、快速借贷方法。每种方法偏好不同类型的 NFT，有着不同的周转率。

三、NFT 与实体经济结合可能带来的价值

数字经济时代真正有价值的毫无疑问是数据，数据生产要素的价值确认问题是当前数字经济发展的要点。可见，着力于解决虚拟世界价值确认问题的区块链数字资产具有广阔的发展前景。NFT 来源于 ERC721 协议，它最大的成就是能将数字资产和物理的、真实的物体结合起来，然后将数字内容单元投入市场，释放巨大的非流动性价值。

（一）为解决数字经济发展中的数据确权和定价问题提供有益路径

党的十九届四中全会指出，要“健全劳动、资本、土地、知识、技术、

管理、数据等生产要素由市场评价贡献、按贡献决定报酬的机制”①。但一直以来，数据确权和定价问题都是数字经济发展的最大痛点之一。确权又是任何资源市场化利用的前提。显然，数据所有权权属界定不清已成为数字经济发展的关键“命门”。② 在物理世界中，数据价值在现代工业经济的技术架构和法律框架下，即使是所有权理论都没有办法去准确界定。数据的价值在于其流动性、非独占性和共享性，这些特性决定了其与土地、劳动力等其他生产要素的根本不同，为此必须解决数据生产要素的价值确认问题，未来最大的价值是解决物理世界、工业经济体系无法解决，但在数字经济时代必须要解决的数据价值确认和流动问题。

NFT 借助区块链，在数字世界中将资产的权属和属性确定下来，能够在不借助中心机构的情形下建立起参与者对账本的信任，这种链式结构保证了账本中的数据极其难以被篡改。③ NFT 信息上链后不可篡改，拥有链上唯一 ID，在合规的平台上，每件展品上链前都会经过严格甄别，这为艺术品市场健康有序发展提供了有力保障。在交易过程中，艺术爱好者可以从去中心化的网络中提取艺术品数据，查看艺术品的信息，并对该艺术品作出合理估值。

（二）增强市场信任机制，规范市场秩序

区块链技术为 NFT 提供了一种可信、可靠、透明的底层技术机制。④ 在市场交易中，NFT 的流转记录不可磨灭或隐藏，并且随时可追溯，这可以增强市场信任机制，规范市场秩序。NFT 唯一、不可复制的特性，刚好能够解决棘手问题，和艺术品唯一性、稀缺性有着天然的相通之处。NFT 艺术品带有无法复制的数字签名，买家能够轻易地分辨自己买的是否是原作。

在海外，NFT 形式的加密艺术品非常受欢迎。佳士得、苏富比等顶级拍卖行已经进行了多次 NFT 艺术品拍卖，诸多公众人物也进行了 NFT 艺术品的发

---

① 《中共中央关于坚持和完善中国特色社会主义制度　推进国家治理体系和治理能力现代化若干重大问题的决定》，人民出版社 2019 年版，第 19 页。

② 秦荣生：《创建数据交易的确权、定价及安全机制》，《中国会计报》2021 年 8 月 13 日。

③ 伍旭川：《区块链技术的特点、应用和监管》，《金融纵横》2017 年第 4 期。

④ 杨东、陈哲立：《法定数字货币的定位与性质研究》，《中国人民大学学报》2020 年第 3 期。

售。美国著名说唱歌手埃米纳姆（Eminem）也发行了加密艺术品 NFT。Eminem 将自己新作品的音频 NFT 进行拍卖，其中一张的最终拍卖价为 10 万美元。此外，斯诺登、林肯公园主唱等知名人物也都进行了类似加密艺术品拍卖。

（三）优化社会资源配置：基于共票经济理论的分析

所谓优化资源配置，即通过 NFT 可以加快数字产品的流通，起到节约社会资源的作用。区块链所蕴含的创新主要体现在理念上，本质则为众筹理念的体现。区块链上所谓的"Token"是吸引系统外资源投入后给予的回报，这种回报通过区块链系统的运行实现价值。作为"回报"所有者，系统参与人既是区块链系统的贡献者，也是区块链系统的使用者，同时还是基于民主参与的区块链系统决策者，这种三位一体的特征，充分实现了众筹的价值。对于艺术商品、艺术家、艺术品购买者等都有利。第一，对于艺术商品本身来说，NFT 交易方式的应用或许也将改变整个艺术创作的生态格局。第二，对于艺术家来说，由于 NFT 具有可追踪性，通过与智能合约的结合，艺术家可以实现在该艺术品每次交易中分红的可能。

NFT 为数字艺术品的创造提供了空间，随着各行业数字化发展的推进，艺术品的数字化符合发展的趋势，对于促进文化产业的繁荣有重要推动作用。

第五节　元宇宙与碳金融的机制分析

元宇宙作为互联网技术高级形态，可以为如何面对未来绿色金融的转型与风险，如何在有效时间内模拟与得出"双碳"目标之实现提供技术、观念、理论上的支持。当前，我国碳市场和碳金融还存在很多不完备之处，借助元宇宙模型、区块链技术以及共票理论，能够为促进我国绿色目标实现提供解决方案，回应气候变化、社会危机，构建人类命运共同体。

一、碳市场和碳金融的现存问题

如何为碳中和规划提供准确的数据支撑始终是碳市场与碳金融的基础问题

之一。然而，在碳市场与碳金融领域，基于不同的数据处理和分析模型、测算方法，最终结论可能会有显著差异。

在碳排放配额相关研究领域，作为碳交易的先决条件碳配额分配对碳市场及企业的影响一直是学者们关注的重点。西姆（Sijm）等研究了免费碳配额的发放对电力生产商的影响，发现碳配额的有偿发放与否并不会影响电力生产商将成本转嫁给终端用户的行为。① 雷关特（Reguant）和埃勒曼（Ellerman）检验了欧盟碳市场第一阶段通过历史排放法分配碳配额对西班牙碳行业相关企业生产决定的影响，研究结果表明配额分配并未对企业的生产造成显著影响。② 福利（Fowlie）和佩洛夫（Perloff）使用工具变量法分析企业排放是否受不同配额方法的影响，结果显示碳配额方法的选择并不能显著影响企业的碳排放情况。③ 扎克兰（Zaklan）的研究也得到了与前述研究相似的结果，然而其将研究样本扩大至生产制造企业后发现，由于成本转嫁能力较弱，配额分配方法的选择对其排放有显著影响。④

在碳排放权定价相关研究领域，克里斯蒂安森（Christiansen）等从理论角度分析欧盟排放交易体系的定价机制，研究结果表明政策监管措施、市场基本天气条件和生产活动将对碳价格产生影响。⑤ 阿尔贝罗拉（Alberola）等通过研究 2005—2007 年欧盟碳市场结构突变过程中碳价的影响因素，发现碳价格与煤价格呈负相关，与原油和天然气价格呈正相关。⑥ 波尔森（Boersen）和

---

① J. Sijm，"CO_2 Cost Passthrough and Windfall Profits in the Power Sector"，*Climate Policy*，No. 6（2006），pp. 49-72.

② M. Reguant，A. D. Ellerman，"Grandfathering and the Endowment Effect：An Assessment in the Context of the Spanish National Allocation Plan"，Working Papers，2008.

③ M. Fowlie，J. M. Perloff，"Distributing Pollution Rights in Cap-and-trade Programs：Are Outcomes Independent of Allocation?"，*Review of Economics and Statistics*，Vol. 95，2013，pp. 1640-1652.

④ A. Zaklan，"Free Allocation and the Endowment Effect in Cap-and-trade Systems：Evidence from the European Electricity Sector"，*Annual Conference 2016 Demographic Change*：*Qerman Economic Association*，2016.

⑤ A. C. Christiansen，et al.，"Price Determinants in the EU Emissions Trading Scheme"，*Climate Policy*，Vol. 5，No. 1（2005），pp. 15-30.

⑥ E. Alberola，et al.，"Price Drivers and Structural Breaks in European Carbon Prices 2005-2007"，*Energy Policy*，Vol. 36，No. 2（2008），pp. 787-797.

斯科尔顿（Scholtens）引入阈值 GARCH 模型，认为能源市场的波动通过电价的中介作用间接影响了碳价格。同时，发电机的燃料切换行为对碳价格也有重大影响。① 考虑到以上因素，一方面，要充分重视碳减排中占比较大的行业并进行合理规划；另一方面，这种规划也要建立在确认所依赖的碳市场、碳中和数据的可靠性的基础之上。②

此外，我国碳金融发展中，还存在一系列问题。

其一，市场环境支撑有待改善。我国与发达国家完善的碳金融市场发展存在较大差距，规范碳金融市场的相关法律法规落实不够到位，个别政策不够具体细致，并且缺少配套的实施细则，落实难度较大，同时缺乏有效的激励机制和扶持政策，使得碳金融企业发展举步维艰、后劲不足。其二，碳金融市场统一的交易平台不够健全。我国碳交易市场处于起步阶段，市场基础环境差，运作规则不完善，对较大的项目消化能力有限，碳交易市场活跃度随之受限。同时，碳金融市场在各个地方都存在信息壁垒、信息不对称等问题，在交易中处于竞争劣势。其三，碳金融产品创新能力有待提高。创新能力不足导致无法满足碳金融多元化需求的同时也会导致风险防范能力弱、产品相对单一等问题。其四，碳金融投融资渠道须进一步拓宽。我国相关政策落实并不明显，碳金融企业投资存在渠道狭窄、融资难、融资贵等问题。其五，碳金融国际地位仍待提高。我国碳金融发展起步晚，成熟度低，经验吸收转化能力弱，这导致目前我国难以融入国际碳金融市场，缺乏话语权和影响力，无法达成全球范围的相关共识。③

基于以上现存问题，我们希望能够通过区块链的方式，以数字经济与智能技术的发展为碳金融机制带来强有力的创新动能。具体而言，基于区块链的底层机制，并引入共票理论促进区块链基础技术逻辑与运行机制的有效且可持续

---

① A. Boersen, B. Scholtens, "The Relationship Between European Electricity Markets and Emission Allowance Futures Prices in Phase II of the EU (European Union) Emission Trading Scheme", *Energy*, Vol. 74, No. C (2014), pp. 585-594.

② 周小川：《实现碳中和目标面临的若干问题和选项》,《当代金融家》2021 年第 9 期。

③ 乔录生等：《"双碳"目标下碳金融发展现状、问题及对策研究》,《投资与创业》2021 年第 17 期。

化的运作与实现，使得碳金融得以在区块链的架构下产生新的发展潜能与运作空间。

二、区块链—共票理论下的碳金融运行机制

传统的 Token 本身具有数据上链和链上运作的基本功能，具体分为数据上链的赋权、记账本、等价物、密钥，以及链上运作的支付工具、付费工具、奖励与承诺的不同部分。在这些不同部分中，尽管 Token 本身能够以不同的形式呈现在区块链的具体运作之中，但此时面临的问题是：如果缺乏一个真实有效的数据上传机制与可靠且可持续的数据治理机制的话，Token 的诸种用途最终只能成为一种空洞的表示，无法落到实处；换言之，如果 Token 这样一种模式需要落到实处的话，必然需要具体的治理制度予以支持。

什么样的制度可以为这种区块链的内生问题提供有效的帮助？笔者提出的共票理论提供了这样一种思路。基于增长红利分享、流通消费和权益证明的 Coken，更加强调 Token 中的共享众筹理念（Co-Token），从而激励作为 Coken 持有人的区块链参与者，以更加积极的态度参与到区块链的运营过程中，让区块链的使用者成为区块链的治理者，让区块链的治理者成为区块链的有效治理者，让治理真正落到实处；而这是基于 Coken 的众筹分享理念所引领的奖励机制，以及对区块链未来发展愿景的积极承诺。

在这个意义上，我们可以说，Token 的不同用途可以被 Coken 具体落到实处。因为在 Coken 这种新的目标理论机制的引领下，Token 不再是一套空洞的脱离治理机制的运行机制，它同时具有了内生的可持续发展的动力。Coken 不仅是数据层面上数据运作的一套基本模式，也同时基于众筹和共享的理念，引入了一套内生增长、持续发展不断完善的动力机制。Token 真正功能的实现，仰赖 Coken 的价值。下面我们将具体讨论 Coken 如何使得碳金融的具体运作成为可能及 Coken 具体为碳金融提供了怎样的区块链运作模式。我们将具体从碳金融如何上链（区块链—共票化）的赋权、记账本、等价物、密钥的角度及碳金融在链上如何运作的支付工具、付费工具、奖励、承诺的角度展开。

（一）碳金融的区块链—共票化：赋权—记账本—等价物—密钥

1. 赋权

CCER 由核证的可再生能源与农林碳汇等减排项目上链组成。碳配额则根据链上记录的历史碳排放量按内置规则生成，公开透明。智能电表记录实际碳排放量，若在本轮市场中实际碳排放量小于企业拥有的碳排放权余额，则该企业可作为碳排放权交易的卖方进入市场；若本轮市场中实际的碳排放量大于企业持有的碳排放权余额，则该企业作为碳排放权交易的买方进入市场。①

通过技术赋权来保障用户在数据交易市场中的数据所有权、使用权、支配权和收益权，进而在保障用户数据安全的基础上激励用户分享数据，充分激发数据的价值和活力，是区块链机制设计时应当考量的重点因素。②

如何构建一项保障各方参与者利益的机制？在比特币等常见的区块链系统中，所有用户均对账本具有查看权，但区块链的写入权则是由共识算法所规制的。③ 交易结算采用集体维护的共识机制，让每个参与方皆可直接或间接地参与交易的确认过程，才能实现交易过程和交易结果的透明化与公开化。④

在此意义上，新兴起的 PoS 算法（Proof of Stake）及其变体成为优先选择。PoS 算法由系统中具有最高权益而非最高算力的节点获得记账权，其中权益体现为节点对系统虚拟资源的所有权待补充。通过权益大小作为记账权的决定要素，能够有效避免资源浪费，进而缩短出块时间和交易的处理时间。⑤ Token 可以作为投票的权益凭证，使区块链参与方能够经由投票确定写入权的归属。

但是，多种类 Coken 的发行或许可以带来更多的机制空间。换言之，不仅有买卖各方，同时还可以引入监管方。监管方所持有的 Coken 具备更高的接入

① 冯昌森等：《基于智能合约的绿证和碳联合交易市场的设计与实现》，《电力系统自动化》2021 年第 23 期。

② 周茂君、潘宁：《赋权与重构：区块链技术对数据孤岛的破解》，《新闻与传播评论》2018 年第 5 期。

③ 张亮等：《区块链技术综述》，《计算机工程》2019 年第 5 期。

④ 王胜寒等：《区块链技术在电力系统中的应用：前景与思路》，《电力系统自动化》2020 年第 11 期。

⑤ 张亮等：《区块链技术综述》，《计算机工程》2019 年第 5 期。

查看信息与执行必要操作的权限，由此形成不同的节点与权限。

在此基础上，将区块链作为底层技术的碳交易结构中，所有的信息主体、信息需求方、信息提供方及监管方都作为一个节点接入公共总账本链，监管方主要负责保障整个平台运行的合法良好氛围，见图 6–1。① 考虑到碳交易模式中的多元主体利益衡量，将多方主体以不同的层次、不同的权限接入区块链之中，是有必要的。

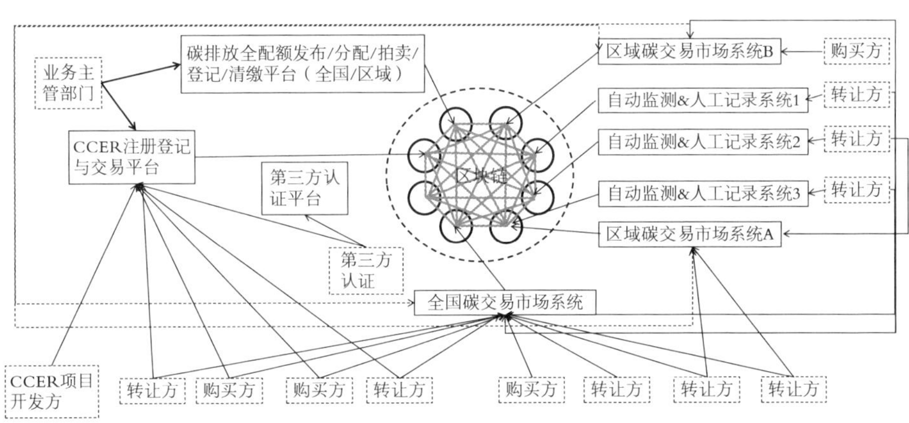

图 6–1　碳交易模式结构

资料来源：周莉等：《基于区块链技术的碳交易模式构建》,《中国水土保持科学》2020 年第 3 期。

这种将基于不同 Token 所赋予的不同权限的多元主体连接到同一链上来，进行综合激励与治理的方式，在雄安新区的规划中已得到了初步的考察。在“千年秀林”项目中，通过搭建碳普惠交易平台，秀林碳汇和碳普惠的业务具备了向政府、企业和个人等多元参与主体方向延伸的技术支撑，见图 6–1。②

2. 记账本

在区块链技术介入下，新型的“数据账本”将逐渐打破传统的以各大运营商服务器为中心的数据存储和割据状态，促进“冻结”的数据在统一的分

① 王懋雄：《基于碳足迹的绿色金融发展路径探索》,《西南金融》2018 年第 12 期。

② 管志贵等：《基于区块链技术的雄安新区生态价值实现路径研究》,《河北经贸大学学报》2019 年第 3 期。

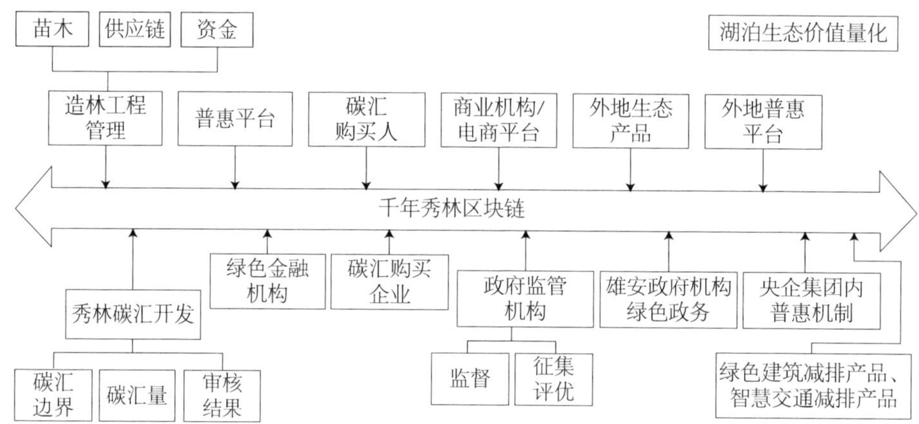

图 6-2 “千年秀林”项目区块链

资料来源：管志贵等：《基于区块链技术的雄安新区生态价值实现路径研究》,《河北经贸大学学报》2019 年第 3 期。

布式数据平台上进行充分流动，进而弱化渠道价值，激活数据流通。①

对碳权而言，区块链技术可以通过智能合约实现碳排放权的自动计量认证，并以其特有的链式区块结构保证所有交易信息的可追溯和不可篡改。

可追溯性，体现在区块链系统可以保证每一单位的碳排放权的来源以及交易路径能被追根溯源，确认其存在及交易的合法有效。此外，根据碳排放的交易路径，还能够计算碳排放在电网中的流动情况，为碳排放流的计算提供基础数据。

不可篡改性，体现在每家发电企业的每台机组的发电属性不可更改，保证了碳排放量与常规碳排放机组发电量相匹配。因此，发电公司如果想保证一定范围内的碳排放量，必须有效控制单位电量碳排放，或增加绿色发电机组出力。②

3. 等价物

在能源领域，数字代币的发行可以促进可再生能源发展、激励绿色能源投

① 周茂君、潘宁：《赋权与重构：区块链技术对数据孤岛的破解》,《新闻与传播评论》2018 年第 5 期。

② 张宁等：《能源互联网中的区块链技术：研究框架与典型应用初探》,《中国电机工程学报》2016 年 8 月 5 日。

资，起到市场导向性作用。① 此外，在比特币的基础框架之外，基于以太坊或其他区块链机制，也可以发行不同的数字资产作为区块链交易中的等价物，能源币基于对用户的激励，以指导用户行为、节约聚合商成本，并且可以存在与法定货币进行兑换的空间。②

基于区块链所发行的 Coken，可以作为在区块链系统中发行的等价物。③ Coken 可以作为一个便利区块链系统内部结算交易的代币，在系统内作为支付工具购买碳资产，或用于支付维持区块链系统服务的费用。

当然，Coken 也存在直接作为碳货币的潜力。在此意义上，可以将 Coken 的发行锚定于总量控制下的碳排放配额和基于基线而产生的碳减排信用（CCER），将可交易的碳资产以 Coken 的形式记录在区块链之中，通过 Coken 的交易直接进行碳资产的交易；Coken 也可以逐渐从区块链系统内部的交易单位，转化为一种可对外交易的、锚定于碳资产的数字货币。

4. 密钥

区块链平台整体上可划分为数据层、网络层、共识层、智能合约层和应用层 5 个层次，见图 6-3。

其中，具体的不同场景的应用，是在应用层获得实现的。换言之，不同的区块链参与者，是通过应用层的 API 接口进入应用层完成其所想要实现的买卖操作或监管行为，从而实现区块链碳交易的具体运作的，见图 6-4。

问题在于，如何通过 API 接口由应用层访问智能合约层与区块链的其他基本应用层级。如果希望实现较强的约束性，可以对申请加入区块链的企业进行认证与授权。当然，考虑到区块链碳交易可能采取的一种较为宽泛的立场，也可以将 Token 作为接入 API 的令牌。通过采取令牌授权制的方式，在规定了

---

① 周洪益等：《能源区块链的典型应用场景分析及项目实践》，《电力建设》2020 年第 2 期。

② T. Zhang, et al. ,"Real-time Renewable Energy Incentive System for Electric Vehicles Using Prioritization and Cryptocurrency", *Applied Energy*, Vol. 226, 2018, pp. 582-594.

③ 如果仅在项目系统内使用以购买项目系统本身提供的服务、产品或其他，可理解为项目系统内的“代币”；如果在项目系统外亦可使用，这个意义上可以将其理解为私人发行的数字货币，其价值取决于社会共识程度。杨东：《“共票”：区块链治理新维度》，《东方法学》2019 年第 3 期。

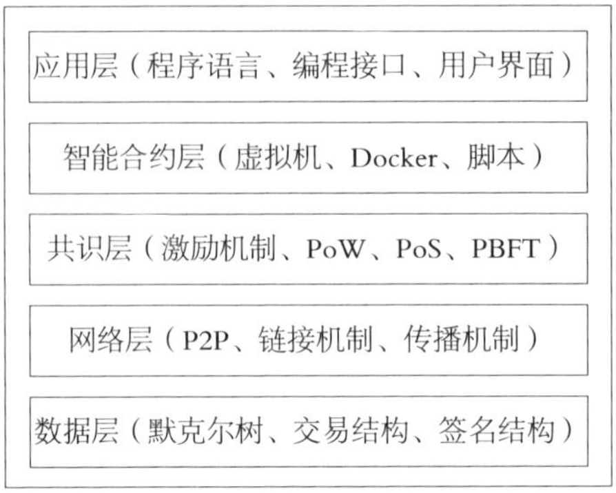

应用层（程序语言、编程接口、用户界面）

智能合约层（虚拟机、Docker、脚本）

共识层（激励机制、PoW、PoS、PBFT）

网络层（P2P、链接机制、传播机制）

数据层（默克尔树、交易结构、签名结构）

图 6–3　区块链平台整体划分层次

资料来源：杨东：《“共票”：区块链治理新维度》,《东方法学》2019 年第 3 期。

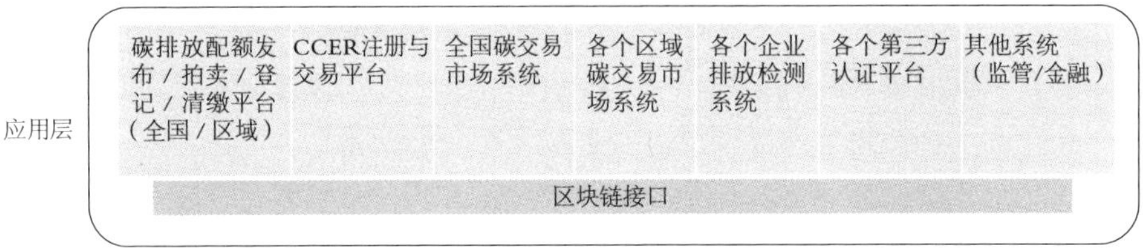

应用层

碳排放配额发布 / 拍卖 / 登记 / 清缴平台（全国 / 区域）	CCER注册与交易平台	全国碳交易市场系统	各个区域碳交易市场系统	各个企业排放检测系统	各个第三方认证平台	其他系统（监管/金融）

区块链接口

图 6–4　区块链应用层参与

资料来源：周莉等：《基于区块链技术的碳交易模式构建》,《中国水土保持科学》2020 年第 3 期。

不同用户对不同数据的访问控制权限的前提下，将所发放的 Token 作为接入 API 接口的权限认证标志。① 仅有权限的用户才可以对数据进行相应的操作，信息不能被不持有接入权限 Token 的未授权用户知晓和使用。进一步地，配合更具体的认证规则与审计监管方案，确保只有有意愿通过 Token 进入区块链碳汇交易之中的主体才能访问相应数据，以为数据与交易安全提供保障。

（二）碳金融的区块链—共票运作：支付工具—付费工具—奖励—承诺

1. 支付工具

Coken 作为支付工具，可以与智能合约结合，在智能合约中写入交易模式，让碳金融区块链交易直接通过产消者的报价进行自动撮合并认证交易。

智能合约利用区块链自动化智能合约和可编程的特点，能够极大地降低成

① 韩璇等：《区块链安全问题：研究现状与展望》,《自动化学报》2019 年第 1 期。

本和提高效率，避免烦琐的中心化清算交割过程，实现方便快捷的金融产品交易。① 区块链实现能源交易市场的自动化业务处理。通过智能合约自动执行能源市场的交易过程及其他能源业务，根据能源实时供需关系生成实时能源价格，交易完成后自动触发能源传输和控制，实现全网能源调度平衡。② 根据市场交易机制与竞价机制，市场监管者部署智能合约到区块链网络中作为绿证与碳排放权公共智能合约来使用。③

2. 付费工具

区块链系统从搭建到运营都需要持续投入各种各样的资源。一个健康的区块链系统的运作，应当是能够至少支撑其自身运作所需要支付的费用；而这样一个系统所依赖的运作费用，可以通过其使用者来获得。在此意义上区块链系统的健康运行，不仅需要区块链社区本身持之以恒地进行数据维护，还需要区块链服务的使用者向区块链的搭建方、运营方提供必要的费用。尤其是在 PoS 机制等新共识算法所带来的具有一定中心化特质的机制的情况下，在这些常设机制维护区块链社区健康运行的时候，可能会为区块链系统带来更为固定化的成本投入。

在此意义上，Coken 作为区块链社区内部的交易工具，不仅可以作为购买碳资产的代价，也可以用于支付给提供服务的服务方，使区块链的整体服务得以持续维持的工具。由此，一方面，区块链服务的使用者能够持续享受到区块链系统所提供的服务，这包括碳汇信息真实性的审核与验证、交易确定之后的智能合约认证机制与交易信息打包上链，以及智能合约的持续维护。另一方面，对作为区块链管理委员会或其他相关的管理机制，比如碳汇资产审查委员会等监管机制与维护机制的提供方而言，通过在区块链上向他人提供服务而获取 Coken，也能够使其成为一个稳定、健康且可持续发展的运行机制，从而使得区块链机制持续运行。

---

① 袁勇、王飞跃：《区块链技术发展现状与展望》，《自动化学报》2016 年第 4 期。

② 陈晓红等：《数字技术助推我国能源行业碳中和目标实现的路径探析》，《中国科学院院刊》2021 年第 9 期。

③ 欧阳丽炜等：《智能合约：架构及进展》，《自动化学报》2019 年第 3 期。

3. 奖励

（1）奖励产消者的交易：在企业交易的同时可以通过区块链技术根据交易量的大小对交易双方进行奖励，这种补贴可以因地制宜、因地适宜地将政府的直接补贴转变为政府补贴加市场交易的有效组合，推动绿色转型。①

（2）奖励产消者完成减排行为：当供应链采用区块链技术时，消费者能准确得知低碳产品的碳排放信息，此时消费者绿色信任系数对社会福利的影响达到最大值。若消费者低碳偏好系数小于某一定值且减排成本系数满足某一范围条件，政府通过技术补贴能获得更高的社会福利；若消费者低碳偏好系数小于某一定值且减排成本系数大于某一阈值，政府通过技术补贴能获得更高的碳减排率；若消费者低碳偏好系数大于某一定值，政府通过产量补贴能获得更高的社会福利且更能促进企业减排。②

（3）奖励验证节点的打包行为：验证节点负责执行各种区块产生操作，例如交易打包、交易验证、交易记账、区块打包与区块验证。成功产生区块的验证节点将获得 Coken 奖励；这种节点产块的奖励是可能设有上限的增发 Coken，而不是由交易方向产块节点进行支付。

4. 承诺

伴随着区块链技术的逐渐发展，区块链系统可能会呈现出越来越广的运用前景和越来越大的应用市场。

一方面，Coken 作为一种可以进行市场交易的等价物，其金融价值被进一步发现。随着 Coken 不断交易，交易的认可度得到提升，使其不仅仅能够在区块链系统内部作为碳汇交易与服务提供的代价，也可以在一定程度上具有公共性，成为与碳资产深度关联的，可以对外进行交易的金融交易基础产品。由此 Coken 本身就可以进行进一步的金融设计与金融运作，被包装成不同的金融产品投入市场与市场流通之中，获得更为广阔的应用。持有 Coken 的人，不仅可以在碳金融区块链上分享到碳汇资产所带来的交易收益，也可以通过这种与碳

① 冀宣齐：《基于区块链技术的碳金融市场发展模式初探》，《价值工程》2019 年第 7 期。

② 张令荣等：《基于区块链技术的低碳供应链政府补贴策略研究》，《中国管理科学》（录用定稿，网络首发，暂未刊发）。

汇资产挂钩的交易资产的金融包装与金融运作获取利益。

另一方面，作为权益凭证与分配机制的 Coken，可以充分分享区块链系统的未来价值。Coken 不仅是一种等价物，同时还具有基于赋权的区块链治理凭证与权益凭证的多种含义，在此意义上，这不仅是一个可以进行金融化的获取金融利益的等价物，也是一项可以让使用者积极参与区块链治理的一项重要工具。

区块链碳金融本身的发展可以让基于区块链所进行的碳交易的可担保性与可靠性得到进一步确认，从而吸引更多的交易在区块链上进行，由此形成对区块链碳金融体系的社会信任的良性循环，便于区块链之上的碳资产与 Coken 形成依附于交易手段的增值可能。更直接地说，一个流动性更强、信誉表现更好的资产，更有可能获得相对于一般产品的溢价。

如果区块链系统本身在碳资产交易的过程中能够得到长足发展，逐渐成为世界碳汇交易的一个重要阵地，那么在此意义上，谁能够决定具体的验证节点，就会成为一项日益重要的问题。作为验证节点产生的投票权的凭证，Coken 的价值就不仅是金融价值，同时也是区块链社区内部信任的标准。

（三）共票对区块链碳金融的机制升华

在本小节的起始部分，我们已经讨论了 Token。作为一种 Token 的改造机制，Coken 能够有效地支撑区块链碳金融的可持续发展运行。在此部分我们将进一步强调 Coken 所具有的特殊功能。通过对 Coken 特性的进一步强调，我们可以发现这种运作机制的合理性和可发展性。

1. Coken：增长红利分享功能与特性

首先，Coken 运作的基本特性之一是增长红利分享。此项在作为承诺的 Coken 和作为奖励的 Coken 方面尤其突出。作为承诺的 Coken，一方面向 Coken 的持有者承诺金融价值的增长；另一方面基于投票权设计的共识算法机制，使得作为投票权权益凭证的 Coken，能够充分地在系统进一步发展，实现其作为区块链治理基础机制的重要性。

在这个意义上，Coken 不仅是一个受认可的金融基础产品，可以用于后续金融的进一步发展和作为金融流通的产品；同时，它也可以作为区块链进行持续有效治理的重要抓手。在区块链治理的过程中，一方面 Coken 扮演的角色是决定谁是具有更高权限的验证节点、谁能够对区块链的具体运行具有更大的话语权和规则制定权；另一方面拥有更多 Coken 的一方，也可以更进一步地分享区块链治理的远景。

由此作为 Coken 持有人的一方，不仅仅是作为区块链碳金融的参与者，同时可以努力成为区块链碳金融的规则制定者与标准提供方。中国需要为世界提出自己的中国方案，在此之前，中国需要获得足够的话语权，使得中国智慧、中国方案能够得到世界的有效承认。区块链 Coken 机制为这种预想，提供了一个可靠的机制性出口：中国所提供的碳金融发展远景，可以在区块链机制中得到共识算法的承认，进而成为区块链信任下的共识。

此外，作为奖励的 Coken，也可以将区块链金融系统中的持续增长不断分享给区块链金融的积极参与者。

作为积极参与区块链治理活动的验证节点，其打包行为可以得到区块链系统的充分认证并给予 Coken 奖励；通过增发 Coken 对完成打包的验证结点进行奖励，可以使其算力消耗得到有效的补偿，以激励其进一步有效可靠持续地进行数据打包。

此外，对于在区块链碳金融系统上进行碳中和活动的主体，我们也应该对这些产消者提供必要的帮助。一方面，这种奖励机制能够激励各方更加积极主动地使用区块链进行碳金融交易，从而达到碳中和的长期愿景；另一方面，也可以将对于减排本身的奖励机制嵌入智能合约之中，使得对于减排行为的奖励和减排交易、减排数据认证直接挂钩，使得区块链碳金融不仅是一个僵化的交易机制，同时也包含着弹性的、流动的、对于每时每刻发生的减排行为的持续监控与奖励。

在这个意义上，区块链碳金融体系不仅是一个交换碳排放权的体系，同时也是一个激励自愿减排量的更多创造的体系；这不仅是一个单纯进行资源交换获取金融支持的体系，同时也是一个引领企业和大众更多地进行自愿减排的激励机制。由此，Coken 所分享的不仅是区块链系统内部的增长红利，同时也是作为整个社会在智能技术引领下向未来低碳生活更好发展的增长红利。

2. Coken：流通消费功能与特性

基于 Coken 的流通消费职能，我们也可以发现，Coken 作为一种支付工具，同样能够加速资源在区块链系统内部的有效配置。市场是资源配置的有效手段，但是如何能够使得市场在资源配置的过程中充分发挥其效力，且尽量避免产生无效竞争或者信息不对称等诸多不利情况？

区块链本身可搭载的智能合约机制，能够使得交易双方将交易的重点放在交易机制的本身，而降低交易成本、避免双方因为对于实际交付可能性的担忧而影响交易。智能合约本身就是将合约触发机制与合约履行机制之间的一个计算机程序性的有机结合，通过程序运行完成合约的执行，从而避免不必要的纠葛。

由此，再引入 Coken 作为支付工具，可以更进一步地在区块链系统内部形成更加便利的智能合约交割体系，使得区块链的智能合约能够具体落到实处，让区块链基于智能合约所形成的流通消费支付功能被更具体地应用。更直接地说，一个内生于区块链系统的 Coken 机制，对于智能合约的应用更加适配、更加便利、更加便于智能合约直接调用系统中的资源完成交付，从而避免争端，并充分发挥智能合约所具有的便捷性与可靠性的特征。

3. Coken：权益证明功能与特性

当然，Coken 还可以作为权益证明。以等价物形式出现的 Coken，在我国目前的虚拟货币监管体系中存在具体应用困难。但是，作为权益证明的扣款，至少可以基于投票权的共识算法机制得到实施。正如之前所论述的，一方面 Coken 可以与具体的碳资产进行勾连，在具体的交易过程中能够与具体的碳排放权交易形成更加深度的联合；另一方面，基于 NPoS 算法等投票权意义上的区块链共识算法机制，能够有效发挥 Coken 作为投票权权益凭证的功能，使 Coken 被充分地运用到区块链的治理过程中。Coken 就是人们对于区块链不同节点信任程度的选票，这种民主机制能够使得区块链的治理更加吸引诸多参与者的参与；不仅仅能够让区块链上的参与者能更加积极主动地参与活动，也能够吸引之前没有在区块链系统上进行碳金融的主体更加积极主动地参与到这个公开、透明的数字经济碳金融交易系统中，从而使得技术的发展能够充分运用于生活并改造生活。

4. Coken——共票引领多元主体的区块链碳金融参与及治理

因此，基于 Coken 对于传统区块链机制的改造，我们可以更进一步地发现，传统的碳金融运行机制，在区块链共享理论的改造下也出现了新的发展。

此前，我们所传统构想的碳金融监管运营模式，监管的重点更多地放在不同的主体身上。譬如，要监管作为参与者的碳资产提供方，同时还要监管作为消费者的碳中和需求方；在此之外，可能还需要关注作为交易所的碳金融交易中介服务提供方。这种监管本身更加分散，相对而言也更加孤立。

区块链机制提供了一种新的可能，即在链上实现多功能的统合。一方面，区块链以其分布式账本和不可篡改的性质，可以实现碳金融全生命周期的融贯性监管；另一方面，区块链同时也可以基于多权限节点的共识算法承认，使得不同主体的多元参与成为可能并构成治理的基础框架。在这个意义上，我们进一步发现，基于共票理论改造后的区块链能够充分发挥其以链治链的特性，在链上进行治理。这一方面是多元的监管主体、产消主体、服务主体，通过分享不同的权限，在区块链上各司其职地运作，从而实现区块链整体的以链治链的目标；另一方面，我们希望实现依法治理，通过一套行之有效的规则，实现区块链金融的有效运行和监管。

此外，我们也希望这套机制能够和区块链基础架构进行充分的融合，使得区块链机制具备内生的向好发展的动能。在这个意义上，Coken 的增长红利分享、流通消费和权益凭证的特殊特性，能够为这种动能提供必要的支持和分配正义机制。

资源的分配不是一蹴而就的。但在这个过程中，一个基于众筹理论、鼓励多元参与、支持积极可持续发展的共票机制，能够为区块链碳金融提供更为有效的内生动能。一方面，区块链碳金融的未来是可继续的，因为这种机制能够满足目前多元主体共同参与监管运营的需求；同时也能够将数字经济与智能技术发展的成果与碳中和的未来生活发展愿景进行有机结合。另一方面，这又可以成为新的中国方案、中国标准，从而为世界提供世界性问题的中国思考。区块链这种超越国界、以网络相连的形式，能够有效地超越传统意义上国境的限制，努力将碳中和的愿景与全球分享；同时，基于共票理论的改造，这种与全球分享的生态愿景能够以更切实际的、更积极的姿态吸引更多主体的参与，从而使得区块链碳金融成为一个更具活力和潜力的未来发展碳金融平台。

第七章

元宇宙中的组织

元宇宙中正发生着一场生产协作方式的革新，借助区块链去中心化、不可篡改、开放性等技术特征，演化出了“去中心化自治组织”（DAO）。其借助区块链技术实现去中心化治理。通过智能合约的手段提高治理的效能与透明度，从而使得不同主体能够进行即时、便捷的合作。与现实世界中科层化的组织不同，这种组织更为扁平高效。作为一种组织形式，DAO 能够弥补公司、合伙等制度的固有缺陷。在组织决策中，Token 的存在使所有人都能有效、及时的参与，决策信息的来源以及决策者的背景更加丰富，从而能够有效提高决策的精度，技术化的投票方式也有利于提升决策的速度。在利益分配中，DAO 的组织形式也能更好地顾及小股东等利益相关者，同时为调动员工的积极性提供有效的激励机制。但 DAO 的发展同样存在问题，其法律属性究竟属于公司、合伙还是其他组织尚有争议，造成法律适用与管辖确定上的困难。区块链本身的技术问题也为 DAO 的发展制造了障碍，例如安全性、代码语言的准确性、区块链写入的效率，以及决策的公平性等。然而瑕不掩瑜，DAO 的出现仍然标志着组织治理理念的变革，为元宇宙时代解放和发展人类的生产力提供了一种全新的思路。

第一节　元宇宙中的主体组织重构：去中心化的生产协作方式

元宇宙中去中心化自治组织（DAO）的出现改变了主体间的合作模式，借助区块链和智能合约，DAO 能够为不同主体提供一种更加智能、透明、开放的协作模式，不再依靠中心化节点等结构，主体间能够进行平等、即时协作，实现扁平化的自我治理。

一、去中心化自治组织的概念

DAO 这个概念最早来自于以太坊创始人维塔利克·布特林（Vitalik Buterin）对于智能合约下经济运作的认识，此时的 DAO 还主要指代依赖智能合约的全新商业运作模式。而真正具有“类公司”意义的去中心化自治组织（decentralized autonomous oganization）概念，则是将组织不断迭代的管理和运作规则（共识）以智能合约的形式逐步编码在区块链上，从而在没有第三方干预的情况下，通过智能化管理手段和通证经济激励，使得组织按照预先设定的规则实现自运转、自治理、自演化，进而实现组织的最大效能和价值流转的组织形态，见图 7-1。①

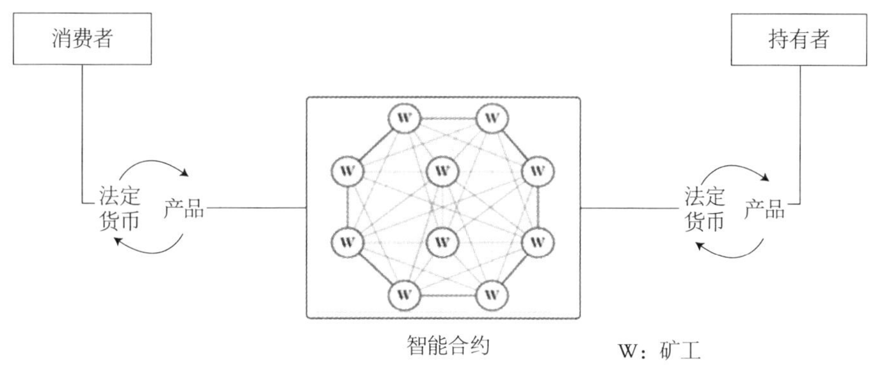

图 7-1　常规 DAO 运作模式

二、去中心化自治组织对传统企业组织结构的影响

（一）去中心化

DAO 中不存在中心节点以及层级化的管理架构②，节点与节点、节点与组

① 丁文文等：《去中心化自治组织：发展现状、分析框架与未来趋势》,《智能科学与技术学报》2019 年第 2 期。

② U. W. Chohan, “The Decentralized Autonomous Organization and Governance Issues”, Duscyssuib Oaoer, 2017.

织之间的业务往来不再由行政隶属关系决定，而是遵循平等自愿、互惠互利的原则，由彼此的资源禀赋、互补优势和利益共赢所驱动。每个组织节点都将根据自己的资源优势和才能资质，在通证的激励机制下有效协作，从而产生强大的协同效应。同时这种“去中心化”是一个相对概念，一个成熟高效的 DAO 中仍然有可能需要企业决策层或监管层来指导、监管、代表成员进行相关活动，但这种作用和地位被弱化或分散到多个主体中，从而呈现出去中心化的特征。

（二）扁平化

DAO 打破了层级分明的科层制度，实现了各节点之间的平等化和组织形态的扁平化，账本的公共化则在一定程度上解决了信息不对称问题。此时企业管理过程中的各种信息，事件的传播不需要借助于层级制度上传下达，可以越过各中间层，快速地传达到决策层和基层，进而可以迅速对信息作出反应，这个过程相当于将传统公司的立体结构压为平面，从而使各成员处于同等地位之上。①

（三）开放化

区块链技术所具有的开放性特征，使 DAO 的数据是公开和透明的，运用分布式记账系统，数据库中的数据都会被同步到整个区块链网络中，区块链所有点对点的参与主体都可以读取和存储数据。依赖于智能合约，DAO 中的运转规则、参与者的职责权利及奖惩机制等均公开透明，有利于组织的运作协调、高效。

（四）智能化

传统企业组织结构由于“中心化”“官僚化”等特点易出现组织结构固化/运行效率低下的问题：所有工作均围绕中心决策层展开，由其发号施令，再通过等级链一层一层的向下传达，下级员工的目标取决于上级目标的确立。

DAO 则通过底层封装一系列支持 DAO 及其衍生应用的基础设施——互联网基础协议、区块链技术、人工智能、大数据、物联网等为技术支撑，以数字

① U. W. Chohan, “The Decentralized Autonomous Organization and Governance Issues”, Dus-cyssuib Oaoer, 2017.

化、智能化、链上链下协同治理为治理手段，改变了传统的科层制人为式管理方式，实现了组织的智能化管理，有效避免传统组织治理体系中低效、无效的沟通问题。

第二节　去中心化自治组织与公司治理理论的变迁

一、DAO 与公司决策问题

DAO 代表了组织形态的创新，它强调代码化的规则和契约，这不仅代表了一种新的组织形式，也对企业提出了新的治理问题。此外，根据科斯的交易成本理论，公司存在的根本原因是公司组织下的交易成本低于市场交易成本，而依托于区块链和智能合约的 DAO 的出现则将公司职能彻底分解和外包，将契约的范围扩展到极大的空间，消除了公司存在的动机，冲击了现有公司理论，因此研究现有公司治理问题，DAO 是一个值得探讨的角度。①

（一）传统公司体制下的决策问题②

美国经济学家詹森（Jensen）和梅克林（Mecklin）于 1976 年提出了代理理论。代理理论主要涉及企业资源的提供者与资源的使用者之间的契约关系。按照代理理论，经济资源的所有者是委托人，负责使用以及控制这些资源的经理人员是代理人。代理理论认为，当经理人员本身就是企业资源的所有者时，他们拥有企业全部的剩余索取权，会努力地为自己工作，这种环境下就不存在什么代理问题。但是，当管理人员通过发行股票方式，从外部吸取新的经济资源，管理人员就有一种动机去提高职务消费，自我放松并降低工作强度。显然，如果企业的管理者是一个理性经济人，他的行为与原先自己拥有企业全部股权时将有显著的差别。

代理理论还认为，代理人拥有的信息比委托人多，并且这种信息不对称会

---

① R. Morrison, et al. ,"Wingreen S. C. the DAO Controversy: The Case for a New Species of Corporate Governance?", *Frontiers in Blockchain*, Vol. 3, 2020, p. 25.

② M. C. Jensen, W. H. Meckling, "Theory of the Firm: Managerial Behavior, Agency Costs and Ownership Structure", *Journal of Financial Economics*, Vol. 3, No. 4 (1976), pp. 305-360.

逆向影响委托人有效地监控代理人是否适当地为委托人的利益服务。代理理论假定委托人和代理人都是理性的，代理人出于自我寻利的动机，会利用各种可能的机会增加自己的财富，但这可能会损害所有者的利益。

这两方面形成了詹森和梅克林所说的代理问题。① 研究治理问题首先要关注代理问题（agency problem）。现代公司将许多分散的资本加以集中，并聘用具有专业知识的职业经理人来运作企业，而作为代理人的经理人员和作为委托人的股东之间由于存在信息不对称和利益目标不一致的情况，经理阶层就可能采取偏离股东财富最大化的决策而使得自己利益最大化，同时股东也就必须承受由经理人员最大化自身利益行为所引致的代理成本，这种情况通常称为企业治理中的代理问题。2001 年美国能源巨头安然公司的董事会通过伪造会计报告来抬高股票价格从而赚取利润，这导致安然背负高达 6. 18 亿美元的巨额债务，不得不宣告破产②。酿成安然轰然倒塌的原因，便是企业代理问题。

（二）DAO 对公司决策的优化

公司治理中的代理问题，主要归纳为公司决策领域的问题和内部利益分配的问题，DAO 具有解决这些问题的潜力。

1. 解决信息不对称问题

DAO 以区块链作为基础，借助于区块链自身技术特征，可以从信息的共享性、真实性和实时性三个维度缓解公司内部的信息不对称问题。

首先，信息的共享性，即以去中心化使得区块链账本中每个节点同等发送和接收数据，在 DAO 场域下这些交易数据包括股权交易数据、资产交易数据和表决数据等。其次，信息的真实性，即以去中心化机制、公开公信与匿名机制和安全保障和追溯机制使得区块链数据记录不可篡改、不可伪造，从而提升安全性，保证各项数据都真实可靠。最后，信息的实时性，借助于智能合约区块，最新的交易信息可以及时记录在案，以美国纳斯达克证券交易所采用的区

---

① J. Michael，Wiliam Meckling，“Theory of the firm：Managerial Behavior，Agency Costs Andownership Structure”，*Journal of Financial Economics*，No. 3（1976），pp. 305-360.

② U. S. Securities and Exchange Commission，“SEC v. Andrew S. Fastow”，见 https：//www. sec. gov/litigation/complaints/comp17762. htm。

块链技术平台 Linq 为例，Linq 区块链为私人公司提供了记录创始人、早期投资者和员工所持股份转让的服务。由于不依赖任何第三方来验证和批准这些交易，标准结算时间从 3 天缩短到了 10 分钟。而且随着区块链技术的不断挺进，区块链交易确认时间还在不断缩短，信息的及时获取能够保证对公司的实时监督，提升监督的时效性。①

信息是决策的前提，基于此，DAO 的 Token 所有持有者都可以平等地获取相应信息和数据，这不仅使得持有者能够实时观察公司最新动态作出提议，在全面获取真实信息的情况下作出更慎重的决策，也可以有效积累证据资料及时发起相关追责程序，对违背整体利益的决策行为进行追责。

2. 解决决策参与问题

在传统公司体制中，决策往往由董事以及董事会作出，股东对决策起到的作用十分有限，而债权人、普通管理者及员工没有任何决策参与资格。在 DAO 中，所有 Token 的持有者都有权参与到决策中，这使得 DAO 中的决策能够考虑到各方面的利益需求，从整体长远利益出发作出集体决策，不再依赖董事会作出决策。②

3. 解决决策效率问题

在传统公司分层体制中，主要以面对面会谈和集体会议的形式作出决策，而这些形式往往以低效作为常态。企业所有工作的运作均围绕中心决策层展开，由其发号施令，再通过等级链一层一层向下传达，这也存在低效的问题。而在 DAO 中，一旦某一提案被提交到区块链，持有股份的股东将立即得到通知，并可以在短时间内行使他们的表决权，投票结果会在截止点之后立即获得，避免了层次结构的低效，将组织从自上而下的低效中解放出来。此外，DAO 依托智能合约运行，智能合约可以 24 小时高效运转，对于无需整体决策

---

① H. Singh, et al.,"Blockchain Technology in Corporate Governance: Disrupting Chain Reaction or Not?", *Corporate Governance: International Journal of Business in Society*, Vol. 20, No. 1 (2020), p. 71.

② W. A. Kaal, "Blockchain-based Corporate Governance", *Stanford Journal of Blockchain Law & Policy*, Vol. 4, No. 1 (2021), pp. 19-10.

的交易事项及时作出决策，提高决策效率。①

4. 解决投票问题

在传统公司体制中，存在徇私舞弊、计票不准、股东怠于投票等弊端。虽然表决行为并非纯粹意义上的交易，但通过技术转化，表决行为可以变更为一种“类交易”行为被记录在DAO区块链账本中。表决区块链化能够提升DAO表决结果的准确性、公信力和透明度，以防范传统体制中管理层和大股东操纵投票结果的情况出现。

在DAO中，所有Token持有者都可以提出议案，这就会带来整个组织可能会被海量决策事项淹没的问题。为应对这一缺陷，Dash DAO要求发起需要投票决定的议案应支付一定的费用来限制提案数量②。Trade Me则引入了声誉系统（reputation systems），为持有者发放声誉Token，持有声誉Token较多的持有者提出的议案会优先列入决策议程，以此解决投票事项过多的问题。

5. DAO对理性决策的作用

在DAO中，一大部分事项依照预先设置的智能合约执行，依托于原有代码作出决策并加以执行，排除Token持有者个人因素对决策的干扰，作出客观最优选择。③ 此外，在传统公司决策过程尤其是投票过程中，存在董事或者股东因对提案者的个人偏见而进行不理性投票的情况，在DAO中，Token持有者均为匿名，各个持有者无法得知提案人和其他投票人的身份信息，从而避免了因个人偏见而进行的非理性投票现象。

总之，依托于区块链技术和智能合约的去中心化自治组织，对现有公司决策中存在问题的解决具有十分重要的意义。

二、DAO与公司利益分配问题

正如前文所述，企业代理问题的另一体现即公司利益分配问题。在2020

---

① M. Petrin, “Corporate Management in the Age of AI”, *Colum Bus. L. Rev.*, 2019, p. 965.

② A. Sims, “Blockchain and Decentralized Autonomous Organizations (DAOs): The Evolution of Companies?”, SSRN Electronic Journal, 2019.

③ R. Morrison, “The DAO Controversy: The Case for a New Species of Corporate Governance?”, *Frontiers in Blockchain*, Vol. 3, 2020, p. 25.

年年末，哈佛大学法学院卢锡安教授和牛津大学赛德商学院科林教授就企业应坚持股东主义还是利益相关者主义展开了学术讨论，两位学者虽然持有不同的观点，但是都同意现有公司利益分配体制存在缺陷。①

（一）剩余索取权

1937年科斯在《企业的本质》中提出了契约理论，契约理论认为，所有的交易和制度都是一种契约②，企业的本质就是一系列契约的联结。詹森和梅克林认为企业是各种生产要素所有者之间以及他们和消费者之间一系列契约的集合。在契约理论的基础上，格罗斯曼和哈特（Grossman & Hart）创立了不完全契约理论，该理论认为，由于人们的有限理性、信息的不完全性及交易事项的不确定性，使得明晰所有的特殊权力的成本过高，拟定完全契约是不可能的，不完全契约是必然和经常存在的。该理论认为，契约必然是不完全的，契约中约定明确的权利为“特定权利”，约定不明确或隐含的权利为“剩余控制权”以及“剩余索取权”。剩余索取权是一项索取剩余（总收益减去合约报酬）的权力，也就是对资本剩余的索取。简单地说是对利润的索取，即经营者分享利润。③

（二）DAO对公司利益分配的优化

1. 利益分配决策

在传统公司体制下，无论是资本多数决定还是智识多数决定，最终总是由一小部分股东掌控决策，决定分配结果，中小股东并没有话语权，其利益难以得到充分保障。在DAO中，所有Token的持有者都有权参与到有关利益决策中，这就意味着DAO中的决策能够考虑到各方面的利益需求，从整体长远利益出发作出集体决策，不再是由小部分股东实际进行利益分配。④

---

① “Stakeholder Versus Shareholder Capitalism: The Great Debate”，2020年6月25日，见https://www.sbs.ox.ac.uk/oxford-answers/stakeholder-versus-shareholder-capitalism-great-debate。

② R. H. Coase，“The Nature of the Firm”，*Economica*，Vol. 4，No. 16（1937），pp. 386–405.

③ S. J. Grossman，O. D. Hart，“The Costs and Nenefits of Ownership: A Theory of Vertical and Lateral Integration”，*Journal of Political Economy*，Vol. 94，No. 4（1986），pp. 691–719.

④ W. A. Kaal，“Blockchain-based Corporate Governance”，*Stanford Journal of Blockchain Law & Policy*，Vol. 4，No. 1（2021），pp. 19–10.

2. 激励机制

传统组织形式下为了将交易成本内部化，以股票期权为核心的激励机制是有漏洞且病态的①，总是由资本拥有者赚取绝大部分利润，而为了维持等级制度，很难找到一种合适的激励模型来鼓励团队内的高素质成员参与事务，也难以让绝大部分成员有参与事务的自由。如果缺乏合适的经济激励措施，组织成员就没有理由将他们的时间、金钱和精力投入使组织变好的活动中去，没有动力也无法对改进组织的提案进行投票，或者根本不关心组织的持续成长和成功。如果没有具有作出明智决策所需的专业知识的成员的参与，组织治理就会停滞不前。而组织的管理层为了调动这一积极性，就需要花费更多的成本维持企业的正常发展。

不同与传统组织形式下以法定货币形式将利润向股票或者期权持有者进行分配，在 DAO 中，所有参与者都可以获得相应的 Token 以作为参与组织治理等为组织作出的贡献的奖励，并可以将 Token 出售来获得报酬。同时，如果组织自身的价值增长或者取得盈利，Token 的价值也会随之上涨，作为组织参与者的 Token 持有者便可以从组织发展中获得相应的利益，这种激励机制下，通过代币进行支付的 DAO 可以在一定程度上减少资本和劳动力之间的利润分配不平等，优化组织利益分配。②

为了验证 DAO 组织形式激励机制的有效性，亚历山大等（Alexander et al.）建立了一个可行的激励机制，该机制由两部分组成：首先，就像在传统企业中一样，以资产向工人支付交易费（奖励、工资），该交易费在任务完成后直接支付或以其他形式成为工人的潜在资产。其次，为了激发工作人员的最佳努力水平，依赖于一种数字形式的权益担保，使工人需要获得预定数量的系统特定代币，并将它们存入可信的智能合约或绑定钱包。这些资金随后被锁定，直到任务完成。如果成果是成功的，这些资金就会返还。否则，它

① J. A. Ritter, L. J. Taylor, "Workers as Creditors: Performance Bonds and Efficiency Wages", *American Economic Review*, Vol. 84, No. 3 (1994), pp. 694-704.

② A. Sims, "Blockchain and Decentralised Autonomous Organisations (DAOs): The Evolution of Companies?", Discussion Paper, 2019.

将被重新分配给客户，作为对他们损失的补偿，这一激励机制基本符合目前 DAO 的运作。① 其后他们通过现实中去中心化保险市场的数据模型应用，所得结果表明这一激励模型相对较小的风险下就足以使成员福利达最大化。这一试验说明 DAO 的组织形式激励机制对于成员的福利具有较高的帮助，也因此能够激发他们的工作活力。

第三节　去中心化自治组织的法律性质与运行机制

本质上，DAO 是一系列精密的智能合约或智能合约体系②，与合同集合论中的企业本质不谋而合，因而目前的观点普遍认为 DAO 这种以算法为核心形成的实体是一个组织。但算法组织所代表的法律性质还未明确，因此需要界定其法律性质，才有办法将算法主体纳入现有的法律组织形式并进行管理。目前对算法实体的法律性质主要有三种说法：公司说、合伙说和商业信托等其他学说。

一、公司说

公司说主要的观点认为 DAO 是一种有限责任公司形式，则参与者在其中负有限责任并合作管理公司。公司说是一种广泛的观点，美国学者一般认为算法化主体符合（特拉华）公司法对于有限责任公司（Limited Liability Company，LLC）的界定。LLC 成员仅以出资为限负有限责任，且具有自治权力，可以协议约定治理方案、所有权结构、法律义务等方面。③ 2021 年 4 月，怀俄明州（Wyominy）州长签署了一项由该州区块链、金融技术和数字创新技术特别委员会发起的法案，该法案是美国第一个允许 DAO 获得合法公司地位的法案。但实际上算法组织与传统法人的差别还是较大的，例如法人的独立人

---

① Braun Alexander, et al.,"Incentivization in Decentralized Autonomous Organizations", SSRN 3760531, 2021.

② Henning Diedrich, *Ethereum: Blockchains, Digital Assets, Smart Contracts, Decentralized Autonomous Organizations*, South Carolina: Create Space Independent Publishing Platform, 2016, p. 31.

③ 陈吉栋:《算法化“主体”：组织抑或契约?》,《东方法学》2021 年第 5 期。

格、两权分离等都与 DAO 的特征相悖。

二、合伙说

合伙说的主要观点则认为，将 DAO 认定为不具有独立人格的合伙企业更佳，且尤符合有限合伙企业的形式要件，因此认为 DAO 是一种有限合伙企业。算法主体是合伙企业的观点支持者甚多，这是由于 DAO 在结构上更符合合伙的特征：合伙企业中有人将资金投入企业，并分享利润和损失。但由于 DAO 的活动多数参与者为消费方，无意追求利润或与其他消费者承担连带责任，普通合伙企业的无限连带责任对于参与者来说显然是不公平且毫无道理的，因此许多学者在此基础上提出了进一步的观点。

也有观点认为，DAO 具备合伙企业本体要素，应定为合伙；同时考量可推知的投资者意思、发起人是最终控制者地位对比、衡平投资者权益保护与技术产业发展，投资者应承担有限责任，发起人承担无限责任，最终定性为有限合伙。① 陈吉栋则认为可以类推适用合伙型联营解决其有限责任问题。由于在结构上，DAO 在某些方面类似于一个传统的合伙企业，而各参与者（忽略具有较高地位的发起人）的地位相同且应当承担有限责任，故提出一种合伙型联合经营的观点，实际上也是认同算法主体的合伙性质。②

三、其他学说

关于 DAO 这类算法主体的法律性质主要还有以下观点：雷耶斯（Reyes）认为 The DAO 和其他基于智能合约的组织不是通过计算机代码创建一种新型的公司实体，而可能是一个非常古老、经常被遗忘的商业实体——商业信托③，即以信托形式组织起来的一种自愿联合体，基于当事人之间的信托契约而成立，以区别于依照法律规定而成立的企业组织。还有汪青松认为算法主体

① 郭少飞：《“去中心化自治组织”的法律性质探析》，《社会科学》2020 年第 3 期。

② 陈吉栋：《区块链去中心化自治组织的法律性质——由 Token 持有者切入》，《上海大学学报（社会科学版）》2020 年第 2 期。

③ Carla L. Reyes，“If Rockefeller Were a Coder”，*The George Washington Law Review*，Vol. 87，No. 2（2018），pp. 373-429.

应定性为“准组织”，可以参照适用相关的规定来进行管理，但是关于其真正的法律性质需要更深入的讨论，而非为了投入实务而匆匆决定。①

第四节　去中心化自治组织的发展困境

近年来，越来越多的 DAO 出现，具有代表性的有 The DAO、Aragon、DxDAO 等。2016 年 5 月初，The DAO 作为以太坊区块链上的首组智能合约和第一个去中心化自治组织项目诞生，其目标是为商业组织和非营利企业提供一种新的分布式的商业模式。在项目的初创期，The DAO 取得了巨大的成功，募集到了约 1270 万个以太币（当时市值约 1.5 亿美元），创下了区块链众筹项目的融资纪录。然而，由于 The DAO 尚处起步阶段，其本身存在的各种问题也逐渐显露。2016 年 6 月，黑客利用 The DAO 代码上的可重入性漏洞（reentrancy vulnerability），将近 1/3 的以太币资产转移到一个附属账户，The DAO 在被攻击的几小时内就丢失了 360 万个以太币，引发了区块链行业对 DAO 现存问题的讨论和反思。②

一、安全问题

DAO 建立在区块链、智能合约、人工智能等基础技术之上，由于这些技术本身的不成熟和安全隐患，DAO 目前也面临着较为严重的安全性问题。以智能合约为例，正如前文所述，The DAO 上链不久便遭到黑客攻击，超过 5000 万美元市值的以太币被盗，最后社区不得不以硬分叉的方式追回了资金。但此举违背了“代码即法律”的准则，引发了巨大争议。去中心化自治组织一旦上线，就无法在缺乏共识的情况下进行代码更改，而达成共识需要一定的时间，这有可能错过 DAO 的黄金“Debug”时间，进而对项目产生负面效应。这些问题极大地制约了 DAO 的发展，亟待解决。③

---

①　汪青松：《区块链系统内部关系的性质界定与归责路径》，《法学》2019 年第 5 期。

②　陈加友：《基于区块链技术的去中心化自治组织：核心属性、理论解析与应用前景》，《改革》2021 年第 3 期。

③　丁文文等：《去中心化自治组织：发展现状、分析框架与未来趋势》，《智能科学与技术学报》2019 年第 2 期。

二、技术局限性

DAO虽向往“代码即法律”式的代码化治理，但在实际操作中却很难实现。这是因为传统纸质合约中的法律条款和DAO智能合约中写入的规则之间存在巨大的语义鸿沟：前者为实现更高的通用性，通常使用简约、包容、灵活的自然语言在高度抽象层次上起草；而后者作为语义明确的代码，须使用严格且形式化的语言对规则进行精确描述。翻译过程中难免会引入误差，而且很多情况比如某些边缘案例是很难甚至无法编程的，这在一定程度上制约了DAO的应用和普及。①

三、法律问题

首先，DAO具有去中心化、跨国界、成员匿名化等特征，这就使得法律管辖权上存在争议，无法确定具体管辖国家。其次，目前全球范围内尚未明确DAO的主体性质，作为一个不存在注册商业实体的组织，DAO实际运营过程中一旦出现法律问题，无法确定具体适用的法律，是适用《公司法》抑或《合伙企业法》尚无定论，这将会导致难以追责以及缺乏事后救济等问题。因此，《公司法》等法律亟须对DAO作出界定，以便明确法律适用相关问题，使得DAO能够承担相应的责任并履行相关的义务。②

四、效率问题

现阶段DAO依赖于区块链技术和智能合约来运转，在采用PoW机制的情况下，每一个区块的写入需要约10分钟的时间，而这样的效率，难以应对未来大量高频的交易活动。因此，效率问题就成为制约DAO发展的条件③。

---

① P. De Filippi, S. Hassan, “Blockchain Technology as a Regulatory Technology: From Code is Law to Law is Code”, arXiv preprint, arXiv: 1801, 02507, 2018.

② 丁文文等：《去中心化自治组织：发展现状、分析框架与未来趋势》,《智能科学与技术学报》2019年第2期。

③ 杨东：《链金有法　区块链商业实践与法律指南》，北京航空航天大学出版社2017年版，第29—30页。

五、决策问题

DAO 中的这种投票权对于参与者是否公平？在大部分的 DAO 中，参与者仅能对策展人的提议进行表决，尽管策展人是可以被更换的，但这同样造成了一定的权力不平等。且由于参与者之间显著缺乏相互沟通及认知的可能性，这种分散性使得参与者很难清楚了解某些决议或共同抵制该项决议，某种可能性将会使得这种投票表决机制形同虚设①。

① Kyung Taeck Minn，"Towards Enhanced Oversight of 'Self-Governing' Decentralized Autonomous Organizations：Case Study of the DAO and Its Shortcomings"，*NYU J. Intell Prop & Ent. L.*，No. 9 (2019)，p. 139.

第 八 章

元宇宙与人类文明新形态

从马克思主义历史唯物观的角度，笔者认为人类历史知识体系的演化有一个规律，它分为四个阶段——原始分化、古代合一、近代分化、现代统一。原始时代受制于生产工具和能力的严重匮乏，人类只能依靠大自然的力量获得生存，自我认知能力不足，无论是西方还是中国在宗教神学独立分化的原始知识体系的阶段，人本身的知识体系尚未形成。第二阶段是古代的知识体系的形成阶段。这一时期虽然开始出现了一些知识体系的分化和细化，但基本上知识体系对于单一自然科学和社会科学划分不明显。第三阶段是近代分化。这样一种全面分科化、全面细化的知识体系还影响到了它的上层建筑，形成了一种全面分化的车身分离的政党、政治体系。笔者认为，工业革命、资本主义所形成的所有权制度、分配制度、意识形态等同样也是高度分化的。在数字文明时代，西方的三权分立、多党制、公开选举等高度分化的政治制度体系把社会导向更多元的分裂的格局。西方的金融危机、政治体系等弊端证明几百年来所形成的西方知识体系和经验的总结需要反思。针对近代知识体系的弊端，我们应该建构一种注重人与社会、人与宇宙的关系，实现和谐、融合、统一、开放、包容的全新的现代知识体系，特别是以信息技术、人工智能等为代表的信息科技的发展，极大地拓展了时间、空间和人们的认知范围。人类正在进入一个人机物三元融合的万物智能的互联时代。从互联网发展角度来看，元宇宙是人类进入继 Web1. 0、Web2. 0 之后的 Web3. 0 价值互联网时代的一种整合了多种新技术而产生的虚实相生的互联网应用和社会形态。当前新的时代、新的数字文明的新形态，是对旧的工业文明的一种升级、改造、取代。伴随着这种生产力、文明的发展，生产关系、知识体系也会发生重大变革重构。

第一节　元宇宙促使工业文明向数字文明迈进

工业革命时期以土地、劳动力、技术、资本等作为关键生产要素在生产中创造价值，随着人类进入数字文明，党的十九届四中全会通过的《中共中央关于坚持和完善中国特色社会主义制度　推进国家治理体系和治理能力现代化若干重大问题的决定》首次提出将数据作为生产要素参与分配，数字劳动成为数据价值发挥的重要途径。元宇宙即是在此背景下产生的，元宇宙为人类的数字劳动提供了大量的劳动场景，元宇宙中的 NFT 等数字资产不仅丰富了人们的生产协作方式、精神文化生活，元宇宙经济活动中通过数据共享放大数据价值的特殊属性完全不同于工业文明时代清晰的产权界定习惯。因此，元宇宙为工业文明向数字文明迈进提供了重要的场景和范式。

从刀耕火种的农业时代到大机器生产的工业时代再到当前的数字时代，不同的文明形态是建立在不同的经济发展基础上的，反映一定的社会发展阶段。显见地体现在生产要素的权重上。工业文明诞生于资本主义国家发展的早期阶段，公司制度作为一种工业文明的新型组织形式，将土地、劳动力、技术、资本等生产要素集中并创造价值。数字文明为数据赋予了能够与工业文明生产要素并列的重要价值，甚至成为最核心、最关键、最主要的生产要素。元宇宙将数字经济的发展推向了一个新高度，将加快工业文明向数字文明跃迁的进程。

第一，劳动方式和生活方式。劳动创造价值，是人生命价值得以实现的重要途径。作为生命价值的承载体，人需要劳动实践场域，以定义生命价值。不同经济时代呈现不一样的劳动方式，农业时代的农牧劳动、工业时代的机器生产、数字经济时代的数字劳动，形式各异。数字劳动体现以数据为核心的特征，围绕数据的生产和价值利用，更加注重个人的独立价值。元宇宙提供了大量的劳动场景，如以 NFT 的技术形式表达在元宇宙中创造的艺术品，NFT 可以授权使用，也可以转售。通过智能合约形成的 DAO，可以进行跨时空协作，在元宇宙中创作和分配价值。这些不仅便利了每一个成员的劳动实践，还放大了内在精神价值，提升了生命体验，丰富了精神文化生活。人是生命个体，劳动与实践都需要一定时间和空间，这样才有可能实现全面自由发展、彰显生命价值。① 在物质层面得到资源满足之后，人开始进一步追求精神资源的满足。

第二，确权方式。工业经济时代，所有权界定是市场经济法律体系的重要内容，产权清晰被放在市场交易基础的位置。以重要的生产要素土地为例，“其归属和利用的制度设置和运行，与社会稳定和社会发展紧密相连，与社稷的兴衰和人民的福祉息息相关”②。可见，工业时代清晰界定土地所有权对于土地的利用和价值实现至关重要。数字经济时代，数据在社会生产中扮演着越来越重要的角色，极有可能对现有经济社会体制带来颠覆性变革，并冲击传统产权法律体系。与其他要素资源不同的是，数据可以被重复利用，并且可以通过不断地归集结合和演化分析产生新的价值。③ 换言之，数据在流通和与其他数据结合的过程中，并未因此减损，相反其价值在不断积累和增值。可见，对于数据这种新型的生产要素，所有权或产权边界已经变得不那么重要，对数据的收集、分享和价值实现更应该得到更多的关注。在元宇宙经济活动中，由关注产权的清晰界定到注重数据生产要素的共享和价值实现成为主要模式。

第三，资产表达和分配方式。从生产要素在社会生产中的重要性程度分析，工业经济时代，社会的价值创作主要依靠大机器生产和大机器背后的资本，因此公司价值主要归属于股东。进入数字经济时代，数据生产要素在社会生产中发挥的作用越来越重要，围绕数据为核心，依托各类平台的公司要想取得成功的关键是创新的商业模式、卓越的创意和技术，但这些无法由机器提供，而是由数据生产者和价值实现者贡献。关键生产要素的变化需要匹配价值分配方式的变化。④ 如何对贡献者进行分配，对促进数字经济的发展至关重要。除明确数据作为第五大生产要素外，2020 年 3 月发布的《中共中央　国务院关于构建更加完善的要素市场化配置体制的意见》还明确数据的市场化

---

① 吕鹏：《“元宇宙”技术——促进人的自由全面发展》,《产业经济评论》2022 年第 1 期。
② 王卫国：《中国土地权利研究》，中国政法大学出版社 1997 年版，第 1 页。
③ 高富平：《数据流通理论——数据资源权利配置的基础》,《中外法学》2019 年第 6 期。
④ 于佳宁等：《元宇宙》，中信出版社 2021 年版，第 77 页。

分配原则，即按贡献进行分配。元宇宙借助区块链分布式账本技术，再造分配机制，使表现为数据形式的资产在分配上去中心化，借助透明、难以篡改机制促进不同节点数据的价值实现。以区块链技术为基础的通证经济，可以满足元宇宙经济系统的需求。如通过智能合约，Defi 可以自动完成所有金融活动的结算，NFT 可以使数字内容“资产化”，资产上链可以打通数字世界和物理世界的资产。通过区块链技术，元宇宙有望打造一个真正闭环的数字化经济生态。

第二节　元宇宙中共票与资源分配体系的新逻辑

元宇宙经济系统中实现的“数据资产化”建立了一种完全不同于工业文明时代的公司制组织模式。因此，笔者提出“共票”这一适用于数字文明时代的组织模式，基于区块链技术对数据的价值进行合理的分配，如同工业文明时期把土地的经济价值合理分配、资本投入以后的股权收益分配一样。“共票”的分配机制将来可能会取代股票的权益分配机制。

工业时代传统的公司制促进各个主体最大效能的发挥，是资本主义的核心体系，科斯定理为公司制度提供了最好的理论注解；现如今单一的公司制度无法适应数字革命，因而产生了平台。工业时代竞争的核心是机器、成本、大规模生产；而数字时代交易是根本，是交易大爆炸，从而产生了海量数据，数据自消费者处产生又反过来促进生产。交易大爆炸面前，科斯定理和公司制受到挑战，已经无法再适用于数字经济时代，数字经济时代亟须新的组织理论。

一、共票理论对组织理论变革的意义

数字经济时代，区别于资本主义的资本市场和股票逻辑，不再按照资本入股，而是按照数据入股，消费者给平台数据流量带来源头，这个源头也是尽头，最后的收益也再次回到数据的产生者，给数据触达的消费者一端利润回报。代理成本、两权分离、股票理论、交易成本等在数据面前失灵。

“共票”是基于区块链等技术对数据进行确权、定价、交易、开放、共享、赋能，实现集政府、劳动者、投资者、消费者与管理者多位一体的数据共

享分配机制。“共票”，一即“共”，凝聚共识，共筹共智，是能够真正共享的Token；二即“票”，支付、流通、分配、权益的票证，是多票合一，多个Token合一。共票并不是金融工具，而是一个权益证明与分配机制①。在数字经济时代，在数字地球之中，内嵌众筹精神的共票理论对组织理论具有重要意义。

在传统公司组织形态下存在股票，而在DAO中与之相对应的便是Token。目前“Token”在DAO中往往承担不只一种用途或功能，包括赋权、记账、奖励、支付、密钥、付费工具等。“Token”本身虽然意蕴丰富，但主要还是来源于计算机用语，缺乏准确性②。而在背后支撑共票理论的则是众筹理论，即通过众筹的形式，用点对点的方式将消费者和其他利益相关者联系、融合在一起，让全部利益参与者都能最大限度地共享利益。这与DAO的宗旨和性质不谋而合，将共票机制融入DAO，以Coken代替Token，更充分体现了众筹的思想，更符合当下市场主体需求。

二、共票理论对公司利益分配优化的意义

在组织内部利益分配方面，共票机制能够增强DAO对公司利益分配优化的作用。一方面Coken具有增长红利分享的功能，在吸收外部参与并贡献内部系统的同时，还能够对其给予足够的激励，实现组织内部利益分配的平等化；另一方面，Coken具有流通消费的功能，能够便利DAO内资源配置的优化，进而优化组织内部利润分配。

在数据赋权方面，共票为数据赋能，旨在实现两大功能：第一是价值发现，锁定高价值数据；第二是让每个参与者分享数据共享的红利，调动数据共享的积极性。③ 甚至从理论上来讲，以区块链为根本，借助以构建内生激励机制为核心的共票制度和相关理论，有望实现数据共享行为的有效激励。数据将不再是无价值之物或者一次性交易品，而将通过共票在不断分享中实现增值从

① 杨东：《Libra：数字货币型跨境支付清算模式与治理》，《东方法学》2019年第6期。
② 杨东：《“共票”：区块链治理新维度》，《东方法学》2019年第3期。
③ 杨东：《区块链促进区域创新发展的四大着力点》，《区域经济评论》2020年第3期。

而回馈初始贡献者，将此引入 DAO，可以进一步进行组织内部利益分配，将数据予以赋值，再借助 DAO 机制进行分配，从而实现 DAO 对传统利益分配问题优化作用的新境界。

总之，将共票和 DAO 结合，将会开辟全新企业组织治理形式。

三、共票理论对数字经济时代市场主体加速融合的意义

习近平总书记在中共中央政治局第三十四次集体学习时强调，发展数字经济是把握新一轮科技革命和产业变革新机遇的战略选择。① 其中之意在于数字经济健康发展有助于推动构建新发展格局，数字技术、数字经济可以促进各类资源要素高效流动、各类市场主体加速融合，助力市场主体重构组织模式。

在工业经济时代，包括投资者、经营者、劳动者、消费者、企业在内的各个市场主体之间相互分离。由于市场主体之间的相互分离，产生了两权分离理论、交易成本理论、委托代理理论等企业治理领域的理论，出现了代理问题、交易成本问题、信息不对称问题等一系列问题。在数字经济时代，区块链、智能合约、大数据等技术进一步发展，市场主体的界限开始变得模糊，逐步走向融合的趋势，即生产、服务者（企业）与消费者（人）、劳动者、经营者、投资者之间的融合。

作为数字经济时代的产物，“共票”是基于区块链等技术对数据进行确权、定价、交易、开放、共享、赋能，实现集政府、劳动者、投资者、消费者与管理者多位一体的数据共享分配机制。②

（一）权益分配角度

共票是一种权益证明和分配机制，并非金融工具。共票机制以众筹理论作为支撑，即在众筹模式下，让所有利益参与者实现最大限度的利益共享，一一对应消费者、生产者和其他利益相关者，将其融为一体。

---

① 《习近平在中央政治局第三十四次集体学习时强调　把握数字经济发展趋势和规律　推动我国数字经济健康发展》,《人民日报》2021 年 10 月 20 日。

② 杨东:《“共票”: 区块链治理新维度》,《东方法学》2019 年第 3 期。

（二）数据赋能角度

党的十九届四中全会指出，要“健全劳动、资本、土地、知识、技术、管理、数据等生产要素由市场评价贡献、按贡献决定报酬的机制”，首次将数据作为生产要素之一列入其中。相较于工业时代，数据俨然成为数字经济时代的“石油”。①

数据在数字经济时代的地位等同于工业革命时期的资本，数据收集则类似于资本集中。在数字经济时代，数据的采集、利用、储存和交易等一系列法律行为均会发生变化，新的法律主体和客体也就相应产生。如同公司制度和资本制度的形成一样，当前，一种有价值的数据正在产生。数据在性质、权利内涵、权属等各个方面存在的制度缺失，进一步会导致“搭便车”、道德风险和逆向选择等的出现并阻碍卡尔多—希克斯效率的实现。作为大众参与创造数据的对价，共票能够使得大众分享数据经济的红利。而大众通过共票参与数字经济也将赋予数字经济新的价值和发展驱动力。

一旦共票与数据嵌合，某一段数据可以被单独标识，并在不断使用、交换、再使用、再交换的循环中以单一匹配的共票作为定价工具在公开交易市场中实现价值发现的功能②，再被赋予分享与再分享之后，数据将不再是无价值之物或者一次性交易品，而将通过共票在不断分享中实现增值从而回馈初始贡献者。作为消费者的初始贡献者，通过共票机制，依托其数据这一“生产要素”，融入了分配环节，和劳动者、管理者、投资者相融合，成为同一主体，一同参与分配。

四、众筹制度对市场主体加速融合的意义

马克思曾言，股份公司是人类历史当中最伟大的制度发明，众筹也一样，作为一项同样伟大的制度创造，其拥有无限广阔的想象空间和发展潜力。最基本的众筹是指面向大众进行资金筹措，特别指面向个人、公益慈善组织或者商事企业的小额资金募集资助，众筹不仅是一种“资本为王”的融资行为，其

---

① 尹西明等：《数据要素价值化动态过程机制研究》，《科学学研究》2022 年第 2 期。

② 杨东：《以区块链技术解决金融领域“灯下黑”问题》，《国家治理》2020 年第 24 期。

背后更大的意义在于一种“以人为本”的社会资源低成本有效整合方式，从这个意义上来说，众筹制对于市场主体融合也具有极大意义。而众筹制是数字经济、共享经济时代所需要的新的组织形态，即以点对点、去中介的方式实现资金和资源的共享，克服并解决传统金融领域中如中间环节太多、信息不对称、不能有效定价所带来的各种弊端，实现点对点连接，打破中间环节，使融资成本更低、效率更高。①

资本家利用公司制度建立制度体系从而实现工业化大生产，通过股票的发行实现融资，这是工业革命的基础，而公司制也造就了工业革命。数字革命则需要众筹制，众筹制不是简单的众筹，是筹人、筹智、筹资本、筹渠道，是对资源的众筹。它将每个人的数据、资源点对点聚合，形成新的组织形态、融资方式和资源整合方式，是一种去中介化、点对点的组织形式。

区块链为这个众筹思想提供了技术支持，众所周知，区块链的发展已经进入 3.0 的阶段，在这个阶段，区块链和 5G、互联网、人工智能等众多技术相融合，通过其去中心化、不可篡改、可信共享等特征，提升全社会的运行效率和整体信任水平。区块链在多行业中与多技术进行融合，推动各个产业上链，背后所形成的价值互联网，使得劳动者和创造者无须依附平台就可以取得自身利益价值。在近几年的发展历程中也验证了这一理论的成功，诸如 DAO、去中心化交易所等形式的出现，就是为了打破传统经济组织模式下的“大而聚合”的格局，转而实现更为尊重劳动者、创造者、投资者付出的“小而分散”的格局，并通过“众筹”的形式汇合成足够的力量。未来，社区化的组织将会逐渐取代公司化组织，社区化、无组织点对点的模式将取代股东和中心化的公司组织。每一个社区参与者、价值创造者都可以得到共票，直接流通并获得相应的回报，突破资本主义金融垄断的局面。可以说，对于市场主体融合来说，共票是加速融合的工具，众筹制便是加速融合的核心理念。

---

① 杨东等：《互联网+金融=众筹金融》，人民出版社 2015 年版，第 30 页。

第三节　元宇宙发展促进共同富裕

元宇宙的发展需要数据利益的合理分配机制，为此，笔者提出共票理论，这实际上是一种凝聚共识、共享共治、共同富裕的理念。它是一种组织革命、制度革命、金融革命，当然根本是要解决数据的赋能的问题并且在元宇宙世界里需要构建新的监管。所以笔者提出双维监管法等一系列监管模式，从而构建一个新的数字文明体系。

2021 年 8 月 17 日，习近平总书记在中央财经委员会第十次会议发表重要讲话时强调，要坚持以人民为中心的发展思想，在高质量发展中促进共同富裕。① 共享发展是人人享有、各得其所，不是少数人共享、一部分人共享，共同富裕路上，一个都不能掉队。②

一、共票机制覆盖分配全场景，实现数字文明下的共同富裕

数字经济下市场主体样态发生重大变化，大型数字平台企业掌控流量入口，无序扩张其资本，渗透到行业的上下游，抑制了市场创新和经济可持续发展，损害了税基。而作为其扩张所依托的流量来源，人民群众作为数据贡献者却未能分享到平台企业的发展红利。政府在该环节中，由于数据信息的隐蔽性、传统财税制度的局限性等问题，亦未能对其数据红利征税。总之，该过程剥削了民众的数据价值，减少了国家的财政收入，损害了政府进行转移支付、促进共同富裕的基础，还造成了平台滋大、渗透行业、动摇执政根基等问题。

税收本质上是一种分配关系，以税收为工具调控社会主体收入，应以共同富裕为导向，兼顾公平和效率。从价值创造理论出发，考虑到政府、平台企业和用户均参与到了数据价值的创造过程中，因此税收关系的调整应着眼于各方分配关系的重建。当下的分配格局呈企业获其不应获之利，而政府及用户失其

---

① 《习近平主持召开中央财经委员会第十次会议强调　在高质量发展中促进共同富裕　统筹做好重大金融风险防范化解工作》,《人民日报》2021 年 8 月 18 日。

② 《习近平谈治国理政》第二卷，外文出版社 2017 年版，第 215 页。

不应失之利的状态。因此对政府而言，其问题在于如何在其他社会主体创造数据价值的过程中征税。对用户而言，其问题在于如何拿回属于自己的数据红利。二者实质上是数据价值分配的参与问题。随着人工智能、大数据和区块链等技术深入发展，经济形态的数字化造成数据权属及定价困难，而讨论权属及定价等传统“监管”手段，并以此作为价值分配的依据显然不适应新经济形态的发展。工业时代下的权属概念针对的是有形财产，其使用方式是可预见的，因此其用途和相应的财产权也较为清晰。① 但数据无形且可复制，能同时段、非独占使用，并依场景的转换而多次产生价值，不同数据的复合也能产生不同的利用可能。这就模糊了数据归属的边界，难以进行分割。定价的前提是某物利用价值明晰，对数据利用期待的模糊也造成了其价值确认的困难，由此形成了监管不能、分配不能的局面。分配问题悬而未决还使数据“持有方”平台企业产生了垄断数据的幻想，借安全、竞争之名高筑数据围墙，限制互联互通，在价格之外影响交易机会和消费者福利，妨碍数据价值实现最大化。②

诸多问题究其根本是错误理念引导市场、技术规制工具引入缺乏所致。权属、定价等“监管”手段调整的是分配关系，其目的在于更好地完成分配，因此当“监管”手段失灵时，要想解决数据价值分配的参与问题，应从单纯“监管”转变为全面“治理”的思维，并引入技术工具，完善自律监督。共票理论基于区块链实践，强调众筹经济下点对点生产的互联互通，参与、权益和分配三位一体的共建共享，并最终为实体经济而服务，造福人民群众。③ 从共票理论出发可知，监管状态下监管主体与参与主体互相提防，基于确定的权利边界划分权益。而治理状态下各方主体相互配合，基于弹性的共识框架分配权益。在以区块链为底层技术的开放式数据库中，所有的信息主体、信息需求方、信息提供方及监管方都作为一个节点接入公共总账本链，监管方主要负责审核运行标准、监督各节点遵守规则、处理各类投诉，保障整个平台运行的合

① 参见包晓丽、熊丙万：《通讯录数据中的社会关系资本——数据要素产权配置的研究范式》,《中国法律评论》2020 年第 2 期。

② 参见黄尹旭、杨东：《超越传统市场力量：超级平台何以垄断？——社交平台的垄断源泉》,《社会科学》2021 年第 9 期。

③ 杨东：《“共票”：区块链治理新维度》,《东方法学》2019 年第 3 期。

法良好氛围。① 作为链上节点的政府和个人将在按规定设置的代码规则下，因数据足迹贡献而持有一定额度的共票，按比例直接分享企业因从事数据相关活动所收益的红利，以实在利益分配覆盖传统确权、定价等手段，实现数据从谁拥有到谁享有，重构规制数据收益的分配关系。

在共票思想指引下，税收场景将被区块链技术彻底改造，政府借助智能合约将规则内嵌于代码使主体不能违“法”、借助分布式账本将合约外网络透明且可追溯化使主体不敢违“法”、借助共识算法将参与治理的红利有序分配使主体不想违“法”。如此可使市场自行运转，将中心化机构事后调查追责的监管模式转变为事前审核、技术规范、行为透明、数据留存、人人监督的去中心化的治理模式，在提升市场效率的同时极大降低行政成本。

数字时代下区块链技术重塑了生产方式，点对点交易带来的价值增益绕开企业组织，致使征税对象发生了根本性变革。因此不光是针对平台企业，新经济形态下的个人同样需要且能够在区块链网络上被纳入共票税收的规制范畴中，即以链上产出的实时收益为对象，回溯其数据足迹，据此量化并评估权益分配关系。

共票方案还使得国际税制场景下的双重征税问题迎刃而解。将不同国家作为节点链入网络，以约定比例共享共票，规范国际税收治理秩序，减轻企业负担，促进人类命运共同体的实现。

从技术到思想，共票理论回归分配本质，从根本上改造了分配关系。在给2021年世界互联网大会乌镇峰会贺信中，习近平总书记指出，要“激发数字经济活力，增强数字政府效能，优化数字社会环境，构建数字合作格局，筑牢数字安全屏障，让数字文明造福各国人民，推动构建人类命运共同体”②。可以设想未来数字经济征税场景中，没有公司、政府、个人等市场主体概念，只有作为参与者、享有不同权利履行不同义务的分配节点，更没有基于传统分配制度的税收概念，只有数字时代下红利共享的共票权益。共票下一切主体将数

① 王懋雄：《基于碳足迹的绿色金融发展路径探索》，《西南金融》2018年第12期。

② 《习近平向2021年世界互联网大会乌镇峰会致贺信》，《人民日报》2021年9月27日。

字化，其经济行为被平等地解构为量化数据，互联互通的数据将突破时空限制，无限次复合、获益并实时完成共票的精准分配，引向兼顾公平和效率的共同富裕，在数据即权益的共票世界里真正实现需要、参与和分配三位一体的模式。资本也将在透明的数字规则上有序运行，从根本上杜绝其泛滥可能，垄断行为将无处遁形，并引导服务实体经济。

二、以“共票”理论为基础健全数据权益的分配机制

（一）“共票”基础理论

数据在实现技术上的平等共享之后，还需要一套行之有效的激励机制，保证各个机构上传数据的质量和数量。“共票”（Token）是实现利益分配的机制，是以区块链为基础的机制创新。① “共票”可以通过赋予数据分享与再分享，数据不再是无价值之物或者一次性交易品，而可以通过“共票”再不断分享中增值以回报初始贡献者。② 一句话来概括，“众筹是核心制度，区块链是基础技术，共票是共享权益”③。

（二）为何需要通过“共票”推动数据流通及数据价值实现

当前数据流通是存在困境的，在政府层面，各部门出于对自身数据垄断利益或者对潜在风险的考量，往往不愿将数据共享给其他部门及数据开放公共平台，致使高质量公共数据供给不足。此外，由于目前政府数据开放依赖于与企业进行合作，而且缺乏成熟的制度安排，致使国家数据能力相对缺失，存在政府作为公共管理者的角色被弱化，政府数据开放的营利性增强而公共性减弱的风险，这也影响着数据开放的深化。在市场层面，一方面，企业基于自身利益的考虑，不愿意将自己收集的数据进行开放共享，反而试图对数据进行垄断；另一方面，目前主流的数据如用户行为数据、科研数据都是价值密度比较高的数据，政府、企业与个人之间想要达到无间的合作关系，则需要一定的信用

---

① 杨东：《Libra：数字货币型跨境支付清算模式与治理》，《东方法学》2019 年第 6 期。
② 杨东：《“共票”：区块链治理新维度》，《东方法学》2019 年第 3 期。
③ 杨东：《区块链+监管=法链》，人民出版社 2018 年版，第 43 页。

基础。①

无论是中心化还是分布式数据库，技术有限并非数据共享不充分的最根本原因，开放数据的潜在获益与维护责任不匹配造成的激励不足才是关键。为了破解激励不足困境，这就考虑以“共票”为制度革新寻找内生动力。

与资本、知识、技术、管理等要素一样，数据要素需要建立有效的激励机制，以增进国民福祉。就我国数据要素市场而言，数据要素拥有者的知识与信息生产创造等活动属于一种复杂劳动。因此，劳动者和资本、技术、管理、数据等要素提供者和拥有者在整个新价值（v+m）创造的过程中都需要参与分配。“共票”是实现利益分配的机制，是以区块链为基础的机制创新。“共票”具有如下特性：（1）增长红利分享的功能，以吸引系统外部参与并贡献内部系统；（2）流通消费的功能，促进流通以便利系统上资源配置优化；（3）权益证明的功能，是凝聚系统共识的机制与手段。破除阻碍数据流动的成见与壁垒，探索中国特色的数据开放共享模式，义无反顾地走向数字时代世界市场体系的中心，能够让数字时代的治理红利充分涌流。②

（三）“共票”与数据权益分配

过去数百年间，人类社会依靠公司股票制度成就了工业革命，发展了资本主义。但在公司股票制度下，产业的大部分利润归属于资本家，普通的劳动者很难参与利润分配，消费者利益保障步履艰难。而在新技术、新金融、新制度、新组织方式的背景下，需要组织革命、制度革命、金融革命予以回应，以实现真正的普惠和平等。

当下中国，以数字经济为代表的生产方式产生了新的经济模式，甚至颠覆了传统的基于所有权的经济模式。数据是数字经济的基础，而区块链则适应以数据为核心的数字经济发展。在众筹制取代公司制后，分配机制也应当有所改变，即共票取代股票。③

共票可以克服传统股票的大资金为上、小资金为下的这种局面和弊端，能

---

① 杨东：《以“共票”理论指导区块链经济》,《当代县域经济》2018 年第 9 期。

② 杨东：《让老百姓分享数据经济价值》,《中国信息界》2019 年第 5 期。

③ 杨东：《共票经济学：“票改”的意义》,《金融时报》2018 年第 12 期。

够让老百姓和消费者当家作主，获得自己该有的利润分配，而不是资本家垄断的形式，充分体现利益分配机制的公平性和平等性，这是共票最大的生命力和价值所在。

通过共票，可以推动数据拥有者主动积极共享数据，赋予数据分享与再分享以价值，数据不再是无价值之物或者一次性交易品，而可以通过共票再不断分享中增值以回报初始贡献者。①

当下，以区块链等为代表的新一代信息技术正在推动实现从监管转向治理的思维转变，“共票”是区块链上集投资者、消费者与管理者于一体的共享分配机制，它是吸引系统外资源投入后给予的回报，这种回报通过区块链系统的运行实现价值。每一个价值创造者都可以获得共票，进行直接流通，并获得相应的回报。也就是说，数据权益带来的利益必须及时返回金融消费者，保障金融消费者财富收益。② 在数字经济时代，存在金融消费者数据权利与互联网金融平台冲突的情况，也存在数据竞争、数据壁垒、数据劫持、数据爬取等问题。引入用益权可以解决数据权属问题，不仅能够实现用户和企业之间的权限分配，还能调和不同数据企业之间的利益冲突。只有承认数据用益权，才可以合法有效地对数据进行处理、控制、研发、许可乃至转让；只有对金融消费者的数据价值保持尊重，才能承认互联网金融平台对于金融消费者的数据支配权。

实践方面，区块链落地地方政府贵阳之后，也帮助青岛、杭州、深圳、娄底、成都、重庆等地方政府开展相关应用实现工作，探索共票经济理论和区块链技术的落地实践。破除垄断把利润分配到普通参与者之处，和时代发展方向相契合。包括像参与阅读、消费之类就可以获得相应的 Token，举一个商业方面的例子，例如环球蜂数贸优选店就得到了共票理论的指导，为消费者赋能。在环球蜂数贸优选店获得的消费型数字积分是基于区块链技术为商品购买者提供的一项权益，具有不可篡改、实时到账、积分不会膨胀与清零的优点。

---

① 杨东：《以区块链技术解决金融领域“灯下黑”问题》，《国家治理》2020 年第 24 期。

② 杨东等：《数字经济时代金融消费者信息保护的核心要素》，《清华金融评论》2021 年第 2 期。

“众筹是核心制度，区块链是基础技术，共票是共享权益。”现如今，区块链技术的物理性能并不高，相关落地项目也不多，但应当看到区块链带来的制度革新前景。区块链是真正符合众筹理念的基础技术，以共票理论为基础健全数据权益的分配机制有利于我国赢得数字革命时代制度变革的领先契机。

第九章

元宇宙风险及其治理维度

元宇宙拓展了现实世界的体验外延，给用户带来更加丰富多彩的精神满足，增强了用户感知和探索外部世界的能力。与此同时，在元宇宙中，用户基于虚拟身份所实施的行为可能引发新型伦理问题；用户虚拟行为和网络空间高度融合带来网络犯罪风险；元宇宙中海量的数据收集也将带来用户数据安全风险；等等。元宇宙产生了一系列违背伦理和违反法律的风险，亟须加强相应的数字治理和监督管理。然而，由于这些风险处于虚拟世界（或者虚拟和现实交叉处），导致治理元宇宙要比治理现实世界更加复杂，需要创设性地构建元宇宙的风险治理体系，以保障元宇宙健康有序地运行。下文将围绕元宇宙中的典型风险及其治理方式展开讨论。

第一节　以链治链：技术驱动型的去中心化治理模式

一、基于区块链技术的元宇宙世界天然存在风险

元宇宙是数字经济时代转型的结果，它的实现主要是以区块链技术创建的虚拟货币、DAO 等分布式架构为基础，运用去中心化特点构成元宇宙自治体系，在现实世界和虚拟世界间进行数字资产生产和转换。因为元宇宙建构的自治系统受外部制约因素，和现实有很大差异，而且高效率的价值网络要求产权界定和自由交易得以达成，这一切也正是区块链技术无法篡改和复制、智能合约和去中心化等特点可以帮助达成的。

所以元宇宙世界和持续创造类似于实时创新社会，它依靠区块链来提供各种应用服务并建构一系列算法规则进而达成某种信用共识机制，有效地拓宽人依靠虚拟身份进行经济活动和社会活动的领域，以期激发出各种新的需求和价值并构建出新的内部经济体系，最终在物理生存的现实世界和虚拟生存的元宇宙世界之间建立起价值连接和价值重构。但作为元宇宙世界底层基础设施——以区块链技术为核心的网络平台，一方面面临着伴随分布式账本技术而产生的内在危险，即使全球网络中所有数据在任意时刻和任意节点上都可以接入，面临数据泄露的危险；另一方面也面临着伴随新兴平台服务而产生的危险，也就是目前全球元宇宙系统实际上主要受控于单个或者少数几个运营商，用户数据、算法规则和经济系统都受控于运营商，面临数据不正当获取和使用的危险。

二、数字经济时代监管理念存在转变的必要性

工业经济时代公权力面对经济社会新变化，倾向于采用责任思维为中心架构的权利研究范式，即通过授予市场主体权利来维护权益，对权利损害要追究侵害主体法律责任。然而，数字经济时代市场上各主体间的关系已经发生很大改变，元宇宙时代的利益结构和作为利益主客体的类型也随之改变，使得国家应对新兴业态和颠覆式创新更注重行为的动态性，给予主体行为以某种约束或者制定规范等方式以维护利益而不是赋权。

在元宇宙世界风险预防与控制问题面前，传统工业时代生发出来的监管技术与监管理念需要顺应发展，向“自动化”迈进。具体策略应由简单违规打击向合理合规引导转变。从体制上看，从现实需要出发重构立法与执法层面，突破传统监管路径依赖并在元宇宙法律监管维度之外加入科技维度并形塑双维监管体系。从格局上看，从工业经济时代传统单一监管工具到社会共治多重治理措施再到提升新领域自律监督。从手段上看，以技术应对技术的姿态，运用监管技术等新手段，引进能适应前沿技术的技术工具（如观测并激励相关平台开发），运用相关算法反制技术来减少算法对于市场竞争的不利影响，使执法逻辑顺序具有一定弹性，加强事前监管与事中监管，实现事中严厉惩罚；同

时兼顾事后监管以及预防性监管等制度建设。

三、"以链治链"理念下的元宇宙风险防治方案

对于元宇宙风险治理而言，基于外部干预角度，可运用"以链治链"原则，构建以"法链"为主线的技术治理模式并高效实施战略，以控制元宇宙中的风险，提升区块链生态安全监管与治理能力，推动元宇宙良性发展、惠及大众，成就数字正义。"以链治链"具体包括两个层面，一是"以链治链"，二是"以法入链"，从而协同管理区块链技术采集并存储分析自元宇宙主体和事件中的信息。数据安全在元宇宙商品生产、确权和交易等行为上都是至关重要的，与现实世界有形商品不同，元宇宙数字商品是"任何电子或其他形式的信息记录"，因此受数据安全法保护。从技术上讲，元宇宙世界数据结构层面的安全治理与区块链技术密不可分，这就需要元宇宙应用服务平台构建区块链系统的同时应用区块链对核心数据进行管理，对重要数据进行存储，帮助实现以信息对称为前提的信任对称。若在传统中心化数据存储模式下，中央机构系统总体或者组件的缺失将加大数据丢失或者泄露的风险，从而影响数据应用的安全性。具体到应用环节中，区块链技术不可窜改、安全追溯等特点也促进了数据安全的提高，为实时、优质地应用数据提供了可靠的保障。相关工作人员通过区块链技术和数据库技术的融合运用，实现了数据与用户使用权限的分离，可以有效地管理个人数据信息，并实现点对点的传递，实现了去中心化。同时在区块链系统运行时，元宇宙主体可以随时改变访问权限，且相关操作有透明和可审计等优点，用户可以清楚地了解数据的特定应用性质，从而保证数据的安全性，增强交易安全。①

"以链治链"的监管模式，可以形成链上链下协同的安全保障机制，满足构建元宇宙世界链群的安全风险防护需要。互联网跨链技术推动区块链技术向更高维度进化，但也暴露出区块链技术存在的缺陷，特别是加大了依靠这一技术发展的元宇宙世界的危险。具体来讲，区块链技术面临着安全管控手段的缺

---

① 高一乘、杨东：《应对元宇宙挑战：数据安全综合治理三维结构范式》,《行政管理改革》2022 年第 3 期。

乏，风险感知和预警的滞后性，以及企业治理系统的高强度负担的挑战。鉴于区块链生态所面临的安全风险及多维监管要求，有必要由公权力主体和区块链平台服务提供者协同合作，把监管链嵌入元宇宙所依托的链群之中，并从技术层面上实现集成、接入、运用等诸多功能。构建协同监管技术框架，共性安全风险指标体系并划定政府监管部门及第三方监督机构可进入链群权限，保障风险防治正当合规并形成合理责任分配和追责机制。

“以法入链”智能化监管能够节省元宇宙世界的监管成本，同时也能提高监管效率。以法律代码化理念为指导，采用形式化方法建构监管法规形式化表征机制，通过智能合约或者共识机制向监管链映射，产生精确性、一致性、完备性强的监管合约或者协议，从而达到监管法规“以法入链”的追求。其实质是把监管法律法规语言变成计算机可辨认的代码，建立监管法规代码化精确性、一致性、完备性校验机制等，例如对《数据安全法》《个人信息保护法》等法律法规进行代码化并上链等，从而为在区块链搭建的元宇宙世界中实现对安全风险的合规规制提供操作支持。监管法规形式化合约表达为“以法入链”提供了重要依据，为弱信任区块链生态下信任对称提供了合规基础。智能监管重点研究监管法规形式化表达技术以提高监管法规代码化精确性、一致性、完备性，达到对典型业务场景下监管法规进行形式化合约表达的目的。

《国务院关于印发“十四五”数字经济发展规划的通知》明确提出要支持区块链技术研发和应用，增强政府数字化治理能力，为广泛开展数字经济合作提供基础保障。目前国内各级地方政府亦开始对区块链技术进行研究、应用和监管，以做好数字经济下的“新基建”建设。采用“以链治链+以法入链”的协同监管理念能够有效规避区块链技术带来的安全风险，“时序交易”串联而成的区块链形成了信息执行证据，改善了数据利益分配机制，使数据要素加速市场化流通有助于增进社会总福利。通过保障元宇宙全球区块链技术风险可控性，符合当前越来越多地方政府元宇宙产业布局发展趋势，使得监管理念、监管技术能够适应促进元宇宙成长的政策规划，使得在政府规划和治理监管之下，依托于中国科技、中国智慧所塑造的元宇宙具有效率和安全两大优势，进而使得全体国民向着共同富裕的目标坚实前行，促进国家治理现代化及人类命运共同体的达成。

第二节　PDA 分析范式下的元宇宙治理

“十四五”数字经济发展规划直指完善数字经济治理体系的发展目标。数字经济之中出现了有别于工业时代的主体组织，衍生出以撮合交易为核心的力量。① 为防止重蹈运动式主体治理模式的覆辙，元宇宙主体组织模式的重构需要扬弃 DAO 优缺点，从而建立一种开放共享、激活数据价值、增加社会整体福利的组织模式。以自上而下、政治动员的方式来调集资源的运动式治理是我国社会治理模式的典型，严重影响了组织效率，并且与法治理性不兼容。② 法治兴则民族兴，法治强则国家强。③ 一方面，监管机构要防止不法分子打着元宇宙的旗号实施集资诈骗；另一方面，建立事前、事中、事后监管，及时处理针对虚拟货币、元宇宙房地产等数字资产的恶意炒作。互联网的发展及科技的进步无时无刻不在发生，一旦错失了先发的干预机会，极有可能导致治理赤字的发生。平台—数据—算法（PDA）分析范式是基于中国特色社会主义而原创的数字经济理论，考虑到网络空间的跨越性，应当分别从平台、数据、算法三个维度对组织理论进行重构，以促进权责利相统一。平台、数据、算法三者互相耦合，既相互独立又相互联系，该范式可以为元宇宙主体组织模式重构贡献中国原创路径，如图 9-1 所示。

一、元宇宙发展以开放互联为始终

元宇宙将实现万物互联，元宇宙内的规则制定将不可避免地涉及公共事务的治理，仅仅依靠组织自治无法满足维护各方利益的现实需求。平台治理的目

---

① 杨东、臧俊恒：《数字平台的反垄断规制》，《武汉大学学报（哲学社会科学版）》2021 年第 2 期。

② 周雪光：《运动型治理机制：中国国家治理的制度逻辑再思考》，《开放时代》2012 年第 9 期。

③ 习近平：《坚持走中国特色社会主义法治道路，更好推进中国特色社会主义法治体系建设》，《求是》2022 年第 4 期。

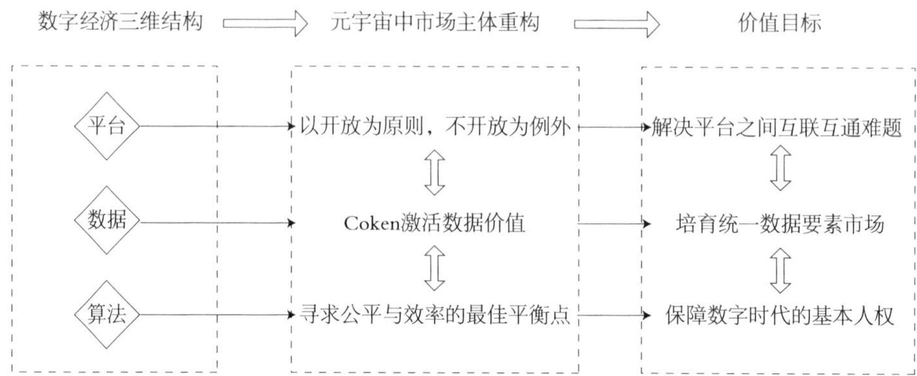

图 9-1　PDA 分析范式下元宇宙主体组织模式图

标之一是实现平台去中心化。[①] 目前国内的某社交平台，通过内设小程序的方式，进一步将生产要素集中化。虽然小程序具有一定的便捷性且比手机官方应用商店内的程序占用内存小，但更应当看到的是，平台的异化给现代社会带来的冲击。异化是指原本由人类创造的物质、精神产品变成控制人类，甚至统治、主宰人类的产品的一种现象。数字平台拥有其内部组织中规则制定、事务管理、纠纷解决等权力。它既可以通过拒绝交易防止竞争对手在该平台设立小程序，又可以通过"权力寻租"的方式纵容一些违法违规的小程序，例如一些违法收集人脸数据的小程序等，还可以通过控制舆论的手段，抹除对自身不利的信息。

平台异化现象的根源之一便是资本的无序扩张所导致的平台垄断。社交平台具有自然垄断的特性，利用用户数据进一步塑造竞争优势。资本为了获取垄断利益，占有数据资本成为获取公权力的重要方式，逐渐形成对政府权力的"侵蚀"。[②] 组织模式的重构必然带来权责利的变化，也要求行政改革推进治理能力和治理体系现代化。[③] 以社交平台为代表的"中心"平台掌握核心数据、控制流量入口，扼杀竞争甚至制定竞争规则，而"外围"平台只能依附于前

① 范如国：《平台技术赋能、公共博弈与复杂适应性治理》,《中国社会科学》2021 年第 12 期。

② 杨东、徐信予：《资本无序扩张的深层逻辑与规制路径》,《教学与研究》2022 年第 5 期。

③ 杨东、徐信予：《数字经济理论与治理》，中国社会科学出版社 2021 年版，第 70 页。

者成为相对下游的应用场景。

然而，以 DAO 为组织模式建立的社交平台的出现将对目前高度集中化的社交平台模式带来巨大的冲击，将改变流量的通道。DAO 通过去中心化技术实现组织之间的交互、竞争与协作，不同于流量垄断模式下的寡头竞争，其为各类主体组织特别是中小企业破除了超级平台的集中控制，进而为它们提供了更为广阔的发展空间。在多元化流量入口的竞争中，元宇宙中 DAO 发展模式将为各类主体组织特别是中小企业创造广阔的发展空间。很多互联网企业很可能进军元宇宙并创造许多新的就业岗位。① 一般来说，法人组织需要登记才能作为主体参与市场活动。DAO 并不一定要采用传统的公司或企业的登记方式，也不一定要生搬硬套地考虑主体监管问题。与时俱进地理解线上线下相统一的原则，通过科技手段建立主体智能登记方式，有助于形成大众创业、万众创新的局面，刺激数字经济的增长。中小微企业创造财富、吸纳就业、共享税收的创新主体，是中产阶级比例最高的就业方向，最终推动人民实现高品质生活。

二、空间再造：实现数据价值的理想

元宇宙经济与数字经济的关系密不可分，数据是元宇宙中的核心生产要素之一，不仅反映出供需关系，还涉及个人隐私，甚至关系到国计民生。在数据资源垄断，甚至是数据资源通道垄断的背景下，人民无法共享数字红利，社会总福利下降。欧盟 2022 年 2 月出台的《数据法》提案明确指出来自不同行业的高质量、可交互的数据促进了市场的竞争和创新，并确保了可持续的经济发展。应当构建数据安全、数据保护、数据共享目标融合的数据治理体系，以创新驱动数字经济发展。数据主权争端使科技巨头公司与某些国家对立。② 在元宇宙中数据时刻在 DAO 中产生，如何进行数据确权是必须面对的难题。共票

① Muhammet Damar，“Metaverse Shape of Your Life for Future：A Bibliometric Snapshot”，*Journal of Metaverse*，No. 1（2021），p. 7.

② Andrew K. Woods，“Litigating Data Sovereignty”，*The Yale Law Journal*，No. 2（2018），p. 337.

为公众贡献数据提供了对价，通过合理地使用区块链技术固定数据价值，根据数据贡献程度分配价值。① 基于数据贡献价值形成的共票可以为数据要素市场化流通保驾护航，赋能数据驱动型经济。

共票理论有助于重构主体组织内部的利益分配机制。该理论着眼于数据价值锚定的同时，还为数据价值共享提供了全新思路。具体而言，一是价值发现，锁定高价值数据的同时为数据使用者提供了路径指导；二是让每个参与者分享数据共享的红利，通过区块链为数据赋权，让每个数据提供者都有参与数据共享的权利，并从调动数据共享积极性的层面解决数据流通性的激励问题。共票经济学与卡尔多—希克斯改进一样都是以社会总福利作为衡量标准，但后者仅关注了该标准，没有对个体状况进行具体考察。例如，制度改革使相对富裕的群体受益，但随之而来的成本却外化到其他不太富裕的群体身上——流向富人的财富是否会产生足够的额外福利来抵消相对贫穷的人损失的财富。共票理论通过社会资源的重新配置使得至少有一个人的福利水平提高，同时其他人的福利水平并不下降，与经济学上的帕累托改进不谋而合。

三、平衡算法的社会价值取向

监管机构介入科技巨头应用算法的进程反映了“效率—公平”价值取向的反思。DAO 之中智能合约的应用使得算法成为组织自动化决策的重要工具。算法的出现是基于可获得和可测算的数据，针对数据信息的分析从而得出一般性的结论，从而指引网络空间的塑造。例如，算法推测两个人之间的亲密度，可以从聊天的频率以及其他方式的互动中得出。然而大部分算法没有考量到公平这一社会价值，一方面，是因为算法可能很难将公平代码化；另一方面，若是考量了公平，可能使算法的效率变低，与企业追求利益最大化的诉求相悖。如果算法决策代替了人脑决策，那么人权被侵犯的可能性便会大大提高。② 基于数学模型的算法往往是用来评估大量的人群，可能导致相对贫穷的社会底层

---

① Dong Yang, *Blockchain and Coken Economics*: *A New Economic Era*, UK: Authorhouse, 2019, p. 107.

② 马长山：《智慧社会背景下的“第四代人权”及其保障》,《中国法学》2019 年第 5 期。

群体的利益受到损害。① 从“被困在系统里的外卖骑手”等社会热门事件中可以看出，在资本无序扩张背景下数字企业制定的算法天然地具有剥削底层劳动力的倾向。

DAO 作为算法服务的提供方应当落实提供该服务的主要责任。在数字时代，极少数的精英可能通过超级算法掌握财富和权力，并利用大数据操控底层群众的内心，少数精英会成为社会的主人，绝大多数人类沦为数字难民，进而造成完全不平等的社会。② 当用户受到或者可能受到算法的侵害时，DAO 应当提供算法逻辑的初步解释或者给予用户脱离自动化决策的权利。算法解释将在 DAO 与用户之间建立沟通的渠道，修改不合理的自动化决策，进而构建信任的桥梁。脱离自动化决策权则给被算法霸凌的群体最后的救济手段，通过退出自动化决策的进程防止错上加错的恶性循环。③ 同时在传统的算法监管模式下，应当加入科技监管手段，构建双维监管体系以科学审慎地平衡效率与公正之间的权重。④

第三节　数字身份及其治理

在元宇宙的世界里，用户通过数字身份产生社交互动和社会协作，创造新的话语和实践方式、生活状态⑤。一方面，用户的数字身份本身就应当受到法律的管制和伦理道德的约束；另一方面，用户通过数字身份在虚拟世界中实施各种行为，同样也需要法律的监管和治理。

---

① ［美］凯西・奥尼尔：《算法霸权：数学杀伤性武器的威胁》，马青玲译，中信出版社 2018 年版。

② ［以］尤瓦尔・赫拉利：《未来简史——从智人到智神》，林俊宏译，中信出版社 2017 年版，第 29 页。

③ 唐林垚：《“脱离算法自动化决策权”的虚幻承诺》，《东方法学》2020 年第 6 期。

④ 高一乘、杨东：《应对元宇宙挑战：数据安全综合治理三维结构范式》，《行政管理改革》2022 年第 3 期。

⑤ 王卫池、陈相雨：《虚拟空间的元宇宙转向：现实基础、演化逻辑与风险审视》，《传媒观察》2022 年第 7 期。

一、数字身份体系构建概述

（一）数字身份概念及类别

身处数字经济时代浪潮，如何打通现实世界和数字世界的身份映射与识别是开展数字世界一切活动的基础，也是更好发挥数据要素价值的关键。数字身份主要解决数字世界中“你是谁”的问题，是线下物理主体的网络映射，可分为国家法定数字身份和场景化数字身份。场景化数字身份又可分为单一应用场景产生的普通数字身份和由多个机构主体联合进行第三方认证的可信数字身份，可信数字身份体系的引入从底层技术上革新了数据生态的隐私保护机制。

1. 法定数字身份

由国家公安管理部门或其授权机构根据国家身份证法规定的要素和生物识别要素，运用信息技术与线下个人身份认证形成映射关系的网络数字凭证，是法定信任基础级的身份凭证。

2. 普通数字身份

是单一应用场景产生的数字身份。它是各平台（机构、商家）根据各业务服务系统的要求，由本机构签发的、面向各业务系统及其关联系统应用的，可作为业务凭证的身份凭证。

3. 可信数字身份

由行业主管部门与其授权机构或者市场机构的联合体认证的数字身份。参与机构在通过一定的认证手段对普通数字身份的置信程度进行提升后给出的凭证，借以简便高效地实现数字身份在多个场景和多个生态圈中的互联互通。根据不同行业不同场景 KYC（know your customer）需求不同，可信数字身份可发挥两种作用：一是在验证用户身份的同时保护用户隐私，为业务数字身份提供个人信息授权访问、隐私保护、可控匿名、最小化数据传输验证等功能；二是打通不同机构间的数据孤岛，为业务数字身份提供一网通办、开放互通、避免重复建设和验证相同行业属性、打通同业市场等功能。

（二）数字身份设计原则及隐私保护要求

数字身份是线上活动中身份识别与认证的基石，从可信有效角度考虑，设计中至少应满足安全与可信性、可追溯性和通用性的要求；从隐私保护角度考虑，至少应满足最小化披露性、不可任意归集性、数据脱敏、数据自主权保护、业务规范与合法性、业务透明公开性、生物特征数据隐私保护性等要求。个人敏感信息和身份认证所需的生物特征信息由法定数字身份收集储存，其他场景身份按最小适用必要原则收集信息。在场景数字身份认证过程中，如需使用生物特征信息可通过与法定数字身份验证比对的方式获取。非认证需要的生物特征信息，可按法律法规要求储存。

（三）数字身份体系构建的国际实践经验

目前，多个国家和经济体已将数字身份体系构建提升为国家战略，如2011年美国《网络空间可信身份国家战略》和2010年欧盟《泛欧洲eID管理框架路线图》。同时，各国在具体立法方面也做了很多尝试，例如英国，2022年3月宣布启动立法，2022年6月制定第三版信任框架；美国弗吉尼亚州先后出台了《电子身份管理法案》和《电子凭证法案》。相关法案均在数据身份的增强隐私及自愿使用、安全可扩展、互操作性、高效易使用等方面提出了严格要求。

二、数字身份技术可行性分析及现存问题

在身份识别方面，各机构已普遍开展数字身份识别与认证体系建设，国家网络身份认证公共服务基础设施建设正在稳步推动，但在相关法律法规和基础设施建设方面仍有提升空间。

数字身份技术包括数字证书、快速在线身份（FIDO2.0）、去中心化身份（DID）等。数字证书（DigiCert）是目前最为安全有效的身份识别与认证手段，但存在易用性低、不易普及等问题。快速在线身份（FIDO2.0）的特点是不依赖“共享秘密”，但也存在无法跨多个设备使用的问题，以及设备丢失所带来的不确定性风险。去中心化身份（DID）的特点是安全持久、自主可控、支持隐私保护、可移植使用，但也存在基础设施构建与可信治理体系建立等方面的困难和障碍。在中国目前的国情下，法定数字身份底层技术必须采取中心化的网络技术，法定数字身份的使用场景及场景数字身份可根据实际需要采取

中心化或分布式技术，各类数字身份系统均应预留监管窗口节点以确保良性运转。总体而言，目前缺乏完善的数字身份体系，存在数字身份互认互信难、大规模认证性能不足、数据隐私保护成本过大等挑战。基于区块链分布式数字身份管理和服务模型等方面的研究还相对薄弱，对分布式数字身份管理技术与验证的研究也相对欠缺。

三、数字身份治理革新：基于区块链的大规模数字化身份管理系统

针对分布式数字身份分散、互认难、互信难的问题，应研究面向多数字身份凭证的数字身份互认模型，研究面向数字身份凭证的数字身份聚合和验证技术，研制基于区块链的分布式数字身份管理系统，支持分布式数字身份的识别、认证、聚合和溯源，实现分布式数字身份的高效可信管理。基于区块链的大规模数字化身份管理系统见图 9-2。

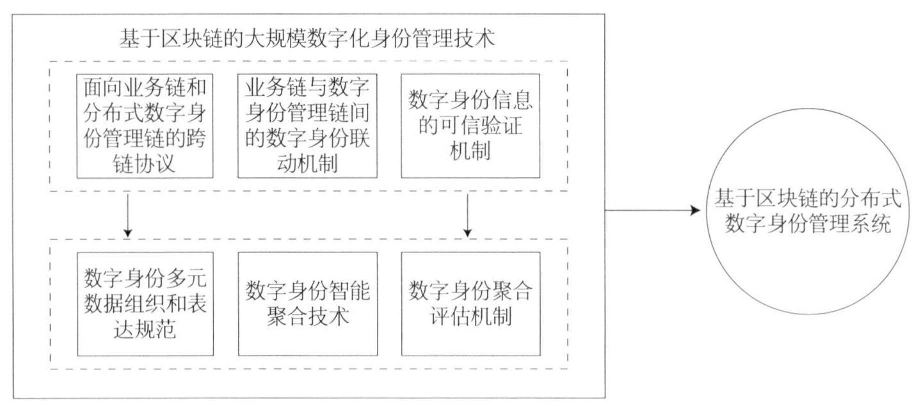

图 9-2　基于区块链的大规模数字化身份管理系统

首先，分布式数字身份跨链互认模型和可验证的分布式数字身份聚合技术有助于构建基于区块链的大规模数字身份管理系统，实现分布式数字身份的跨链聚合和统一验证。在分布式数字身份跨链互认模型设计方面，面向业务链和分布式数字身份管理链的跨链协议能够实现业务链与分布式数字身份管理链间的信息互通互认；业务链与数字身份管理链间的数字身份联动机制能够实现业务链的数字身份变更信息可及时联动到数字身份链；数字身份信息的可信验证

机制采用将数字身份凭证信息基于颁发机构数字身份进行签名验证的方式，利于实现对数字身份真实性的快速验证。在分布式数字身份聚合方面，针对区块链的用户、组织、账号、交易等基本组成要素，可以设计面向多业务链的主体数字身份标识、行为、关系等信息的数字身份多元数据的组织和表达规范，推动构建分布式数字身份的聚合规则；基于可验证凭证（VC）的数字身份智能聚合技术有利于实现多维数字身份的智能聚合；面向数字身份的业务行为聚合评估机制能将业务评估规则转化为智能合约，对具体业务行为进行智能化评估，并将评估结果作为数字身份的附加属性写入数字身份链，形成对数字身份的全方位多维展示。

第四节　智能合约治理

元宇宙是虚拟网络与现实高度融合的社会，其法律治理的需求源于技术进步引发的社会结构调整。因此，传统中心组织与监管机构的治理结构已经无法继续适应元宇宙的治理需要，有必要向去中心组织加智能合约转变①，以实现对元宇宙科学的、动态的监管。

一、智能合约成为元宇宙变革传统领域的关键动力

智能合约作为以去中心化区块链技术为基础的共识规则，可通过代码开源和智能算法自适应地驱动元宇宙社会经济系统运行，并可通过信息技术对缔约后行为进行自动检测，增加了交易的可信度，同时赋予计算机协议可追踪且不可扭转的特性，是元宇宙社会自治发展的关键驱动力。伴随着区块链技术推广应用的深入，新兴起的智能合约技术引起学术界与产业界的广泛关注。编码过多会弱化元宇宙中社群功能而造成规制过多，所以元宇宙世界最好的代码设计应将自组织性嵌入代码中，将一些问题交由玩家自行解决，以减少间接成本进行操控。

① 李晓楠：《网络社会结构变迁视域下元宇宙的法律治理》，《法治研究》2022 年第 2 期。

元宇宙世界里区块链技术主要有金融系统、积分返现、资金筹措、资产管理、存储、认证、分享、商业流通管理、网络财产管理、交流管理、未来预测、财政预算可视化、表决管理、集体资金管理、医疗信息管理、物联网管理，等等。元宇宙有序化机制建立在主体间互动关系基础上，经过重复博弈而达到平衡，形成网络化结构，属关系本位秩序类型。元宇宙中关系性秩序与复杂性规则受代码程序与智能合约制约，事实上程序与契约在现实世界中亦为法律秩序运行之双轨，可形成平行宇宙间跨界交流的联结。

区块链协议实质是一种隐私黑箱化网络共识，它以智能合约的方式来厘清特定权利与义务，以分布式交易简历共有与可信度保证来实现系统中枢工作自动化即去中心化。① 智能合约去中心化、去信任、自治自足、不可篡改等特性允许合约各方在无需任何信任基础或第三方可信权威的情况下完成交易，同时，其可嵌入的数字形式有望促成各类可编程的智能资产、系统和社会，深入变革金融、管理、医疗、物联网等诸多传统领域。② 例如，在元宇宙电商平台上，把交易规则写入智能合约中自动执行，任何人都无法篡改交易规则，代替互联网电商中类似支付宝等移动支付的中介功能。例如，人工智能中的语音识别、图像识别、行为识别，再通过大数据挖掘、推荐系统、知识图谱等技术筛选有用信息展示给消费者。③

二、智能合约转化时存在的法律问题

智能合约法律问题表现为合约层传统合约与智能合约之间的转换：传统合约法律条文与智能合约技术规则之间语言鸿沟较大，前者为使各类不可准确预见的新案例或者边缘案例达到高度通用，往往会采用一些细微、模糊且富有弹性的语言从较高层次抽象层次上进行草拟，后者为减少系统安全风险则必须采用严谨且形式清晰的语言描述界定范畴，事先界定条件以及精确规定，二者转换过程中必然会产生翻译误差进而影响其法律效力。

---

① 季卫东：《元宇宙的互动关系与法律》,《东方法学》2022 年第 4 期。

② 欧阳丽炜等：《智能合约：架构及进展》,《自动化学报》2019 年第 3 期。

③ 杨勇等：《元宇宙电子商务的运行机理、风险与治理》,《电子政务》2022 年第 7 期。

智能合约中普遍存在的法律问题主要有以下几个方面：一是智能合约中意思表示缺乏真实性。智能合约存在编码偏差或者在立契过程中存在欺诈行为都会使智能合约不能体现立契者的真实意志，我国《合同法》将建立在重大误解基础上的契约视为可撤销契约，智能合约通常是不可撤销的。二是智能合约具有不可预见的情况。在这一阶段智能合约仅能处理预定义代码而不能处理无法预测的情势变更和边缘案例。三是智能合约的责任追究和事后救济难。智能合约的匿名性，立契者既可以是没有行为能力的人也可以是限制行为能力的人，恶意合约也可以是编码偏差造成的重大错误认识，当事人责任难以确定且在短期内救济困难，等等。对于上述法律问题，更为具体地表达法律条文，更为全面地补充技术规则，规范语言转化方法，行之有效地开展合约法律审计等是切实可行的解决途径。另外，在智能层搭建的多代理系统内，具有感知、推理、学习、决策及社交能力的软件代理有望与人工智能技术相结合，累积法律案例经验并模拟现实世界中法官与律师的行为，处理未知情境中的辩论与审判问题。

三、智能合约运行时的安全问题

安全是限制智能合约开展的首要问题：已经部署上链智能合约具有不可逆性，一旦触发潜在安全问题便很难恢复，带来的经济损失也很难弥补，与此同时，区块链匿名性也会给恶意用户带来方便，进而导致现实世界中安全问题的出现。智能合约中存在两种安全问题，一种是漏洞合约，另一种是恶意合约。

首先是漏洞合约。安全智能合约设计的困难是所有网络参与者可能会为了自己的利益对智能合约进行攻击或者欺骗，设计者需要预见到所有可能发生的恶意行为并且设定对策，传统程序开发人员很难有这样完善的编程能力以及周密的经济思维。以太坊中智能合约存在的 12 个安全漏洞可以划分为 Solidity 编程语言漏洞、EVM 虚拟机执行漏洞、区块链系统漏洞 3 个等级。攻击者可以通过改变交易顺序、修改时间戳、调用可重入函数、触发处理异常来影响智能合约的执行结果，也可以盗用金钱。另外，没有可信的数据源以及待优化的智能合约会造成一定的经济损失，攻击者可以通过在合约中输入虚假数据来获得经济效益，而用户需要为无用代码另外支付费用。

其次是恶意合约。区块链和智能合约去中心化，匿名性也会促成恶意合约。违法者可能会通过分发恶意智能合约来攻击区块链系统及用户，或者使用合约进行匿名犯罪交易从而造成机密信息泄露，密钥窃取或者在真实世界中实施多种犯罪行为。所售物品多为现实世界所管制之物品，如毒品和枪支。智能合约会给这些地下市场的交易带来更大的便利，并最终危害社会。

四、智能合约风险防治的多维措施

首先，从法律层面上看，鉴于智能合约存在意思表示真实性欠缺，有不可预见情形，追责困难以及事后救济欠缺等法律困境，智能合约与传统合约会长期相辅相成，共同推进：对于智能合约而言，为了充分保证其法律效力，智能合约会逐渐深入了解法律法规，确立智能合约条款用语审查转换标准，降低用语转换时的翻译误差，形成标准的合约法律审核标准，而对于传统合约而言，为了回应智能合约所衍生出的新的法律适用场景，智能合约有必要根据我国《民商法》《合同法》明确在何种情况下可认定智能合约由当事人意思表示一致、合意达成。

其次，从性能和隐私两个维度来看，现有智能合约受区块链系统自身性能所限，还不能应对复杂逻辑以及高吞吐量的数据，隐私保护缺失，更谈不上元宇宙世界所需求的跨链互联互通，而双层扩展解决方案是显著提升区块链和智能合约性能的一种可行方法，它通过可信硬件营造一个孤立的链下执行环境来实现智能合约，公有链则作为“共识层”来记录最后通证支付以及合约状态变换结果，并以此从公有链共识机制中剥离出智能合约执行过程中的一些链上运行过程，从而促成高性能高隐私的跨链智能合约。

再次，从智能层面上看，伴随着以深度学习、认知计算等为代表的人工智能技术的进步，未来智能合约会拥有感知、学习、推理等这些传统意义上人工智能所应当具备的可能性，大量智能合约中的智能体将经过合作与进化构成一个复杂的社会系统，这种社会复杂性与工程复杂性都相对较高，区块链技术有希望实现一个由数据、算法界定的去中心化元宇宙世界，尤其是能够使用智能合约把各种管理规则、奖惩标准等用程序化代码方式部署到链中，无论哪一个组织或个人都需要按照设定的规则来进行操作，否则都会产生相应的后果。

最后，区块链网络中大量自治节点独立运行和节点之间通过智能合约进行交互与合作，使这种分布式系统在强健的同时兼具高度灵活性。例如，今后DAO内软件代理经授权将代替人类经理人承担组织协调、业务决策等工作，同时从其他软件代理那里学习、相互竞争。经过一定的循环之后，软件代理会自动进行收益率的评估和决策的调整。这有利于区块链技术对各种复杂多样应用场景的适应性，并进一步推动分布式人工智能发展，从而为将来的可编程社会打下基础，为元宇宙世界的架构提供风险防治与充足动力。

第五节　元宇宙数字资产的监管

元宇宙中的数字资产主要包括数字货币、虚拟装备及数字通证等，具有较强的灵活分割性、自主性、匿名性和流动性①，这使得元宇宙数字资产的监管难度远远大于普通资产的监管难度。况且目前对于元宇宙中数字资产的发行种类还未统一，对数字资产流通的方式也缺乏法律的规制，故迫切需要制定出较为完善的监管制度。

一、国内外对区块链数字资产的监管概览

目前世界各地监管区块链数字资产的方式如下：

一是“观望”方式：不发布针对新兴行业的具体监管，以促进其发展，通常将现有法律法规与密切监控结合起来，从而及时制定监管框架，解决潜在的伴随风险。最终试图在创新尚未起步之前避免影响创新，但在需要时随时准备采取行动以保持稳定。如巴西，不存在金融管理局颁布的特定于加密

① 任兵等：《时空再造与价值重构：面向未来数智治理的元宇宙》,《电子政务》2022年第7期。

货币的法律法规，但加密货币可以根据适用于金融部门现有法律法规进行运营。

二是PPP方式（平衡/风险比例方法）：监管机构和私营部门共同设计和实施旨在发展包容性和创新性金融体系的法律法规。这种方式下，监管者倾向于更好理解创新者，企业则倾向于更快地适应监管者的担忧。如欧盟，欧洲央行成立了一个分布式账本工作组，并与日本银行启动一个联合研究项目，此外欧盟委员会还启动欧盟区块链论坛，从欧盟成员国收集有关信息，并在制定具体政策之前邀请专家和从业者参与。

三是综合监管方法：综合监管方法涉及设计和实施一项具体监管，监管受监管实体开展的活动。通常包括许可要求，例如反洗钱，以便为跨境转移提供金融服务和外汇限制等，如瑞士、日本等国。

四是限制性方法：这些措施通常会影响市场，可能是基于更保守或预防性的观点，这些决定属于各个国家的权限，处于对反洗钱和反恐融资风险的担忧提出禁令，例如土耳其、印度、尼日利亚等。①

部分国家对区块链数字资产的监管及态度见表9-1。

表9-1 部分国家对区块链数字资产的监管及态度

国家/地区	对数字资产的认识与定义	对FATF②规则的态度	税收	对国家的影响
英国	金融行为管理局（FCA）发布的政策声明PS19/22（2019）提到，将为加密资产及其适用的监管制度提供指导。规则PS20/10（2020）禁止向零售客户销售加密货币的投资产品	FCA制定法规，为加密、资产量身定制了反洗钱和反恐融资的具体监管规则	英国税务和海关总署（HMRC）于2018年制定了指导意见，规定可对加密资产的出售、交换、使用（支付）、转让和捐赠征税	英国依靠早期咨询的监管减少了监管不确定性，为加密货币创造了更有利的政策环境

① World Economic Forum, "Navigating Cryptocurrency Regulation: An Industry Perspective on the Insights and Tools Needed to Shape Balanced Crypto Regulation", September 2021.

② 作者注：反洗钱金融行动特别工作组。

续表

国家/地区	对数字资产的认识与定义	对 FATF 规则的态度	税收	对国家的影响
新加坡	新加坡金融管理局（MAS）通过《支付服务法》（2019 年），对支付服务提供商进行许可和监管。它将加密货币的支付规定为“数字支付代币”（DPT），将支付服务提供商规定为“数字支付代币服务”	要求加密货币服务提供商遵守 FATF 指南中有关反洗钱的规定	新加坡税务局（IRAS）关于加密资产税务处理的指南规定，持有 DPT 作为长期投资的个人/企业无须缴纳资本利得税。然而，买卖 DPT 的企业必须为其利润纳税	新加坡对加密货币采取统一的态度。通过 MAS 建立加密业务，发展成为新兴加密经济体
瑞士	瑞士议会通过了《联邦法律适应分布式电子注册技术发展的联邦法案》① （2020 年），该法案根据 ICO 指南（2018 年）中的代币分类法规定了监管区块链和 DLT 的扩展框架	《反洗钱法》（2020 年）要求区块链企业按照 FATF 指南核实客户身份并向洗钱举报办公室（MROS）报告	瑞士联邦税务局（FTA）制定了指导方针，关于加密货币的税收待遇，该条款规定，加密货币产生的私人财富不会产生税收。然而，从采矿和贸易中获得的收入需要纳税。实务中已有地方据此征税	早期的加密货币指南和法案减少了法律上的不确定性，使得加密货币业务得以出现
日本	《支付服务法》（*The Payment Service Act*）（第 59/2009 号法案）及其修正案（第 50/2020 号法案）将加密货币定义为加密资产。该法案由金融服务局（FSA）执行，监管加密资产交换和托管服务	《支付服务法》要求遵守全球反洗钱/反恐融资，如 FATF 建议的内容。此外，修订了《防止犯罪所得转移法》（2018 年），要求加密企业核实客户身份证，并向当局报告可疑交易	2017 年，国家税务局裁定，通过出售或使用加密货币获得的利润被视为其他收入。此外，将对持有加密资产的已故个人的遗产征收遗产税	日本建立加密货币监管框架的行动比大多数国家早得多，这导致受监管的加密交易和托管服务在该国激增

① 作者注：*the Federal Act on Adaptation of Federal Law to Developments in the Technology of Distributed Electronic Registers*（2020）。

续表

国家/地区	对数字资产的认识与定义	对 FATF 规则的态度	税收	对国家的影响
阿联酋	2018 年，阿布扎比全球市场（ADGM）发布了阿联酋首部加密货币法规。2020 年，阿联酋中央银行（CBUAE）和证券和商品管理局（SCA）通过指导和决策发布了加密货币相关法规	金融服务监管局（FSRA）指南（2018）和 SCA 决定（2020）分别规定了遵守 FATF 指南的 AML/CFT 要求以及 AML/CTF 的必要控制和范围	阿联酋没有关于加密货币税收的法规或指导	来自金融自由区和联邦监管机构的监管确定性导致越来越多的加密业务在阿联酋成立
百慕大	《数字资产商业法》（2018 年）（*The Digital Asset Business Act*（2018））对其业务进行了监管	百慕大金融管理局在数字资产部门特定指导说明中提出了反洗钱/反恐怖主义融资（ATF）指导，并将与适用于受监管金融机构的反洗钱/反恐怖主义融资主要指导说明一起遵循	数字资产不会产生收入资本收益、预扣税或其他税费。数字资产交易通常免除 1%的外币购买税	百慕大的开放监管框架降低了加密资产业务的进入壁垒。因此，百慕大已成为区域金融技术中心。目前，九家领先的金融科技公司已在该地注册，以利用加密资产的有利规则
巴西	尚未发布加密货币的具体法规，但金融部门的现有法规为加密货币业务提供了框架	目前的一套反洗钱/反恐融资法律和法规正在广泛和全面地应用于处理加密货币的企业，特别是巴西第 9613/98 号普通法	税务机关已发布具体指示，说明加密货币的所有权，如比特币持有情况、出售比特币时的资本收益，以及超过一定金额的交易。一般资本收益规则适用于加密货币交易	尽管没有加密监管，但巴西已经出现了加密货币创新。然而，特定加密法规的存在将为加密业务的发展创造必要的法律保障
中国	《民法典》（2020 年）承认加密货币为可继承财产。然而，中国已经禁止加密货币交易和采矿业务	由于中国已禁止虚拟资产活动，许多反洗钱/穿透或监管要求不适用	购买和销售“虚拟货币”所获得的收入被视为“财产转让收入”项下计算的个人所得税应纳税所得额	尽管它在法律上承认加密货币，但它们受到很大的限制。中国更加重视中央银行的数字货币，即目前正在开发的数字人民币。因此，私人发行的加密货币在中国的地位是不确定的

续表

国家/地区	对数字资产的认识与定义	对 FATF 规则的态度	税收	对国家的影响
印度	2018 年，印度储备银行（RBI）禁止实体处理加密相关业务。该命令于 2020 年 3 月被印度最高法院驳回	对于加密货币服务提供商，没有实施 FATF 旅行规则的规定	尚未发布加密货币征税的法规或指南	密码监管的缺失以及随之而来的监管不确定性是该行业创新的障碍。然而，据报道，2021 年 5 月，政府可能成立一个委员会来监管加密货币
尼日利亚	尼日利亚中央银行（CBN）和证券交易委员会（SEC）尚未对加密货币采取监管措施，但自 2017 年以来建议金融机构不要进行加密交易，也不要持有加密交易账户。然而，SEC 和 CBN 已同意“合作并开展研究，以期找到监管加密货币市场的方法”	尽管加密交易不受监管，但 CBN（2017）要求银行确保其客户遵守适当的反洗钱程序	尼日利亚将加密货币描述为商誉以外的无形资产，不对加密货币征税	尼日利亚对加密货币的监管方式给尼日利亚境内的开发商和中小企业以及那些试图在市场内做生意的人带来了不确定性。最近对合作的关注带来了一些正面情绪，即有益的参与可以创造监管确定性
韩国	自 2018 年以来，韩国政府一直保持其警告数字资产投资投机性质的立场	《报告和使用特定金融交易信息法》（2021 年）（*The Act on Reporting and Using Specific Financial Transaction Information*（2021））要求增值服务提供商与客户通过 real-name 银行账户进行互操作，并报告可疑交易	战略和财政部宣布，从 2022 年 1 月起，他们将对租用和转让数字资产所得的收入征收 20%的税	韩国对加密货币相关业务采取慎重态度

续表

国家/地区	对数字资产的认识与定义	对 FATF 规则的态度	税收	对国家的影响
美国	美国各州对数字货币的监管不尽相同，但整体而言在法律与金融方面的监管相对完备。联邦政府对央行数字货币/数字美元的态度尚未明确	金融犯罪执法网络（FinCEN）主要关注反洗钱，最新拟议的规则要求想要将加密货币从中心化交易所转移到自己的私人钱包中的用户需要向交易所提供个人信息。这与要求虚拟资产服务提供商（VASP）实施 KYC 规则的总体监管趋势一致	税务总局（TIGTA）则主要关注税收问题，纳税人被要求回答是否在 2020 年接收、出售、发送、交换或以其他方式获得过任何虚拟货币。2020 年，税务总局正在评估不同的加密货币征税方式，并有意加强对加密交易所的审查	美国对加密货币的监管使加密货币企业能够更多地使用银行服务

资料来源：笔者根据多国比较研究整理。

二、区块链数字资产的上链及其监管问题

（一）国内关于区块链数字资产上链的法律规定

在有关区块链数字资产的政策文件中，“区块链”“金融”“数字（货币）”“创新”“应用”“产业”“科技”等词语多次出现。可见国内重视区块链科技的创新与应用、区块链金融，以及其他区块链相关产业的发展。“区块链”一词，不仅出现在 21 个省份的“2020 年政府工作报告”中，在央行、国家发展改革委、工业和信息化部、证监会、银保监会等部门出台的支持性文件中也屡有提及。与之相关的内容不仅限于促进区块链技术、产业的发展，还包括数字人民币试点、沙盒监管、虚拟货币风险，以及区块链标准制定。资产上链所涉及的五个过程分别是资产在区块链上的登记、存证、确权，以及流转和交易，可能存在与现行法律法规或规范性文件相抵触的情况。

资产上链五个过程的合法性存在三种可能的情形：第一种，资产上链合法合规。例如资产上链被作为证据提供，且其哈希值被认可时，根据最高法

司法解释，区块链上的存证在法庭上能够被作为证据采纳，则存证的过程是合法的。第二种，法律法规未对此作出规定，或采取默许态度。例如利用区块链进行股权登记，现行公司法未就此作出规定，故该行为因具体情形的不同可能被认可或否认。又如涉及虚拟货币的案件，法院可能因央行出台的规范性文件认定涉及虚拟货币的债务属于非法债务，而拒绝受理保护，驳回当事人诉讼请求，但理论上部分行政规范性文件不能作为司法审判的法律依据。第三种，资产上链违法或违规。该情况具体分为三种可能：（1）该行为仅构成违规，违反央行等发布的部门规章；（2）违法但不构成犯罪，违反法律或行政法规等；（3）构成犯罪，触犯刑法，其可能会招致非常严厉的刑事制裁。①

目前来看，数字资产上链带来的挑战包括以下几点：（1）货币、汇率、利率等金融系统稳定；（2）对商业银行的冲击；（3）反洗钱和反恐怖主义融资；（4）用户隐私保护；（5）保护竞争。

在区块链数字资产上链的金融风险监管方面。我国在传统金融领域就反洗钱问题已经出台了一系列法律法规，金融机构公布了与之相应的办法，上述文件对反洗钱的义务主体和责任作出明确规定，拒不履行相关义务可能构成洗钱罪的不作为犯。但在虚拟货币领域，我国尚缺乏相应的规定，未规定一般虚拟货币交易商的反洗钱义务，留有隐患。同样，NFT 交易平台也缺乏针对性规定。进一步而言，虚拟货币服务提供商在客观上无法获得监管者的认可，取得相应牌照，也就无法对实名交易和自然人开户要求作出规定，致使洗钱行为获得了更大的操作空间。

在监管数字资产投资交易时要明确 ICO 的监管。根据杨东和陈哲立的研究，其一是支付方法。由于 ICO 以数字资产而非法定货币为募集对象，其难以被直接认定为集资，但此处支付的数字资产其经济本质等同于金钱，所以本次修法明确规定数字资产属于支付证券发行对价的方法之一。其二是 ICO 代币的分类监管。依照 ICO 代币的经济本质可以分为如下三类：（1）投资型，

---

① 邓建鹏：《传统资产上链所面临的各种监管问题》（在火币七周年峰会上的主题演讲），2020 年 10 月 27 日。

又称证券型（security token），投资者可以据此向发行人主张分配收益。（2）其他权利型，又称功能型（utility token），持有者能够向发行人主张获取产品、服务。（3）无权利型，又称支付型（payment token），持有者不享有额外权利。① 国内主要相关规范文件见表 9-2。

表 9-2　国内主要相关规范文件

时间	规定名称	相关内容
2017 年 9 月	《中国人民银行　中央网信办　工业和信息化部　工商总局　银监会　证监会　保监会关于防范代币发行融资风险的公告》	将 ICO 界定为“未经批准非法公开融资的行为”，涉嫌非法发售代币票券、非法发行证券以及非法集资、金融诈骗、传销等违法犯罪活动，全面清退国内融资代币和虚拟货币交易业务
2019 年 8 月	《关于促进平台经济规范健康发展的指导意见》	首次从国家层面对发展平台经济作出的全方位部署，提出要依法查处互联网领域滥用市场支配地位限制交易、不正当竞争等违法行为，重点强调严禁平台单边签订排他性服务提供合同，针对互联网领域价格违法行为特点制定监管措施等要求
2019 年 9 月	《禁止垄断协议暂行规定》《禁止滥用市场支配地位行为暂行规定》《制止滥用行政权力排除、限制竞争行为暂行规定》	在技术细节上，一是明确了市场份额认定的指标范围，二是规定了认定具有市场支配地位的特殊考虑因素，三是规定了以低于成本价格销售商品特殊情形，对涉及互联网等新经济业态中的免费模式，应当综合考虑经营者提供的免费商品以及相关收费商品等情况
2019 年 9 月	《关于印发〈生产性服务业标准化三年行动计划（2019—2021 年）〉的通知》（国市监标技〔2019〕173 号）	金融服务标准国际化。研究制定我国金融业参与国际标准化战略、政策和策略，确定我国参与金融国际标准化活动的重点领域、重点方向和可行路径。加强国际标准跟踪研究，在移动金融服务、非银行支付、数字货币、密码算法等重点领域加大对口专家派出力度，在可持续金融等领域争取担任国际标准化组织技术机构重要职务

① 杨东、陈哲立：《数字资产发行与交易的穿透式分层监管》，《学习与探索》2020 年第 10 期。

续表

时间	规定名称	相关内容
2019 年 10 月	《国家数字经济创新发展试验区实施方案》	在河北省（雄安新区）、浙江省、福建省、广东省、重庆市、四川省等启动国家数字经济创新发展试验区创建工作。通过 3 年左右探索，数字产业化和产业数字化取得显著成效。明确将数据作为一种新型生产要素写入政策文件。提出加快培育数据要素市场，推进政府数据开放共享，提升社会数据资源价值，加强数据资源整合和安全保护
2019 年 11 月	《中共中央　国务院关于推进贸易高质量发展的指导意见》	增强贸易创新能力。构建开放、协同、高效的共性技术研发平台，强化制造业创新对贸易的支撑作用。推动互联网、物联网、大数据、人工智能、区块链与贸易有机融合，加快培育新动能。加强原始创新、集成创新
2020 年 2 月	《金融分布式账本技术安全规范》	规定了金融分布式账本的安全体系，是我国金融行业的首个区块链标准
2020 年 2 月	《中国人民银行　中国银行保险监督管理委员会　中国证券监督管理委员会　国家外汇管理局　上海市人民政府关于进一步加快推进上海国际金融中心建设和金融支持长三角一体化发展的意见》（银发〔2020〕46 号）	深化金融体制机制改革。以制度创新为重点，增强金融创新活力，探索更加灵活的金融政策体系、监管模式和管理体制。健全金融法治环境，对内外资金融机构适用同等监管要求，对接国际高标准规则，推动金融业高水平开放。 　　支持金融机构和大型科技企业在区内依法设立金融科技公司，积极稳妥探索人工智能、大数据、云计算、区块链等新技术在金融领域应用，重视金融科技人才培养
2020 年 4 月	《关于构建更加完善的要素市场化配置体制机制的意见》	大力培育数字经济新业态，深入推进企业数字化转型，打造数据供应链，以数据流引领物资流、人才流、技术流、资金流，形成产业链上下游和跨行业融合的数字化生态体系
2020 年 4 月	《关于开展金融科技应用风险专项摸排工作的通知》	要求对涉及区块链等新技术金融应用风险进行摸排
2020 年 4 月	《关于推进“上云用数赋智”行动　培育新经济发展实施方案》	实施国家大数据战略，推进数据资源开放共享

续表

时间	规定名称	相关内容
2020 年 4 月	《中国人民银行　中国银行保险监督管理委员会　中国证券监督管理委员会　国家外汇管理局关于金融支持粤港澳大湾区建设的意见》(银发〔2020〕95 号)	深化粤港澳大湾区金融科技合作，加强金融科技载体建设。在依法合规、商业自愿的前提下，建设区块链贸易融资信息服务平台，参与银行能以安全可靠的方式分享和交换相关数字化跨境贸易信息。支持粤港澳大湾区内地研究区块链、大数据、人工智能等创新技术及其成熟应用在客户营销、风险防范和金融监管等方面的推广。便利港澳居民在内地使用移动电子支付工具进行人民币支付，推动移动支付工具在粤港澳大湾区互通使用。支持内地非银行支付机构在港澳扩展业务。 　　建立粤港澳大湾区金融监管协调沟通机制，加强三地金融监管交流，协调解决跨境金融发展和监管问题。推动完善创新领域金融监管规则，研究建立跨境金融创新的监管“沙盒”。强化内地属地金融风险管理责任，协同开展跨境金融风险防范和处置
2020 年 7 月	《关于发布金融行业标准推动区块链技术规范应用的通知》《区块链技术金融应用评估规则》	规定了区块链技术在金融领域应用的实现要求、评估方法和判定准制等
2020 年 7 月	《最高人民法院　国家发展和改革委员会关于为新时代加快完善社会主义市场经济体制提供司法服务和保障的意见》(法发〔2020〕25 号)	健全以公平公正为原则的产权保护制度。明确和统一裁判标准，准确界定产权关系，合理划定责任财产范围，重点解决国有资产流失，利用公权力侵害私有产权，违法查封、扣押、冻结民营企业财产等产权保护中的突出问题。加强对数字货币、网络虚拟财产、数据等新型权益的保护，充分发挥司法裁判对产权保护的价值引领作用
2020 年 7 月	《最高人民法院关于为长江三角洲区域一体化发展提供司法服务和保障的意见》(法发〔2020〕22 号)	完善审理跨行政区域重大民商事案件审判工作机制，密切关注金融政策、新型融资方式对长三角区域经济社会发展的影响，依法妥善审理民间借贷、互联网金融等案件，支持金融领域协同改革，促进防范化解金融风险，维护金融创新和金融安全
2020 年 8 月	《国务院关于印发北京、湖南、安徽自由贸易试验区总体方案及浙江自由贸易试验区扩展区域方案的通知》(国发〔2020〕10 号)	促进金融科技创新。支持人民银行数字货币研究所设立金融科技中心，建设法定数字货币试验区和数字金融体系，依托人民银行贸易金融区块链平台，形成贸易金融区块链标准体系，加强监管创新。建设金融科技应用场景试验区，建立应用场景发布机制

续表

时间	规定名称	相关内容
2020年10月	《中共中央关于制定国民经济和社会发展第十四个五年规划和二〇三五年远景目标的建议》	建设现代中央银行制度，完善货币供应调控机制，稳妥推进数字货币研发，健全市场化利率形成和传导机制。构建金融有效支持实体经济的体制机制，提升金融科技水平，增强金融普惠性
2020年10月	中共中央办公厅、国务院办公厅印发《深圳建设中国特色社会主义先行示范区综合改革试点实施方案（2020—2025年）》	支持在资本市场建设上先行先试。依法依规开展基础设施领域不动产投资信托基金试点。在中国人民银行数字货币研究所深圳下属机构的基础上成立金融科技创新平台。支持开展数字人民币内部封闭试点测试，推动数字人民币的研发应用和国际合作
2020年11月	《最高人民法院关于支持和保障深圳建设中国特色社会主义先行示范区的意见》（法发〔2020〕39号）	推进金融审判工作创新。完善打击非法集资、内幕交易、逃汇套汇、洗钱等金融违法犯罪司法工作机制。完善私募股权投资、委托理财、资产证券化、跨境金融资产交易等新型纠纷审理规则，加强数字货币、移动支付、与港澳金融市场和金融（基金）产品互认等法律问题研究，服务保障深圳金融业创新发展
2021年1月	《最高人民法院关于人民法院为海南自由贸易港建设提供司法服务和保障的意见》（法发〔2021〕1号）	妥善审理互联网交易纠纷案件。准确界定电子商务平台运营者、平台内经营者、消费者及知识产权权利人的权利义务关系，依法保障各方当事人合法权益，促进电子商务平台经营活动规范有序、健康发展。加强对数字货币、网络虚拟财产、数据等新型权益的保护，充分发挥司法裁判对新型权益保护的价值引领作用
2021年1月	《工业和信息化部办公厅关于组织开展2021年大数据产业发展试点示范项目申报工作的通知》（工信厅信发函〔2021〕14号）	鼓励大数据在金融领域的风控管理、数字货币等方面创新应用；鼓励在医疗领域的标准制定、数据壁垒打通等方面先行先试；鼓励在应急管理领域的预测研判、响应能力提升等方面大胆探索；鼓励赋能城市大脑建设，推动公共服务便捷化和城市治理精细化
2021年1月	最高人民检察院发布11起“充分发挥检察职能　推进网络空间治理”典型案例	依法严厉打击以金融创新为名实施的新型网络犯罪。近年来随着区块链技术、虚拟货币的持续升温，一些犯罪分子打着金融创新的旗号，假借国家对外政策，实施违法犯罪活动，迷惑性很强，危害性巨大。检察机关办理此类案件，要坚持“穿透式”审查理念，结合行为方式、资金流向、盈利模式等，分析研判是否符合国家法律规定，准确区分金融创新与违法犯罪。构成犯罪的，依法严厉打击

续表

时间	规定名称	相关内容
2021 年 3 月	《中华人民共和国国民经济和社会发展第十四个五年规划和 2035 年远景目标纲要》	完善现代金融监管体系，补齐监管制度短板，在审慎监管前提下有序推进金融创新，健全风险全覆盖监管框架，提高金融监管透明度和法治化水平。稳妥发展金融科技，加快金融机构数字化转型。强化监管科技运用和金融创新风险评估，探索建立创新产品纠偏和暂停机制
2021 年 4 月	《中国银行业协会关于征订〈中国银行家调查报告（2020）〉的通知》	银行业加大对金融科技的投入，助推数字化转型。在新冠肺炎疫情席卷全球的背景下，银行业加深了对数字化转型的思考，同时央行数字货币的试点体现科技带给金融的强大驱动力。总体上，银行家对金融科技持更加积极接受的态度
2021 年 4 月	《天津市服务业扩大开放综合试点总体方案》	加强数据要素流通利用。建设区块链技术和产业创新应用示范区，加强区块链技术在知识产权交易、存证、供应链、金融、贸易、公证等多种场景应用。依托人民银行的贸易金融区块链平台，构建贸易金融区块链标准体系，为中小微企业提供金融、物流及相关政务服务
2021 年 4 月	《中国银保监会办公厅关于 2021 年进一步推动小微企业金融服务高质量发展的通知》（银保监办发〔2021〕49 号）	加强产业链供应链金融创新，助力与资金链有效对接。鼓励银行业金融机构围绕产业链供应链核心企业，“一企一策”制定覆盖上下游小微企业的综合金融服务方案。在依法合规、风险可控基础上，充分运用大数据、区块链、人工智能等金融科技，在农业、制造业、批发零售业、物流业等重点领域搭建供应链产业链金融平台，提供方便快捷的线上融资服务。整合发挥银行在数据信息、IT 系统、客户资源等方面的优势，帮助核心企业打通产业链上下游环节，培育小微企业客户集群。优化对核心企业上下游小微企业的融资和结算服务，依托产业链供应链的交易数据、资金流和物流信息，有序发展面向上下游小微企业的信用融资和应收账款、预付款、存货、仓单等动产质押融资业务

（二）区块链数字资产上链与 ICO 的联系和区别

1. 数字资产上链和 ICO 的概念

首次代币发行（initial coin offering，ICO）是虚拟货币交易中与 IPO（首次公开发行股票）相类似的概念，是指发行人基于准备开发的项目或产品，利用区块链技术公开发行代币，向不特定投资者募集比特币等虚拟货币的行为。ICO 在 2017 年 9 月 4 日发布的《关于防范代币发行融资风险的公告》中，被央行等七部门认定为“本质上是一种未经批准非法公开融资的行为”。

资产上链是指用区块链技术把资产与区块链上的 Token 进行一个有效连接。[①] 具体而言，资产上链可以分为法律、交易、网络三个层面。

法律层面的“上链”是指区块链上的私钥与链下资产的对应关系受到法律认可，链下资产的所有权随私钥的转移而转移。

交易层面的“上链”是指资产借助“共识币”[②] 能够在链上自由流动。资产与“共识币”之间能够实现自由兑换，不受交易方向与交易对象的限制。

网络层面的“上链”是指不同区块链上的资产交易能够互动，实现现实生活中由“信息、工具、模式”等构成的生态在区块链上的完整映射。以房屋交易为例，“上链”不仅是在区块链上进行房屋资产登记后进行简单交易，还需要与借贷、促销等方面的区块链协议相结合，构建真正的区块链交易生态。

2. 数字资产上链过程与 ICO 流程

数字资产上链过程：

首先，对上链资产进行“命名及特征描述”，生成唯一的永久性标识。如同互联网中用以标识不同计算机的 IP 地址。通过 ODIN[③] 系统可以在区块链上对资源实体进行唯一永久性标识，形成资产的数字标签。

其次，对资产进行发行、转移。目前数字资产发行主要基于以太坊网络，通过 ERC20 代币交易或者跨链技术，实现与主流数字货币间的兑换。资产的所有权通常随密钥一同转移，但某些具有唯一性的数字资产，如摄影作品或设计作品等，可以通过 ERC721 代币实现所有权转移。在后一种情形下，数字资产的所有权被映射于 ERC721 代币，获取该代币方可使用该资源，从而实现了

---

① 宋旭明、崔静静：《区块链上与链下物之多重买卖的法律效力研究》，《南昌大学学报（人文社会科学版）》2020 年第 2 期。

② 作者注：有广泛共识的币种，如比特币或者法定数字货币。

③ 作者注：Open Data Index Name，是基于比特币区块链在网络环境下自主命名标识和交换数据内容索引的一种开放性系统，遵从 URI（统一资源标识符）规范。

资源的排他性使用与所有权转移。对于数据资源而言，可以利用 ERC20 等代币，通过密钥分发进行交易。

ICO 流程：

首先，由项目发起人公开向投资者发布“项目白皮书”，与股票发行中的招股说明书相类似，白皮书中需要就项目的商业模式、团队组成、运行周期、技术原理及目标、投资者回报、资金交易平台等内容进行说明，但无须经由专门机构的审核批准即可发布。随后，发起人即可按照项目需要进行募资、开发。

ICO 行为通常涉及的资金规模巨大，但缺乏对项目可行性以及发行人资质的监管，导致近年来频繁出现以募资为名的诈骗行为。也正是由于其内在的高风险性，央行等七部门将其定性为“未经批准非法公开融资的行为”①，要求停止相关行为，并且清退已经开始的融资项目。

可见，数字资产上链与 ICO 具有如下的异同：（1）均需要对项目自身/资产自身的信息进行说明或命名；（2）发行方式多以代币的方式进行发行并用代币进行交易；（3）ICO 的信息需要项目发起人进行主动说明和公开，资产的命名由 ODIN 自动生产；（4）资产上链更受政府和法律的市场监管，ICO 目前更不规范。

三、数字资产交易平台及监管相关问题

（一）数字资产交易平台

随着互联网信息技术的迅速发展，全球正在呈现出数字化的变革，传统经济社会逐渐朝着数字经济社会演变，数字货币在数字化浪潮推动下应运而生并蓬勃发展。数字货币与传统货币不同，分为数字法币和数字非法币两大类，基于平台诞生的数字非法币虽然对普惠金融的发展带来了极大的积极意义，但是其带来的风险和挑战也引发了国际社会极大的关注，而要深入了解这些问题，就要深入了解数字货币交易平台。“数字经济平台是一种利用互联网、大数据、算法等技术，打破时空限制，连接各类主体，提供信息、搜索、竞价、调

① 《关于防范代币发行融资风险的公告》，2017 年 9 月 4 日。

配、社交、金融等综合性服务的新型经济组织。”①

根据是否具有一个权威的交易所充当买卖双方之间的第三方，数字资产交易平台可以分为两类，即中心化交易平台（centralized exchanges）和去中心化交易平台（decentralized exchanges，DEXs）。同时，为了更好地细分交易平台的领域，我们将一些具有特殊性的（如 NFT 交易所、DeFi 平台等）平台分作其他平台（other），我们将为每个分类提供数个典型案例，帮助更好理解当前数字资产交易平台。

1. 中心化交易平台

用户把数字资产储存在去中心化交易平台，由其统一管控。平台扮演了中间人的角色，而两端彼此的信息是被隔绝的，除交易操作本身，交易内容的内部流转是全封闭的，其服务器亦然，相关活动并不在链上。典型案例如下。

（1）Coinbase。

Coinbase 是少量拥有电子货币及其相关转换业务牌照的平台，已经获得美国政府许可开展代币交易，目前，仅提供比特币、以太币及莱特币的交易。同时，在不同州的法律差异下，Coinbase 的服务提供也根据所在地的不同而有所差别。

Coinbase 依赖其与 GDAX 平台买家和卖家须核对交易中买入货物的数目和价格，系统将自动查出该价格。Coinbase 在相关平台上拥有 0.25%—1%的利息。如果交易者将比特币、以太币、莱特币转换为法币，Coinbase 会收取最高 3.99%的换汇费用。

Coinbase 保障交易的全面安全，双方须叠加认证。除了增加技术方面的安全保障外，Coinbase 手段上更为丰富，只有占总量不到 2%的代币资金被用于线上交易，其余超过 98%的资金在线下储藏，这可以极大地降低客户资金被盗取的可能性，减少盗窃造成的损失，并使每天都能成功地完成交易。但这需要更多的功能和管理级别。

若干相关网络上的电子货币分析都提出了规避商人税的问题。在关于电子外汇的法律不清的情况下，企业所得税、公司税和资本收入税可成为公司避免

① 杨东：《数字经济平台在抗疫中发挥重大作用》,《红旗文稿》2020 年第 7 期。

税收的工具。税收缺口的巨大鸿沟将极大地影响政府收入、伸张社会公正，逼迫立法和税收机构加快制定和颁布与在线电子货币有关的法律和税收。①

（2）Binance。

Binance 是一个专注于区块链资产的数字货币交易平台，支持 BTC 币、EOS 币、ETH 币、LTC 币、BNB 币等多种货币交易。Binance 的操作支持加杠杆，利用其他方的资金作流通。这种交易方式赋能本金基数，对最终操作结果具有放大效用，因此投资所得所失也会相应放大，这在国际外汇市场中的应用较为广泛。

在传统市场，投资经纪人通常会用杠杆交易的方式借钱。但是在 Binance 交易中，这一部分的资本通常是由其他交易者提供的，如此也促进了数字资产的流通。而以小博大，作为相应的代价，Binance 平台根据市场供需对杠杆交易收取一定的利息。

（3）Robinhood。

Robinhood 是一家金融服务公司，通过提供对公司股票、期权和 ETF 的免佣金交易，实现“全民金融民主化”，此外，其业务范围还包括现金管理账户和加密货币交易。当用户通过 Robinhood 经纪账户买卖股票、ETF 和期权时，指令被发送给做市商（比如 Citadel Securities，促成交易的机构）执行。然后，这些做市商向券商提供优于传统交易所的报酬，除此之外，Robinhood Crypto 还能从交易场所获得交易量报酬。

Robinhood 采取三大举措，一是零佣金，这瞬间释放了这部分投资者的需求，让最底层的投资者也能参与股票买卖。二是零碎股票交易，所谓零碎股票交易，是指股票交易的最小单位不再是一股，甚至能买零点几股，就算只有 1 美元，也能购买苹果公司的股票。对于个人投资者，尤其是钱少的投资者来说，零碎股票交易极大地扩展了他们的可投资标的，即使只有几千美元，也能构造复杂的投资组合。三是简洁的操作页面，交易客户端极其简洁，只有一根反映价格变化的折线。这对于新手投资者来说，无疑是极其友好的，大大减少

---

① Chris Burniske，Adam White，“Bitcoin：Ringing the Bell for a New Asset Class”，见 https：//research. ark-invest. com/hubfs/1_ Download_ Files_ ARK-Invest/White_ Papers/Bitcoin-Ringing-The-Bell-For-A-New-Asset-Class. pdf。

了新手投资者的学习成本。①

Robinhood 在开通了期货交易功能之后，用户从事期货交易的门槛几乎为零。期货交易向来是高杠杆高风险交易的典型代表，世界各国的券商都会对期货交易设置一定的门槛，将那些无法承担高风险的客户拒之门外。Robinhood 虽然让用户享受到金融民主化的好处，但并不能让风险也“民主化”。因此，Robinhood 放低了投资门槛，使得该公司的用户面临其经济实力与其承受的风险不匹配的情况，一旦风险发生，就很容易酿成悲剧。除了上述风险，Robinhood 的用户还面临系统稳定风险。该公司的股票交易软件自公开发布以来，已经至少发生了两起停机事件，这无疑会使用户对 Robinhood 能提供正常的股票交易服务能力产生怀疑。最后该公司的用户还将面临交易延时风险。由于 Robinhood 特殊的交易机制，使得该公司的用户在下达股票买卖委托订单时，公司并不能像其他传统券商一样快速地完成订单，用户的订单在经过公司内部撮合交易后，剩余的订单将被卖给高频交易商，因此会产生成交价格偏离用户委托价格，甚至订单无法完成的情况。

从上述中心化交易平台我们可以发现，这些交易平台或多或少会存在不同方面的问题，对于如何保障用户的账户安全和资金问题，以及如何保障用户在使用过程中顺利进行交易等，需要平台方对此加大监管和提升效率。当我们要进行加密货币交易时，使用最早也是目前使用最多的形式还是中心化交易所，虽然中心化交易所有诸多优势，比如在交易过程中多方交互效率高，且由平台代为保管密钥，用户便于操作，但这也引发了相应的问题，因交易所是有破产风险的，这可能会给投资市场带来极大的冲击。

随着区块链技术的不断发展，加密货币交易形式也变得越来越多样化，我们不但可以使用中心化交易所进行交易，也可以使用去中心化交易所进行交易。钱包为资产的流转提供了极大的便利，用户通过直接访问即可在中心化交易所进行交易活动，并非像中心化交易所那样托管在交易所，在去中心化交易

---

① Robinhood，“How We Make Money”，见 https：//robinhood. com/us/en/about-us/how-we-make-money/。

所进行交易，安全性就大大提高了。

2. 去中心化交易平台

去中心化交易平台是基于区块链和智能合约来建构的 P2P 交易平台，在没有中央权威的情况下，在智能合约的代码规则下，交易记录将自动被储存在链上。

（1）dYdX。

dYdX 是建立在以太坊上的一种订单簿模式的去中心化数字货币衍生品交易服务平台，其目的在于构建能够支持全球金融服务的交易平台。dYdX 支持四种类型的业务模式，分别是现货交易、保证金交易、借贷、合约交易。

一方面，在去中心化衍生品领域，目前能提供永续合约的交易所并不多，dYdX 的优势十分明显；另一方面，dYdX 目前没有自己发行的平台代币，而是使用其他平台发行的数字货币作为结算筹码，这也导致 dYdX 难以在运营层面有太多动作。

与中心化交易所相比，dYdX 不用担心平台私自挪用用户资产、平台财务造假及破产等情况，可以避免许多潜在的金融风险。另外，dYdX 并不必通过 KYC（know your customer）措施对账户持有人进行相应审查，而仅需一个以太坊钱包，连接即可开始交易，省去烦琐的认证步骤。

但 dYdX 的风险与不足同样存在，作为一个 Defi 项目，代码开源所带来的被黑客攻击的隐患一直存在。即使目前推出的去中心化保险，也并不完美，因为保险本身也存在相应的风险问题。此外，dYdX 目前所支持的数字货币的数量还较少，难以与其他平台形成抗衡。其次是手续费问题，dYdX 采用的是链下交易、链上结算模式，用户存款提现均需要调用智能合约，并缴纳可高达数十美元的手续费，远高于中心化交易所。①

（2）Uniswap。

Uniswap 是基于以太坊的兑换池模式的去中心化交易平台。池内的代码规则决定了平台内交易所需标的。作为目前主要运行的自动做市商（automated market maker，AMM）之一，Uniswap 主要目的在于推动 DeFi 领域的交易流动性，

① dYdX Whitepaper，“dYdX：A Standard for Decentralized Margin Trading and Derivatives”，见 https：//whitepaper. dydx. exchange。

即通过自动化做市过程来限制风险和降低成本以实现鼓励交易的目的。同时，与dYdX 不同，目前 Uniswap 支持的币种大概在 150 种，具有更大范围的适用性。

但是由于 Uniswap 中交易的价格由兑换池中的代币比例和算法来决定，这就存在造成无偿损失的风险，即因某种价格货币数量大幅上涨或者下跌导致交易价格变化造成的损失。

（3）Sushiswap。①

Sushiswap 也是一家去中心化交易所（DEX），Sushiswap 旨在使 AMM 市场多样化，并添加 Uniswap 以前没有的其他功能，例如通过其内部代币 SUSHI 增加网络参与者的奖励，即将其交易费用的一部分分配给 Sushiswap 代币 SUSHI 的持有人。

Uniswap 没有发行平台币，它每笔交易收 0.3%的手续费，再通过 LP token 的形式把交易费按比例分配给 LP（流动性提供者）。Sushiswap 推出平台币 SUSHI，其手续费为 0.3%，并被分为 2 个部分，其中 0.25%反馈回 Uniswap，而剩下的 0.05%将用于回购 SUSHI 代币，因此 SUSHI 的价值和 Sushiswap 平台交易量紧密关联。在 Sushiswap 上，交易量的累积将推高 SUSHI 的价值。

Sushiswap 的经济激励方案在 Uniswap 的基础上有所升级，能更着眼于保障早期参与者长期的利益。首先是分配方式不同，和 Uniswap 用 LP token 的形式来分配手续费不同，LP token 只有在存入代币对时才发给用户，而 SUSHI 是每个区块都产生一次，根据用户现在的资金比例分配。这样即使未来有大资金进入 Sushiswap，早期参与者的资金份额被摊薄，但是他们之前已经获得的 SUSHI 代币不会减少，这就相当于是挖到了“头矿”，早期参与者凭借着早期相对较高资金份额占比而积累下的 SUSHI 代币可以享受到 Sushiswap 长期发展带来的福利。此外，Uniswap 的 LP 在赎回了当初存入的代币之后，就不能再获得交易所的手续费分成了，而 Sushiswap 的 LP 即使赎回了资金，也还能够凭借持有的 SUSHI 代币获得币价上涨带来的利益。

---

① Sushi，“The Sushiswap Project”，见 https：//docs. sushi. com/docs/intro。

Sushiswap 的经济激励机制也并非尽善尽美。用于回购代币的 0.05%的手续费，其稳定币值效用在交易额下降时期是难以起作用的。

3. 其他平台

（1）NFT 交易所：OpenSea①。

OpenSea 已经发展成为最大的去中心化加密收藏品和非同质化代币（NFT）的数字交易市场，平台涵盖领域涉及音乐及艺术类、网络域名、数字资产及卡牌等，查看 OpenSea 官网可知，截至 2022 年 10 月，OpenSea 上约有超 5000 种 NFT。

在 OpenSea 的“收藏品管理器”上，用户能依心意，免费制作专属的 NFT，且相关交易活动不收取任何费用。

以数据相关方为例，OpenSea 能发挥 NFT 开放平台的作用。数据的需求方、项目方均能对接 OpenSea 的数据库及操作平台，进而形成已方交易市场，如此为项目提供了足够的后勤服务保障，以便于其全身心投入项目的活动进行中。当下平台通过赚取手续费获得报酬，占比为交易额的 2.5%，虽然相较于其他平台，该占比高出了十倍左右，但在 NFT 相关的流通中，其为极低的比率。从一般市场规则来看，占比均在 10%—20%。与此同时，传统艺术品拍卖行的中介费率更高，苏富比、佳士得收取佣金占比约为 12%—25%，收取卖家佣金约为 2%—9%，这就使得 Opensea 具有显著的成本优势②。

（2）DeFi 平台：dForce③。

DeFi 是 decentralized finance（分布式金融）一词的缩写，通常是指一种基于区块链的金融形式，不依赖于中央金融中介机构（如经纪商、交易所或银行）提供传统金融工具，而是利用区块链上的智能合约来运行的金融存在形式。其中最具代表性的便是 dForce。

dForce 是一个去中心化金融项目（DeFi），具有去中心化的货币协议作用，因此能为其他 DeFi 或开放式金融应用程序提供底层基础设施。目前包括借贷协

---

① Meet OpenSea，“The NFT Marketplace with Everything for Everyone”，见 https：//cryptotodayinfo.com/meet-opensea-the-nft-marketplace-with-everything-for-everyone/。

② 《为什么说 OpenSea 是 NFT 交易市场的绝对垄断者?》，2021 年 8 月 24 日，见 https：//www.163.com/dy/article/GI5KHQDJ0519TP33.html。

③ 《关于 dForce》，见 https：//docs-cn.dforce.network。

议（全球流动性池、生息市场）、资产类协议（多货币稳定币、合成资产等）、流动性协议（交易聚合器、自动做市商）三大类。借助于区块链和智能合约，dForce 相较于传统金融服务形式具有快速借贷、高度透明、不可篡改、便于固定利率的优势，但也不可避免地存在受黑客打击造成惨重损失的风险。

4. 去中心化平台和中心化平台的对比

近几年来，去中心化平台正在逐渐取代中心化平台，要理解其背后的原因，就要理解二者的区别。

第一，在资产控制权方面。在中心化数字货币交易平台中，资产所有人和平台管理人之间是一种委托管理关系，从资产转入中心化交易所时开始，资产的实际控制权就转移到平台手中；而对于去中心化平台来说，依托于智能合约和公钥与私钥，资产的交易自动进行无法篡改，且资产的控制权永远都在私钥持有者手中，在这一方面，中心化交易平台的资产安全性在理想状态下不如去中心化平台。

第二，在信息不对称问题方面。在中心化平台中，投资者与平台控制者存在着信息不对称的问题，而由此可能引发一系列的内幕交易、数据造假、资金挪用问题；而在去中心化平台中，各节点平等收发信息，每一笔交易行为或者投票行为都要把相关信息上传到所有节点进行验证，任何一个节点的破坏和丢失对整个系统的运行并不会产生颠覆性效果。通过这种方法建立起分布式节点间的信任关系，将形成“去中心化”的可信任分布式系统，这将有利于解决信息不对称问题。

第三，在交易稳定性方面。在中心化平台中，由于存在中心，则相应存在中心受到打击而带来的交易停滞问题，而在去中心化平台中，节点的破坏和丢失对整个系统自动运转不会产生负面影响，去中心机制和智能合约使交易稳定得到了保证。

第四，在效率方面。目前来看，去中心化平台仍然无法取代中心化平台的一个最大原因便是效率，在成交效率方面，目前智能合约公链形成一个区块最快也要数秒，而且每秒处理的交易量只有数百笔，这是目前技术的瓶颈，也是去中心化平台对于中心化平台来说的最大短板。①

---

① TokenInsight Research：《2019 去中心化交易所研究报告》，见 https：//image. tokeninsight. com/upload/levelPdf/2019-06-Decentralized-Exchange-Report. pdf。

中国信息通信研究院发布《全球数字经济白皮书——疫情冲击下的复苏新曙光》，白皮书中并未点明关于交易平台的具体规则，但是总结了当前全球数字经济整体发展趋势和各国的典型发展模式，在此就不赘述。数字资产交易平台的建设和发展还需在不断实践和改革中进行，各国政府也有加大监管的趋势，同时区块链技术创新应用推动数字资产生态发展。

（二）数字资产市场准入和许可制度

部分国家数字资产市场准入和许可证制度见表 9-3。

表 9-3　部分国家数字资产市场准入和许可制度汇总表

<table>
<tr><td rowspan="6">美国</td><td rowspan="3">纽约州</td><td>2015 年 6 月，纽约州金融服务局（NYDFS①）发布“BitLicense 监管框架”，纽约成为虚拟货币的前沿探索阵地，在美国是首个落实虚拟货币监管政策的州</td></tr>
<tr><td>2018 年 2 月，NYDFS 指导加密货币公司活动，并作文件安排如下：
①所指对象：已获取 BitLicense 监管框架许可的公司或纽约货币管理相关职能部门。
②所含内容：有关企业须对“与诈骗案相关的和包括市场投机在内的类似风险领域”以书面形式作评估，保护消费者和投资者识别相应风险。同时，要求有关部门调查欺诈和不法行为，完成调查后，须公开题为“对欺诈行为和不法行为采取措施”的有关文件</td></tr>
<tr><td>2019 年 6 月，NYDFS 负责人琳达·雷丝威尔（Linda Lacewell）上任后，积极对 BitLicense 监管框架进行改革，例如：
①为减轻 BitLicense 的申请成本，设计了一类有条件牌照（conditional license）。
②创业公司可以与已经获得牌照的公司合作在纽约合法运营。
③准许拥有牌照的公司为其所发行加密货币提供证明。
④发布如何在持牌平台上线新加密货币的指导意见。
⑤NYDFS 与纽约州立大学（State University of New York）达成合作，允许任何有创新项目或想法的人从纽约州立大学的 64 个校区中选择一个进行试点，以鼓励加密货币领域的创新</td></tr>
<tr><td>华盛顿州</td><td>2017 年 4 月，华盛顿州的 5031 法案要求华盛顿州所有货币交易所，获取许可牌照后再做相关运营，且需要通过他方做相应审核。与此同时，需购入债券，以作为储备金额作保证，其储备大小需与前一年的交易量挂钩</td></tr>
<tr><td>其他州</td><td>对虚拟货币交易平台进行严格的许可制准入资格管理</td></tr>
<tr><td colspan="2">2020 年 3 月，美国证监会（SEC②）发布《关于可能违法的数字资产交易平台的声明》，明确规定数字资产属证券，因此交易所的业务活动开展以在 SEC 注册或获取牌照为前提</td></tr>
</table>

① 作者注：其全称为 New York State Department of Financial Services。

② 作者注：其全称为 the U. S. Securities and Exchange Commission。

续表

瑞士	2017 年，瑞士政府为金融科技 Fintech① 制定的法律框架新规定于 7 月 5 日通过，8 月生效。在新推出的计划中，瑞士政府建立了一个虚拟货币监管“沙箱”，旨在为比特币初创企业创造一个更宽松的环境
	2019 年 9 月，瑞士金融市场监管机构（FINMA）下令关闭三家没有得到经营授权、涉嫌虚拟货币诈骗的公司。FINMA 在 10 月首次向一家比特币公司 Moving Media 颁发了监管合规牌照，获得合规牌照意味着该公司严格遵守 AML 和 KYC 规定②，并接受 FINMA 监管
新加坡	2020 年 1 月 28 日，新加坡金融管理局（MAS③）正式实施《支付服务法案》，要求所有交易所必须于 2020 年 2 月 27 日前提交申请备案文件，且逾期申请会被拒收。因此，为获得牌照资格，交易所必须在规定的一个月时间内提交材料进行申请。这意味着成为全球首个对数字资产交易进行有效监管的国家。 “牌照制度”作为一种监管机制，具有极强的灵活性，相关的有三类牌照： ①“货币兑换”牌照：其特征为活动规模小，风险程度低，监管范围小，服务限定为货币兑换，相似于 MCRBA。④ ②“标准支付机构”牌照：监管开户服务、境内转账服务、跨境转账服务、商业采购服务、电子支付服务、支付型代币相关服务、货币兑换服务这 7 种服务任意组合而成的商业，资金流通额度有限定，即一年中平摊到每月的金额总量在 300 万新加坡元以下，或一年中平摊到每日的线上流水在 500 万新加坡元以下。因额度小，其申请也较容易，对小微金融创新企业较为友好。 ③“大型支付机构”牌照：所涉金额大，风险高，牌照获取难，监管范围最广，比以上两种牌照在管理方面更加严格
日本	2017 年 4 月 1 日，日本《支付服务法案》生效，相当于官方认可了比特币支付手段的合法性。此法案同时要求，日本国内的比特币交易所需在其财政部和日本金融厅（FSA⑤）的许可下开展相关业务活动，若非则将被取缔。 规定了以下申请牌照注意事项： 办理 FSA 的虚拟货币交易牌照，所涉及业务包括完成公司注册、租赁办公场所、招聘员工、审计报告、AML 和 KYC 报告、商业计划书，以及其他相关材料并回应相关问题。 为获取牌照并进行规范运营，平台方须至少聘请 3 名员工，其中至少一位有虚拟货币或比特币的背景或者金融背景
泰国	2020 年 6 月 8 日，泰国公布了对 ICO 准入条件和交易所的监管细节。按规定，虚拟货币交易所须注册，且注册资本为 500 万泰铢（约 100 万元）

① 作者注：金融科技，即 financial technology，指突破传统金融服务方式的高新科技。

② 作者注：反洗钱（anti-money laundering，AML）是指为了防止有人通过非法交易而获得相关收入而订定的各种法规；了解您的客户（know-your-customer，KYC）：交易平台取得客户相关识别讯息的过程，若是不符合标准的用户，将无法使用平台所提供的服务。执法单位也可以依据平台所提供的讯息，作为犯罪活动的调查依据。即现在交易所会要求用户进行的实名认证。

③ 作者注：其全称为 Monetary Authority of Singapore。

④ 作者注：《货币兑换和汇款业务法案》，全称为 *Money-changing and Remittance Businesses Act*。

⑤ 作者注：其全称为 Financial Services Agency。

续表

菲律宾	2020 年 7 月初，菲律宾卡加延经济区管理局（CEZA①）宣布授予三个虚拟货币交易所临时许可证，并计划颁发许可证给 25 家交易所。申请的公司需同时满足至少投资两年、投资金额不低于 100 万美元，且在菲律宾设有办公室的 3 个要求

（三）数字资产交易税相关规定

部分国家数字资产交易税规定见表 9-4。

表 9-4　部分国家数字资产交易税规定汇总表

美国	2013 年，美国纳税人权益维护人（The National Taxpayer Advocate）当年呈国会的年报内容认为，当前美国国内税务局（IRS，Internal Revenue Service，隶属于财政部）面临的最严重的问题之一是，需对虚拟货币作税收相关的规制
	2014 年 3 月 25 日，IRS 发布 2014—21 号通告，规定虚拟货币交易如何与传统税收相衔接，同时以实例问答的方式列出了 16 个常见问题的答案
	2016 年 11 月 8 日，美国财政部税收征管监察局公告认为，IRS 须提出详细系统的战略，以此来更加有力且可信任地对虚拟货币征税进行相应规制
澳大利亚	澳大利亚税务局（ATO，Australian Taxation Office）为虚拟货币交易的税收处理提供了非常全面的指南。考虑到情况的新变化，该指南定期更新。相关的文件、报表均在 ATO 网站上发布，包含多个示例和参考资源，纳税人可在其中找到有关特定主题的各种信息
德国	德国国会议员弗兰克·舍夫勒（Frank Schffler）于 2013 年 6 月，向财政部询问了比特币交易和挖矿所产生的税务难题。财政部在函复中认为，比特币交易或将带来商业及杂项收入
	2013 年 8 月财政部进一步回复，适用于虚拟货币征税的估值公式并不能获得确定，因比特币的成本基础各不相同，其存放所产生的应纳税额难以评估；同时认为比特币作为私营货币，其流通活动并不能豁免增值税的征收
	2018 年 1 月 5 日，财政部对其他议员的问题一并回复，提出在税收和监管等方向下，须对比特币征税
	2018 年 2 月 27 日财政部公告称，欧洲法院在“Hedqvist 案”判决中形成的原则具有规范效力，将对比特币和其他虚拟货币的交易活动适用

1. 美国

美国纳税人权益维护人（The National Taxpayer Advocate）在 2013 年提出虚拟货币税收监管问题，在其呈给国会的年报中显示，美国国内税务局

① 作者注：其全称为 Cagayan Economic Zone Authority。

（IRS）目前须对有关虚拟货币的税收问题作明确规定。年报认为，随着相关业务活动量的飞速扩张，监管方须明确规则并对税务相关业务做如下说明：第一，税收来源问题。当虚拟货币的相关活动带来收益时，其是否作为税基进行考虑。第二，交易信息留存问题。美国审计总署认为，虚拟货币涉及大量的资金流量，且其活动带来了是否合规的疑问。因此，须提供征税办法，在已有框架内做相应调整，提供相应的内容，以指导征税和纳税。

2014 年 3 月 25 日，IRS 在 2014—21 号通告中指出，比特币等虚拟货币交易以何种方式被纳入现有规范体系中。通告内含有关比特币等虚拟货币的 16 个常见问题的答案。首先，虚拟货币是一种有价值的数字表示，从作用来看，它能充当交换媒介、计量单位和储值媒介，但在司法管辖区内均不具有法定货币地位。

2014—21 号通告还指出，比特币等虚拟货币作为资产，将被纳入传统税收规制体系中，适用于资产交易的一般税收原则。一方面，纳税人在通过挖矿等手段获得虚拟货币，以及在将其作为商品或服务付款时，必须将相关收入做公平市价，计入总收入。同时，比特币等虚拟货币被用于工资时，其公平市价须预扣所得税且必须在 W—2 表（美国雇员年度报税表格）中报告。除此之外，在向独立承包商支付时，比特币等虚拟货币应纳税且适用于自雇税规则。具体而言，付款人必须向 IRS 和收款人签发 1099—MISC（杂项收入）表格。

2016 年 11 月 8 日，美国财政部税收征管监察局公布宣告，IRS 须建立完善详细的战略系统，以此将虚拟货币征税纳入统一的体系中来，从而更有效、更透明地规制虚拟货币。细化到措施上共有三个方面：一是需制定协调的虚拟货币战略，包括确立目标、行动举措及相应的时间安排序列轴；二是保证征税指南能实时更新，包括各方面的基本要求以及不同虚拟货币的征税计算方法；三是修改第三方信息报告文档，以识别应税交易中使用的虚拟货币数量。

2. 澳大利亚

在虚拟货币交易的税收规则上，澳大利亚税务局（ATO）提供了非常全面的规制规范，并实时更新。ATO 官网上会对有关文件定期做披露，并且有详细的步骤和实际例子供纳税人参考，检索也十分方便，能就单项主题所涉及的信息做便捷搜集。

ATO 将虚拟货币的税收规制对象限缩为“加密货币”(crypto currencies),如比特币。ATO 在《加密货币的税收征收通知》中强调,出于商业、投资或私人目的,对加密货币交易所得税进行征收的规则也相应不同。其一,当加密货币被用于个人使用或消费时,若其产生资本利得,当以其在其购入时与 10000 澳元的价格作比较,因 10000 澳元被规定为免税起征线。其二,当加密货币被投资所持有时,则纳税人不能将其作为个人使用资产以获税收豁免。其三,若通过投资而得到加密货币,则须对加密货币活动所产生的有关资本收益缴纳税款。

《加密货币的税收征收通知》的内容还包含了记录保存义务,对纳税人的记录留存作出相应要求。ATO 的监管政策和实践说明,在虚拟货币市场,为适应飞速变化的形势,必须构建灵活的、便于更新的虚拟货币税收监管体制。

3. 德国

在虚拟货币税收规制对象方面,德国从比特币逐渐扩大到了其他虚拟货币。德国国会议员 Frank Schffler 于 2013 年 6 月,向财政部询问了比特币交易和挖矿所产生的税务难题。财政部在函复中认为,比特币交易或将带来商业及杂项收入。

2013 年 8 月财政部进一步回复,适用于虚拟货币征税的估值公式并不能获得确定,因比特币的成本基础各不相同,其存放所产生的应纳税额难以评估;同时认为比特币作为私营货币,其流通活动并不能豁免增值税的征收。

2018 年 1 月 5 日,财政部对其他议员的问题一并回复,提出在税收和监管等方向下,须对比特币征税。

财政部证实,德国联邦金融监管局(BaFin)认为比特币作为一种金融工具,应当被德国银行法(KWG)纳入监管范围。这代表比特币交易平台将会受 BaFin 的监管。其中值得注意的是,《个人所得税法》第 22(3)条所指的其他收入,可能会将挖矿活动所产生的收益纳入范围。该条所指的其他收入的最高免税额为 256 欧元。《个人所得税法》第 23(1)条的短期资本收益也覆盖了一种比特币活动行为,如在购买比特币后的 1 年内,将比特币兑换为另一种虚拟货币或法定货币。尤其是，在比特币的挖矿或交易行为具有商业性质时，其活动收益将被征收企业所得税。

在比特币交易的增值税问题上，财政部参考了“Hedqvist 案”（案号 C—264/14）中欧洲法院的判决。判决认定，当比特币被作为商品或服务的付款方式时，并不对其征增值税，同时，比特币与法定货币的互兑也豁免增值税。其中，法院的判决跳过了比特币挖矿等活动行为，据此财政部认为，欧盟在增值税目的上，并未明确如何对比特币的挖矿活动进行规制。

2018 年 2 月 27 日，德国财政部发布通函，确认欧洲法院在“Hedqvist 案”判决中形成的原则具有规范效力，将对比特币和其他虚拟货币的交易活动适用。据此，虚拟货币兑换为法定货币时，将豁免征收增值税。若比特币作为商品或服务的付款等同于法币的付款，其亦将豁免征收增值税。另外，比特币挖矿并非双向活动，也不豁免征收增值税。一般来说，须对虚拟货币交易平台所提供的 IT 基础架构和服务征税，但平台在独立买卖虚拟货币时，将豁免征收增值税。

（四）日本的数字资产交易平台监管①

1. 监管对象

2015 年日本修法采纳虚拟货币（日语：仮想通貨）一词，在《资金结算法》中规定有关虚拟货币的监管事项。2019 年，日本修法，采 Crypto Asset 一词进行翻译，将虚拟货币改名为数字资产（或译作“加密资产”，日语：暗号資産），其目的在于加强投资象征义，即在密码学算法生成下的数字资产。

2. 围绕投资者保护的行为监管

（1）保护平台用户资产。

平台对资产的汇集留存是巨大风险隐患，必须对资产的所有者进行保护，因此也必须对平台加以一定的监管要求。围绕这个问题，日本 2015 年修正案，规定平台须采取分别措施，在技术安全的体系保障下，管理用户资产和固有资产。但这并未奏效，日本仍然发生了数起严重的数字资产窃取事件。2018 年 1

① 参见杨东、陈哲立：《数字资产发行与交易的穿透式分层监管》，《学习与探索》2020 年第 10 期。

月，CoinCheck 平台所保管的价值约 580 亿日元（约合人民币 36 亿元）的数字资产流失。日本金融厅当即对交易平台全行业进行现场检查，并采取了一系列相关的行政措施，最终发现多数平台的内在机制并不完善。而在检查期间，仍有交易平台发生数字资产窃取事件。

2018 年 9 月 14 日，科技官署公司的交易平台 Zaif 因黑客恶意行为，致使约合 67 亿日元（约合人民币 4. 6 亿元）的数字资产被窃取。以此为戒，日本继续修法强化了用户保护的相关规则，进一步规范交易平台的安全体系，以此来维护用户财产利益的保障，主要内容包括以下四个方面。

第一，强化平台分类分级监管责任。2015 年修正案已经规定平台须采取分别措施，在技术安全的体系保障下，管理用户资产和固有资产，但并不明确细节性要求，仅要求平台“自己采取明确区分，能即时分辨的管理方法”。为适应商业竞争，平台为提高交易效率，而采取热钱包的存托方式，储存了大量用户资产。热钱包是指连接到互联网的钱包软件，冷钱包是指未连接到互联网的钱包软件。因此冷热之间，是交易安全和交易效率的取舍。

因日本发生的数次数字资产窃取事件都发生在热钱包中，本次修正案限制了相应存放比例，规定仅能有不超过 5%的资产存放在热钱包中，以此保障用户资产的安全性。

第二，要求平台存有储备兑付资产。本次修正案规定，冷钱包和热钱包应对等储存同种、同量的固有数字资产，以此来保证平台的兑付能力，保障用户的资产安全，同时其执行落实的实际情况，也应当被纳入注册会计师的审查范围内。

第三，赋予用户优先受偿权。因数字资产“构造和技术仅借助互联网上的网络系统”，“明显不具备占据一定空间的有体性”，在民法上不能被称作物，其私法属性处于悬而未定的状态。交易平台破产时，法院判决用户不能主张取回权。本次修正案规定，就偿还数字资产而言，用户对交易平台享有的是债权，同时，若平台破产，履行保证资产和受托用户资产的所有人能优先于其他债权人受偿。这一规定回避了对数字资产私法属性的界定，以实用的方法填补了法律漏洞。但属“一事一议”型解决办法，在破产场景外，相关问题仍然难以解决。例如，受托用户资产被其他人强制执行时用户是否享有第三人异议权，仍有待司法机关作出判断。

（2）限制交易对象种类及范围。

因多数数字资产的交易记录被隐藏，其交易活动极易引向洗钱等犯罪行为，因此须限制平台上可交易的数字资产种类，进而强化其监管。日本法律规定，数字资产交易平台在备案形式的前提下，才能推出可交易的数字资产种类。

（3）规制广告劝诱。

数字资产行业仍有广告过度乃至于虚假宣传的问题，这也滋生了投机的问题。日本此次修正案为规制广告劝诱，明确规定：一是交易平台应当在广告中明确提醒涉及用户认识数字资产性质的所有事项；二是禁止广告中采取一切不实表述或误解数字资产性质的劝诱表述及有关行为；三是严禁广告为投机滋生温床或制造激励。

3. 监管业务范围

数字资产交易平台所涉及业务包括数字资产的交易和代管等。在 2015 年前，日本官方认定，单线运行代管业务将不具有 AML/CFT① 方面的问题，因此并不必将其作为监管对象。为此，当年修正案提出对交易业务相关的平台做规范，但是交易者仍具有强烈的对资产进行保护的需求，因此也需要把代管纳入监管的范围体系中。因此，FATF② 在 2018 年 10 月新提出，代管具在 AML/CFT 方面的相应风险，2019 年修法将代管业务的承载软件，即“钱包”划入监管整体体系中来，同时以平台的严格程度来约束其审慎监管和行为监管规定。

日本金融厅在《监管事务指南》中具体解释代管，认为其范围须被界定，只要经济活动属于用户参与缺位时即可划拨资产的，即为代管业务。相应地，若需要用户同意，进而操作资产的流转，则并不视作代管业务。例如，采用多签（Multi-Sig）技术，需要所有和管理双方双向操作，才能转移资产的软件，

① 作者注：其全称为 Anti-Money Laundering and Countering Financing of Terrorism Act。
② 作者注：其全称为 Financial Action Task Force。

则不被纳入本法的范围中进行代管业务的规范程序中来。

4. 行业自律监管

数字资产行业生机蓬勃，亟待一大批有关知识储备的工作者投入其中，因此对行业本身须完善相应的治理规则。2015 年日本修法后，行业协会正式成立，为“日本虚拟货币交换业协会”，并在立法上确立了其所具有的相关效力，在商业实践中，其组织范围囊括了所有的相关平台，要求行业在加强自我规范、自我协调、自我发展的同时，取缔不落实相应管理准则或不满足相应注册要求的平台。

第六节　元宇宙实践场景监管

元宇宙是平行独立于现实世界的、映射现实世界的、越来越真实的数字虚拟世界。从法律审视的角度而言，元宇宙及其所滋生的法律问题，有些可以基于现有法律规范对其进行规制，但是对于有些元宇宙所带来的特殊问题，却没有相应法律为其提供方案。

一、元宇宙游戏的挑战与监管

与更偏向于创造情景从而给玩家提供新鲜感、成就感的传统游戏不同，元宇宙游戏具备了 play to earn、沉浸式游戏体验、软硬件与线上线下深度融合等特征，这些特征给玩家带来前所未有的游戏体验。玩家能够在游戏过程中获得代表着具体价值的资产和代币，同时元宇宙游戏还能够充分满足人们的社交需求。然而，这些新的体验也给监管机构就元宇宙游戏的监管问题带来新的挑战。法律层面的权利界定、用户数据的安全等问题都需要有关部门持续关注并加以合理监管和应对。

（一）元宇宙游戏的挑战

元宇宙游戏火爆全网，但是究竟应该如何定义集多重功能于一体的元宇宙游戏？面对区别于传统意义上的“内部生态体系交易”，在 play to earn 模式下如何对元宇宙游戏中产生的元宇宙资产加以确权，保障相关外部交易的顺利进行？在遭受网络攻击时如何解决数据泄露问题？作为玩家在元宇宙中的数字分身的虚拟人格又要如何进行制度安排？这些挑战都亟待解决。

1. 如何定义元宇宙“游戏”

元宇宙游戏已经不是单纯的游戏，还包括了虚拟财产交易、社交等，集游戏、交易、社交等多功能于一体。元宇宙游戏采取的是 P2E（play to earn）模式，P2E 允许在游戏中通过为玩家提供经济收益来实现开放经济这一目的。P2E 这一模式实际上在传统模式中也出现过，一些玩家在《魔兽世界》等游戏中通过卖装备来获利，但是其中的资金交易行为只能发生在游戏生态体系之中，很难在外部交易这些数字资产。在区块链游戏中，通过积极参与虚拟经济，玩家可以获得奖励，比如获取资产和代币，玩家可以通过在公开市场上交易或出售，以换取其他加密货币。P2E 这一新商业模式的好处是，游戏玩家可以创造出一些价值并进行销售，即便玩家需要通过付费才能开始玩，但这些获得的商品可以再次出售，所有的物品都代表一个确定的价值。① 在这个意义上，元宇宙游戏将交易平台与游戏结合在一起，若将元宇宙定义为游戏，则重点涉及的是关于游戏的版权问题与知识产权等，但若重点是在交易平台上，则可能涉及关于交易平台的资质问题与合规问题，以及在该平台交易过程中资产的合法性。此外，在元宇宙游戏中，还可以满足人们的社交需求。元宇宙的特点之一就是沉浸式体验。元宇宙的“沉浸式体验”是否会使我们脱离现实？元宇宙游戏的“沉浸式体验”为监管部门带来的问题则是“防沉迷”。如果处理不当，元宇宙业务可能会与防沉迷监管产生直接冲突。②

2. 如何确权元宇宙资产

传统游戏已经形成了一系列的经典玩法设计，游戏本身预设了玩家可以获得的大量道具，玩家可以通过参与奖池抽奖或者充值直接购买的方式获取特定道具，也可以通过达到固定等级或者完成特定任务等方式获得系统预设的道

---

① AxieInfinity，Business Breakdowns Research by：Anastasia Solonitsyna，见 https：//joincolossus. com/research/axie_ infinity. pdf。

② 樊晓娟等：《元宇宙游戏合规：不只是“沉浸式体验”vs“防沉迷监管”》，2021 年 12 月 20 日，见 https：//www. sohu. com/a/510320100_ 121123759。

具。但是，道具是玩家通过付费来换取的，那么玩家取得的是道具的所有权还是使用权？这些道具到底属于谁呢？这就存在道具的确权问题，在现实判例中，中国法院是支持道具所有权属于发行方这一观点，游戏玩家并不能取得相应所有权。而在元宇宙世界中，数字资产的财产属性与权利界定也同样是元宇宙游戏的重要问题。这是因为元宇宙中的物品与传统现实中的物品性质完全不一样，前者是虚拟存在的，而且基本是创新的。即便在初始阶段，也不能基于占有物品来宣示所有权①。

元宇宙游戏中的物品是在被创作的过程中产生的，这也导致了元宇宙游戏用户不能拥有基于数据衍生出的虚拟物品，只能拥有公开的所有权外表。换言之，在很多元宇宙游戏中，玩家转让游戏装备这一行为的本质是通过在相关代码或者数字上增加所有权象征，并不存在向他人转让客观存在的数据或者代码的行为。这也说明元宇宙中的物品有别于现实生活中的物品，不当然适用现实世界中的财产法规则。

目前我国仅有《民法典》对数据、网络虚拟财产进行了原则性规定②，除此之外就没有更为明确的规定了。虽然学界将虚拟财产的定性问题作为一个热点问题和重要问题进行了广泛的讨论，但目前尚未达成共识定论，且虚拟资产的法律属性和相应的保护方式等问题更为复杂，债权说、知识产权说、物权说和新兴财产权说等诸多理论均不能完美地解决上述问题。

此外，元宇宙游戏中的部分物品可能是具有可复制性并以低成本重现的单纯重复产物，其财产性质也存在争议，也即一些在现实世界评价体系中未被视为有价值财产的物品，在元宇宙中可能被视为有价值的财产。所以，当前元宇宙世界中的虚拟财产所存在的主要问题是数字资产的权属确定问题，或者说是数字资产占有和所有关系的问题。

在现实世界中，产权登记是一种重要的确权方式。如在不动产交易中，只

---

① 刘立杰等：《“元宇宙”的七大法律问题》，2021 年 11 月 17 日，见 https：//view. inews. qq. com/a/20211117A054OD00？ivk_ sa＝1024320u。

② 《中华人民共和国民法典》第一百二十七条规定：“法律对数据、网络虚拟财产的保护有规定的，依照其规定。”

有进行相应的登记之后才能完成交易①。而在元宇宙的数字世界中，没有中央政府的概念。元宇宙是一个开放的、公平的、完全自治的世界，这就不存在为数字资产发放“凭证”的中央机构，同时，作为面向全世界运行的元宇宙平台，也不可能存在一个中央机构所确立的权利属性在世界上各个国家通行的情况。

3. 如何应对元宇宙数据泄露

元宇宙是一个将现实世界和数字世界深度融合的全新数字空间②，并以对海量的数据进行有效处理为运行基础，这大大增加了数据被泄露和滥用的风险。

由于元宇宙游戏致力于建立一个存在于虚拟世界中的社会，其中的“人”都是以数据的形式生活在虚拟空间内，在现实生活中表现为一系列数据的集合体。具体包括性别、体型、肤色等生理数据，也包括财产、住址、社会关系等社会性数据。若这些信息被他人盗用后，将意味着元宇宙游戏中虚拟人的身份被直接盗用③。应当说，个人隐私信息的泄露已经成为当前网络信息时代所面临的巨大挑战，并引发了社会各界的关注和担忧。而在元宇宙中，这种关注和担忧将被进一步放大。因为元宇宙的主要特征之一就是让用户拥有沉浸感的交互式体验，个人数据必然会被大量地收集、处理和应用，甚至包括个人的生命体征的信息也被收集利用。不仅如此，用户在元宇宙中所进行的交易行为、社交行为，也往往会产生大量的信息。而这些信息一旦被泄露或者滥用，用户现实世界中的身份和生活信息也将存在被暴露的风险，进而造成用户人身、财产损害。

从法律层面出发，我国法律目前对于数据产权归属虽未明确规定，但是在数据保护方面已经有相应法律保障，包括用户与元宇宙交互产生的数据，同样

① 《中华人民共和国民法典》第二百零九条第一款规定：“不动产物权的设立、变更、转让和消灭，经依法登记，发生效力；未经登记，不发生效力，但是法律另有规定的除外。”

② 崔吕萍：《元宇宙：虚拟与现实》，《人民政协报》2021 年 11 月 23 日。

③ 《元宇宙概念大火，其中的法律问题探究》，2021 年 12 月 3 日，见 https://baijiahao.baidu.com/s?id=1718104026960000610&wfr=spider&for=pc。

也可以适用《民法典》《数据安全法》《个人信息保护法》等法律的保护规则，对于用户在元宇宙世界中所创造出的数据如音乐、视频等，也可以通过知识产权保护的进路加以保护①。然而，无论是哪种进路，仍是一种事后的补救措施，无法及时对数据泄露问题进行监管和治理。因此，需要一种及时有效的解决手段。正如前文所提到的，共票与数据的关系是复合的，借助于共票机制，可以构建元宇宙游戏世界中的大数据分析和风险预警机制。通过评估区块链系统收集的结算信息，来识别数据泄露风险并及时追踪。但元宇宙游戏中仍然存在难以解决的数据安全问题，即数据泄露后的责任分配问题，这是因为在元宇宙游戏中，游戏运营商和包括“矿工”在内的其他主体，都有可能参与分布式记账。在这种情况下，数据一旦被泄露，责任主体的认定将比较困难。

4. 如何对待元宇宙虚拟主体人格

在元宇宙中，现实世界中的人可以依靠相关的技术和设备，为自己量身设计一个虚拟的形象，并基于这个形象进入虚拟空间生产和生活。然而，这个形象既可能是用户现实世界的真实“写照”，也可能是用户重新塑造的人物形象，与用户现实世界的形象完全不同。这就产生了一个新的问题：虚拟人的身份应当如何定性的问题。

目前，很多国家以著作权法为法律基础来保护元宇宙中虚拟形象。譬如，德国的著作权法将虚构角色划分为“角色名称”和“角色图像”两个部分，其中后者是通过版权法来保护的。美国司法界将“虚构角色”独立于作品之外，然后通过版权法加以保护，并制定出了可版权性标准。日本则是通过系列判例的方式，明确了卡通形象独立于作品的地位，并受版权法的保护②。然而，元宇宙中的虚拟形象与游戏和电影中的“虚拟角色”存在本质上的区别，因为这种虚拟形象还体现了现实世界中的主体人格。故而难以通过著作权法来保护元宇宙中虚拟形象的“身份”问题。例如在元宇宙游戏 Horizon Worlds 中，就出现了用户被性骚扰的情况，对于用户而言，性骚扰行为究竟是要由元

---

① 张楠、田春桃：《元宇宙中的数据保护问题》，2021 年 11 月 16 日，见 https://m.thepaper.cn/baijiahao_15417986。

② ［日］萩萩原有里：《日本法律对商业形象权的保护》，《知识产权》2003 年第 5 期。

宇宙中的人物承担责任，还是由现实世界用户承担责任，这将是未来在元宇宙中需要讨论的问题①。

（二）元宇宙游戏的监管

元宇宙的发展给全社会带来重大利好的同时，也带来了黑产治理的问题。其一，仅作为概念使用的“元宇宙”可能成为传销、集资诈骗等违法犯罪活动的工具。就全球而言，元宇宙目前依然处于初步的探索阶段，在基础性技术以及法律规制滞后的情况下。即便元宇宙概念在资本市场中已经有了一些成功的实践，我们仍然应当保持审慎的态度，特别是非专业的投资者应当理性投资。其二，与虚拟货币、NFT 等领域一样，依托于区块链、电子游戏等技术的元宇宙同样面临被不法分子利用的风险，为其实施洗钱、信息网络犯罪等违法犯罪行为制造可能。其三，欠缺监管的元宇宙可能成为一些违法犯罪活动的温床。元宇宙是去中心化、匿名化的，这些特征也使得类似于色情、赌博、诈骗等违法犯罪活动更为隐蔽，避开了传统的法律监管。不仅如此，元宇宙还具有跨时空性，这使得其中的违法犯罪活动也存在跨时空性，从而在案件的管辖权和冲突法的适用等方面产生了新的问题。那么，该如何监管元宇宙游戏呢?

首先，披着“元宇宙”外壳的游戏实质上仍然是游戏，因此对于游戏的监管应该合乎法律的规定。网游经营者需要取得相应的经营资质，并采取相应的措施进行分级，同时需要对游戏的内容进行审查，并对游戏产品的主题、人物、剧情、受众等要素进行评估②。

其次，元宇宙游戏中涉及虚拟财产的交易。网络游戏行业作为洗钱等违法犯罪活动的一个重要渠道，主要原因包括：（1）游戏用户的身份是虚拟的；（2）网络游戏中的游戏币（或者说虚拟货币）与法定货币可以直接兑换；（3）互联网金融在网络游戏行业的广泛应用③。在去中心化平台中，匿名化是其中一大特点，如何在匿名化的情况下保障交易的安全和防止洗钱，需要结合

---

① Tanya Basu，“The Metaverse has a Groping Problem Already”，2021 年 12 月 16 日，见 https：//www. technologyreview. com/2021/12/16/1042516/the-metaverse-has-a-groping-problem/。

② 主要审查游戏产品是否存在违反法律法规、影响未成年人身心健康的负面内容。李佳运、李永刚：《我国青少年网络游戏治理的法律维度》,《当代传播》2015 年第 4 期。

③ 朱国晓等：《网络游戏行业洗钱风险及监管对策》,《银行家》2017 年第 7 期。

“共票”理论进行分析。应当说，受社会普遍关注的数字革命最大的特点在于不同技术之间的融合，现实世界与虚拟世界的界限变得更为模糊，以至于传统的审慎监管、功能监管及行为监管等已经难以防范和处理这种技术融合所带来的风险。为此，需要对监管方式进行创新，通过“以链治链”，即规制区块链还需要引入区块链技术作为工具，提升规制能力。从单纯“监管”到全面“治理”的思维转变，不仅在于“管住”区块链的风险，还在于“促进”区块链健康发展。共票理论下的“Token”，将具有赋权、记账、奖励、密钥、支付工具、付费工具、承诺及等价物等多个功能，通过集合玩家、网游经营者及平台，即投资者、消费者、管理者三方，实现“三位一体”，体现众筹的价值，具有开放、平等、共享、去中心化等属性。

数据与“共票”的关系是复合的，“共票”不仅能为数据赋能，也可以通过数据提升区块链治理的效率。对于共票理论，还需要一定的配套机制，一旦将共票与数字资产相结合，便可以实现对元宇宙世界中资产的确权和价值赋予，并且通过共票机制底层的区块链技术，这种确权方式将在链上运行，在各个领域流通，数字资产直接通过互联网进行跨国界、短时差、低成本的资产交易与转移①。在元宇宙游戏中，数据无处不在，每一个用户都是一串数据。这些特别的数据对于平台、网游经营者如何进一步策划游戏的发展方向有重大的关系，同时也可以为监管机构提供监管的数据。可以对数据进行溯源，同时对数据进行实时监控，监测可能的风险，从而进行事先规制，避免风险进一步扩大。通过监测，可以防止在风险发生的同时，也为事中事后的监管固定了证据②。

二、元宇宙音乐领域的监管问题

在音乐元宇宙领域，还须考虑铸造 NFT 的法律许可问题。

音乐艺术家是否具备成功铸造和销售 NFT 的能力需要仔细评估艺术家拥

---

① 《共票经济理论赋能区块链应用》，见 https://cj.sina.com.cn/articles/view/1700827801/6560929901900ah85。

② 杨东：《“共票”：区块链治理新维度》，《东方法学》2019 年第 3 期。

有的一揽子合法权利，以及那些拥有或授予第三方的权利——包括唱片公司、出版商和商品权利持有人。如果音乐艺术家将他们的作品与数字艺术或视频的创作者相结合，则还需要考虑这些创作者的权利。此外，音乐作品可能有共同作者，受到影响而有权创建 NFT 的独家许可。了解这些权利不仅对于避免侵权索赔至关重要，而且还因为大多数 NFT 市场需要强有力的声明，证明铸造 NFT 的个人或实体拥有所有适当的权利。根据美国相关法律，创作者在创作该作品并以有形形式固定该作品后拥有该作品的版权，无论使用何种媒介。版权所有者享有与作品有关的“权利组合”①。这个“权利捆绑”可以全部或部分由版权所有者持有或许可，但重要的是，除非这些权利被明确转让或许可，否则它们仍然属于版权所有者。作品的创作者或“作者”不一定是版权所有者。例如，雇主持有雇员创作的作品的版权，委托方持有独立承包商创作的某些类别的作品的版权，这些作品也被指定为“受雇作品”。

音乐作品提出了自己独特的问题。一般来说，每段录制的音乐都对音乐本身（音乐作品和歌词）拥有作曲版权，并在录音中拥有主版权，录音是表演或录音艺术家创作的该作品的特定表达。主要权利由艺术家或更典型地由标签持有。如果不拥有音乐作品版权的第三方或音乐艺术家想要创作乐曲或母带录音的衍生作品，例如将音乐作品与视频剪辑相结合，将需要“同步许可”以使用乐曲，并获得母版使用许可以使用母版录音。创建乐曲的纯音频录音需要“机械许可证”。在铸造 NFT 时，所需的权利将取决于与该 NFT 相关的工作。例如，创建新音乐视频剪辑的艺术家想要将其“标记化”为 NFT，需要确保他们拥有这样做的适当权利和许可（包括来自任何合作歌手和音乐家，或用于录音以及与任何歌曲作者及其出版商有关的内容，以及可能已被纳入基础音乐作品的插值）。一旦作品存在，无论是为铸造 NFT 的目的而创建的新作品，还是一方想要代币化的现有作品，都需要考虑实际创建 NFT 需要哪些权利——实际上，就是向购买者授予“真实”版本的数字“所有权证书”。在这里，除了了解基础乐曲、录音和视觉作品的基本版权所有权外，NFT 的铸造者

① “权利组合”是指复制、制作其衍生品、公开表演和公开展示该作品的专有权。

还需要审查与该音乐作品相关的任何合同，例如唱片公司协议，以确定哪一方拥有铸造 NFT 的合法权利。

值得说明的是，NFT 的购买者通常不会获得与 NFT 相关的作品的任何知识产权所有权。这与购买非数字资产的运作方式没有什么不同。例如，一幅画的购买者没有获得制作该作品海报的权利。此类权利只会通过明确的转让才能转让给 NFT 持有者，并且大多数 NFT 市场都明确表示不会转让任何权利。在某些情况下，艺术家自己在出售 NFT 时会明确说明这一点。一个常见的误解是 NFT 会自动提供真实性证明。实际上，虽然 NFT 允许人们查看其原始创建者的区块链地址，但需要一些独立的验证方式来确定与该地址相关联的个人或实体是他们声称的身份或在相关联的地址中拥有适当的权利工作。购买者在购买前应确保有某种方法可以验证 NFT 的创建者。

最后，音乐行业利益相关者还应该考虑各种其他法律问题，包括 NFT 销售或持续特许权使用费收入的税务处理，以及 NFT 是否造成损失，例如技术故障或智能代码错误，可以投保。此外，如果 NFT 被作为投资机会（例如，NFT 的部分权益）提供，并承诺 NFT 创建者将促进 NFT 以增加其价值，则 NFT 可能受到证券法的监管。

第七节　基于数据流动的元宇宙数据治理

数据作为一种新资源，其流动的主要形式是交换或交易，而交易作为一种市场行为，本身需要有法律制度的安排，由于数据产权相关的法律规定付之阙如，所以数据流动在实践如何流动还存在许多治理问题，而元宇宙是相对独立的一个数字世界，其创建和运行完全依赖于数据。为此，有必要在数据流动的背景下讨论元宇宙数据治理。

一、数据流动才能实现数据价值

数据的价值是指数据被分析利用后所产生的价值，也即通过对数据进行人工分析或者智能分析来获取对某一对象的认知，通过分析其规律预测某一事项的趋势，进而作出决策或辅助决策。首先，数据和数据价值的非消耗性决定了数据适合流动。数据使用的过程是不断流动以及与其他数据结合的过程，数据的流动往往会积累更大和更有用的数据（集），基本不会出现数据被消耗的问题。对此有学者提出数据流动具有无损性或非消耗性，即“对于数据提供方和数据使用方来说，数据流转与传统民法中物的流转方式不同，它可以通过多次的复制提供，且不因为多次的提供和交易而减损自身的内容”①。其次，数据在不断交换、聚合、匹配中产生新价值。数据的价值并非固定不变的，这种价值会随着数据结合的对象、采用的算法，以及使用的场景的变化而变化。而数据的流动可以不断地促使数据产生新的价值，让数据更具活力。再次，数据的聚合程度越高，相同分析方法得出的精确度就越高。数据流动和汇集可以加强不同来源数据的相互联系，提高数据的多样性和多维度。最后，数据流动环节体现的是数据的交换价值，数据交换价值的基础是数据关联性、准确性和可用性（数据质量）②。在大数据聚合程度日益加强的背景下，每一个数据都有其潜在的分析价值。而数据流动无疑可以加强各类数据之间的聚合，促成数据使用价值的实现。因此，数据流动体现的是该数据在最终的数据分析价值中的市场价格（也即数据的交换价值），而承认数据的交换价值则是构建数据流动的前提。简言之，数据的价值在于分析和利用，也在于数据的流动。

二、数据生产要素贡献在流动过程中的具体形式

数据生产要素在流通过程中的贡献主要体现为减少流通时间和降低流通成本，从而相同的资本创造更多的价值。具体地说，减少流通时间可以促使相同的资本多次并快速进入生产过程，降低流通成本则可以使得相同的资本产出更多的纯收益，均可以创造更多的价值。

（一）数据生产要素可以缩短流通时间

流通时间不仅包含购买时间，而且包含被称为“惊险的跳跃”的商品转

① 王磊：《从数据属性视角看数据商业化中的使用规则》，《网络信息法学研究》2018 年第 4 期。

② 张敏：《交易安全视域下我国大数据交易的法律监管》，《情报杂志》2017 年第 2 期。

换为货币的售卖时间。数据生产要素缩短购买时间和销售时间，进而提高了价值流通速度。在购买阶段，一方面，企业通过对原材料供应数据分析，改变传统实地考察式的“货比三家”工作流程，通过在线价格监测数据比对，找到性价比高的低价产品，实现在原材料市场中快速匹配合适供应商，减少企业采购所耗费的时间。另一方面，企业可以通过实时监控采购订单审批进程的方式提高采购效率。如酒钢集团设定了订单超10天未审批监控标准，“通过此指标监控促进采购部门提高采购订单的审批效率”，从而减少购买阶段时间。在售卖阶段，企业通过市场数据分析，获得大众期盼、可以迅速出售的产品的信息，及时生产出社会需要的商品，顺利通过“惊险的跳跃”阶段。如联想公司构建了基于“车联网+互联网”的大数据分析平台，“帮助企业实现产品设计周期快速优化，关键产品需求探索时间降低30%”，该平台的应用减少了企业售卖时间，并能使客户满意的产品快速进入市场。

因此，数据生产要素的使用可以缩短购买时间和售卖时间，从而加快资本的循环速度，缩短资本周转的时间，增加资本在一定时期内的周转次数，创造出更多的价值。

（二）数据生产要素可以降低流通成本

在购买和售卖过程中，数字生产要素使用可以降低流通成本。在购买阶段，数据的使用有利于企业通过精准购进的方式，减少企业采购的匹配成本、搜索成本。比如客户需要对某种原材料比价时，只要分析对应产品的相关数据集，就可以快速找到合适价格的供应商，而不需要基于“货比三家”的需要，对各个潜在的合作对象进行逐一考察。在售卖阶段，公司通过搜集消费者的相关数据，记录消费者的浏览信息，为消费者“画像”，分析出其购买能力、品牌偏好等，可以精准地给消费者推送广告信息，增加了广告投放的针对性，降低了生产者的匹配成本，同时也提高了交易效率。比如美的大数据运用按点击付费（cost per click，CPC）匹配模型把合适的产品推送给需要的用户，这可以解决交易双方信息不对称的问题，减少售卖过程的匹配成本。总之，流通过程中成本的减少，使再生产过程的总成本减少，这有助于等量资本雇佣更多的劳动力，在相同时间内创造多倍的价值。

责任编辑:曹　春

图书在版编目(CIP)数据

元宇宙教程/杨东,周鑫,袁勇 著. —北京:人民出版社,2023.2
ISBN 978-7-01-025310-7

Ⅰ.①元…　Ⅱ.①杨…②周…③袁…　Ⅲ.①信息经济-教材　Ⅳ.①F49

中国版本图书馆 CIP 数据核字(2022)第 230852 号

元宇宙教程

YUANYUZHOU JIAOCHENG

杨 东　周 鑫　袁 勇　著

人民出版社 出版发行
(100706　北京市东城区隆福寺街 99 号)

北京盛通印刷股份有限公司印刷　新华书店经销

2023 年 2 月第 1 版　2023 年 2 月北京第 1 次印刷
开本:710 毫米×1000 毫米 1/16　印张:17.5
字数:255 千字

ISBN 978-7-01-025310-7　定价:78.00 元

邮购地址 100706　北京市东城区隆福寺街 99 号
人民东方图书销售中心　电话 (010)65250042　65289539

中国人民大学元宇宙研究中心

中国人民大学于2022年2月27日成立了全国高校首家元宇宙研究中心。元宇宙概念及其引发的系列问题涉及众多学科，如哲学、理论经济学、应用经济学、法学、社会学、新闻传播学、统计学、公共管理、信息与资源管理、智能科学与技术、区块链等，是中国人民大学元宇宙研究中心开展“数字经济+”“人工智能+”学科交叉和交叉学科建设的重点领域，进一步实现“学科发展极”“学术创新源”“人才育成地”的关键步骤。

借助元宇宙研究中心，人民大学积极推动全国元宇宙技术、元宇宙产业、元宇宙风险防范、元宇宙治理、元宇宙监管与法律、元宇宙文化传播等发展，搭建全国元宇宙领域政产学研合作交流平台。为党和政府科学决策提供智力支持与决策咨询，促进政产学研的深度融合和创新发展。

元宇宙研究中心发挥数据生产要素功能，推出研究报告，出版中英文书籍和发表高质量论文，在人民大学开设“元宇宙导论”等国内首批元宇宙课程，并在本科人才培养中设立“区块链与数字经济”荣誉辅修学位，推送组织国内外元宇宙学术活动及行业峰会，承接地方政府及相关部门委托课题。元宇宙研究中心正在与中国移动、中国石化、阿里巴巴、北京国际大数据交易所、深圳数据交易所等机构开展合作，促进我国元宇宙行业的规范化发展。

中国人民大学元宇宙研究中心
METAVERSE RESEARCH CENTER, RUC

中国人民大学交叉科学研究院简介

习近平总书记指出，要用好学科交叉融合的“催化剂”，加强基础学科培养能力，打破学科专业壁垒，对现有学科专业体系进行调整升级，瞄准科技前沿和关键领域，推进新工科、新医科、新农科、新文科建设，加快培养紧缺人才。中国人民大学交叉科学研究院是学校立足优势学科发展基础，统筹整合校内外优质资源，以推进学科交叉融合与交叉学科孵化建设为核心使命的实体教研机构，是人大全面推进改革创新的“学科特区”和“人才培养特区”，旨在于学科交叉融合中以“取得原创性”促进“学科交叉性”，探索出一条兼具“人大特色”与引领示范价值的新时代人文理工交叉融合发展之路，打造“学科发展极”“学术创新源”“人才育成地”。

在人才培养方面，积极推动新技术背景下的多学科交叉和跨学科人才培养，进一步打破学科、专业壁垒，打造以人工智能、大数据、区块链为底层架构的“数字社会科学”集群，开展交叉型博士生培养和学科交叉专项博士后项目，并逐步开展复合型本、硕人才培养探索，集中在交叉科学研究院开展学习、科研和实践。

交叉科学研究院突出人文理工深度交叉融合的核心特色，打造研究水平高、发展潜力大、战略聚焦性强的高水平跨学科团队，加快培养复合型高层次创新人才，促进自然科学与人文社会科学间深度交叉融合，培育新兴交叉学科，推进学科交叉政产学研协同。

中国人民大学交叉科学研究院
SCHOOL OF INTERDISCIPLINARY STUDIES, RUC

中国人民大学区块链研究院

中国人民大学区块链研究院是国内最早成立的人文理工交叉的区块链研究机构。人民大学在区块链领域人才培养起步较早。2014 年起率先开设“数据竞争理论与案例”“区块链与数字货币”“元宇宙导论”等 10 多门本科和硕士区块链与数字经济等相关课程，并设立了全国首个“区块链与数字经济”荣誉辅修学位。团队教学研究成果“国家急需法学交叉人才培养模式探究——以区块链与数字经济为例”获北京市高等教育教学成果一等奖。

团队成员杨东教授率先提出法链、以链治链、共票等 7 个中英文原创性理论。国内知名财经媒体零壹财经数据显示，人民大学在区块链领域的学术论文发表数量居国内首位。据知网年度报告，人民大学 2021 年度在与区块链密切相关的数字经济领域发文 114 篇，居国内首位。杨东教授有 18 篇学术成果，位列高产作者 TOP10 榜首。截至 2022 年 12 月，袁勇教授 2016 年发表的《区块链技术发展现状与展望》已获得 3755 次引用和近 9.6 万次下载，居区块链论文引用数量国内第一。团队主持“加密数字货币监管技术框架研究”“区块链环境下海量多模态数据管理关键技术与系统”等国家重点研发计划课题 4 项，以及工信部课题 1 项。

研究院多名专家应邀赴中南海国务院办公厅、全国人大、教育部、中央网信办、人民银行、发改委等单位讲授区块链理论与实践，受广东、云南、四川、贵州、重庆等地常委、政法委书记等领导邀请为累计数十万名干部和公务员作区块链专题报告。

2019 年教师节，研究院执行院长杨东教授在人民大会堂受到习近平、李克强、王沪宁等党和国家领导人的亲切接见。

2016 年成立了中国第一个大数据区块链与监管科技实验室，为政府和企业布局区块链战略提供了指导。研究院执行院长杨东教授早在 2014 年底把区块链介绍给时任贵阳市委书记陈刚率先在贵阳落地，2015 年开始对青岛、娄底、深圳、重庆、成都等地方政府区块链实践进行了指导推广，并担任四川省、贵阳市、杭州、深圳、青岛市、重庆市、娄底市等地方政府的专家顾问或担任课题组负责人。

在研究院指导下，诞生了中国第一个大学生区块链创业公司金股链，该公司在湖南省娄底市不动产区块链信息共享平台建设项目中，发行了全国乃至全球首张不动产区块链电子凭证，目前正在参与北京、重庆、成都等地的区块链系统建设，为区块链场景应用作出贡献。

2022 年 1 月 19 日，联合国环境署发布题为“全球南方可持续能源和气候的区块链：用例和机遇”的报告。报告中区块链案例部分包含基于人大区块链研究院核心概念所建立的区块链应用 ECO2 Ledger。ECO2 Ledger 是人大区块链研究院的一项重大研究成果，由杨东教授带领的林宇阳博士生区块链团队主创，可为全球气候问题提供重要解决方案。

北京数字经济与数字治理法治研究会

为适应新一轮科技革命和产业变革趋势，探索促进数字技术和实体经济深度融合，赋能传统产业转型升级，中国人民大学联合九家单位发起成立北京数字经济与数字治理法治研究会。中国人民大学交叉科学研究院院长杨东教授任会长，研究会秘书处设在中国人民大学。

研究会率先成立了元宇宙专委会、数据要素专委会，并团结全国其他相关组织联合发起全国数字经济与数字治理研究联盟，加深对数字经济发展与法治的专门研究，提供数字经济基础制度建设的学理基础，提高数字经济的创新水平和治理能力，开展法律、经济、科技等跨学科、多维度的交叉科学研究，促进数据要素作用发挥，提升重点领域的数字治理能力，为服务中国式现代化贡献力量。

研究会团结凝聚首都数字经济与数字治理的理论界、实务界、工商企业界和有关各方关心数字经济与数字治理法治理论与实务研究的人士和机构；开展数字经济与数字治理法治理论研究、学术交流和课题研究；为党委、政府、人民法院、人民检察院以及企事业单位提供政策咨询论证服务和法律专业培训；为数字经济与数字治理相关条例、规章制度、政策文件等的制定提供必要支撑；开展数字经济与数字治理等对外学术研讨、交流与合作、承办委托事项；编辑数字经济与数字治理法治理论专业刊物和研究报告；开展数字经济与数字治理发展评估工作；设置鼓励与促进数字经济与数字治理发展的相关奖项；组织开展数字经济与数字治理普及宣传活动等。